臺灣經學叢刊

傳經授業
——戰後臺灣高等院校中的經學教育

車行健　主編

目次

編者序

一

　　大約在民國一〇五年（2016）的下半年，我有一次去政治大學綜合院館圖書分館借還書，在進出館的通道前面，看到置放了一堆報廢的圖書，可任人挑選帶走。其中有一本書吸引了我的目光，這本書是由政治大學法律系與中國法制史學會於民國八十二年（1993）出版的《中國法制史課程教學研討會論文集》。翻閱該書後，我對舉辦該研討會和出版論文集的法律學門的學者們深感敬佩，這些在法律系中長期經營冷門的中國法制史領域的學者，藉由課程教學研討會的方式，為中國法制史課程在現有法律學系的地位、處境與前景，以及理想的授課模式和教學內容，做了真誠、嚴肅與深刻的檢討與探索，這種用心和努力是極令人佩服和感動的。由此，不禁令我想起經學課程的情況，是否也能在中文系舉辦類似的研討會？

　　政大中文系在林啟屏教授於民國九十五年至九十八年（2006-2009）擔任系主任時，開始設置「政大中文系小型學術研討會」，每次舉辦以單日、六至十篇論文、經費十萬元以內為原則。為此，在徵詢同系陳逢源教授的意見並獲得其支持後，又邀請鄭雯馨教授加入，於一〇五學年下學期期初（2016年2月），以三人的名義共同向系上學術委員會提案，擬於一〇七學年度上學期舉辦「傳經授業——現代高等院校中的經學教育和經學課程」的小型學術研討會。提案單對會議宗旨、緣起是這麼陳述的：

經學在傳統學術中居於四部之首，長期以來，在政治、經濟、社會、教育與文化各方面均發揮了重要的影響。但至晚清以來，隨著大環境的改變，經學已逐漸褪去其「體國經野」的現實功用，而在教育的領域中，更陵夷至流離失所，無所施教的窘境。所幸國府遷臺後，尚保留民國學術的餘緒，經學相關課程仍在臺灣高等院校文學院相關系所中，得以弦歌不輟，持續傳承下去。鑑往知來，今日欲對經學教育及經學相關課程有所精進發展，一方面從學科史和課程史的角度去回顧其在近現代高等院校中的地位和處境；另一方面則從當下經學相關課程在高等院校中的實施情況，做番全面的檢討。二者雙管齊下，或者可以開發激盪出對經學課程、經學教育，乃至經學這門學問本身，更多的想像、更多的活力和豐沛的潛能。

而所設計的討論議題則有以下幾項：

一、現代高等院校中的經學教育之回顧；
二、現代高等院校中的經學課程實施情況；
三、當前經學相關課程教學之檢討；
四、經學教材之蒐集與整理；
五、經學教科書之編纂與經學史的書寫。

提案經學術委員會通過後，再送交系務會議確認，已來到學期末了。會議時間則由原訂的一〇七學年度上學期的十月間，提早到民國一〇七年（2018）的六月八日，蓋因當年下半年學術活動較多之故也。在必要的法定程序走完之後，就展開相關的籌備工作，包括場地的借用申請、議程的設計、場次的安排、論文發表人與討論人的選定與聯繫、邀請函的寄發等。

　　經過近一年的孵育後，隨著會議日程逐漸逼進，實際會務的安排也就顯得刻不容緩了。在常規的論文研討會外，此次會議又增添了「政大中文系經學教育文物資料展」和「述而有作──經學教育與經學史的書寫講談會」兩場活動。資料展陳列出曾在政治大學教授經學課程的熊公哲（1894-1990）、高明（1909-1992）、朱守亮（1925-2019）等老輩學人的文物資料，其中有借自熊琬教授家藏的熊公哲教授日記影印本（僅展出二冊）；從政大圖書館特藏室借出的高明檔案中的筆記、手稿、學生作業、成績單與證書文件；[1]朱守亮教授提供的文物，包括其在省立臺灣師範學院國文系求學時的多種聽課筆記、做為「詩經」課程上課用書且附有作者眉批的《詩經評釋》、上課規約和試題等；以及李威熊教授借展的多樣文物，如簡報資料、《政治大學國文補充教材》、以及其當年在政大中研所教授「中國經學史」的學生讀書報告等。為了更好地呈現這些文物，我向圖書館借用了六個展示櫃，在盧啟聰、徐偉軒和詹秉叡三位博士生的協助下，由總務處的貨車，從山下校區運送到百年樓306教室的展示場地。這場活動由系主任涂艷秋教授主持，本人負責導覽介紹文物，並請呂凱和李威熊兩位出身政大中文系的第二代學人來擔任與談人。講談會則邀請李威熊、林慶彰、葉國良和李隆獻四位資深教授擔任與談人，有著豐富教學和撰著教科書經驗的四位學者，圍繞著「經學如何教育？經書如何傳授？」、「經學如何『概論』？經學史如何書寫？」和「經學教育中的經學史」三個子議題，向全場的聽眾傳遞他們的經驗和心得。現場也同時陳列著戰後臺灣數十年來，高校經學學人們所撰著出版的各種「經學通（概）論」和「經學史」的著作。

1　這批資料在高明教授過世後，家屬將其捐贈給政大中文系，之後長期存放在中文系圖書室。因保存條件不佳，在高桂惠教授擔任中文系主任時，將其移交給圖書館特藏室典藏。

　　會議最終就在講談會欲罷不能的氣氛中結束。這場小型研討會雖然緊湊，但所花費的心力和工夫可一點都不少，除了有賴參與的學者專家們將其研究所得無私地呈現出來，為「戰後臺灣高校中的經學教育」這個新興議題，積累更多紮實的成果，而可為後續研究之資外，幕後工作人員的付出尤其不可或缺，包括中文系張月芳、林玲宇兩位助教和盧啟聰、徐偉軒、詹秉叡、張黤等同學所提供的後勤支援，以及政大圖書館特藏室慷慨出借展出文物及設備，都是會議順利舉辦的重要關鍵。

二

　　「傳經授業」研討會一共有九篇論文宣讀，大致包含經書教學和以經學整體為授課內容這兩個面向，前者探討與《易經》、《尚書》、《詩經》、《三禮》、《春秋三傳》和《四書》六類經書相關聯的課程和教學方面的議題，後者則考索「經學通（概）論」和「中國經學史」之通史或斷代的課程與教學的相關論題。邀集學者各自針對個別經書或經學整體的課程與教學之問題，進行深入的研究，並分別提交了〈戰後臺灣高等院校《易》學課程與教育的回顧與展望〉（賴貴三）、〈我對《尚書》相關課程的設計與思考〉（許華峰）、〈戰後臺灣高校《詩經》教學生態的初步觀察〉（車行健）、〈戰後臺灣大學中文系禮學相關課程〉（鄭雯馨）、〈成大中文系「左傳」課程之回顧與展望〉（黃聖松）、〈主題・脈絡・經典轉譯──近十年臺大、政大、臺師大《四書》教授內容考察〉（陳逢源）、〈過去與未來的對話：臺灣經學的教育與研究〉（楊晉龍）、〈戰後臺灣高等院校中的經學史教育〉（陳恆嵩）、〈戰後臺灣古代經學史書寫的回溯：以二十世紀前半葉為觀察中心〉（劉柏宏）等九篇論文。其中惟獨楊晉龍教授發表的論文係針

對戰後臺灣經學的教學與研究的整體情況，所做的檢討與分析，對觀察戰後臺灣經學的實際發展情況，頗具有高屋建瓴之效。

有鑑於本研討會主題的特殊性，中央研究院中國文哲研究所的蔣秋華教授特別在《中國文哲研究通訊》製作「臺灣高等院校經學課程專輯」，將其中數篇聚焦於個別經書課程與教學的論文收錄其中，刊登於第二十八卷第四期（2018年12月）。惟賴貴三教授的鴻文，因專輯篇幅限制未能納入，改刊於第二十九卷第二期（2019年6月）。此為研討會會後的反響之一。

此外，臺灣師範大學國文系的金培懿教授，會議當日因受邀擔任陳逢源教授論文的特約討論人，亦深感舉辦這種探討經學教育的研討會很有意義，希望這類活動可以持續辦下去。後來在金教授的號召和積極推動下，終於促使臺灣經學同道們組織了「經學講會」的活動，於民國一〇八年八月七日週三下午，假臺灣師大國文系的會議室，正式召開「經學講會」第一次會講。由蔣秋華教授主講，東吳大學中文系陳恆嵩教授和臺灣師範大學國文系許華峰教授二人助講，講題為「屈門的《尚書》家法之繼承與反思」，討論的氣氛極為熱烈。迄今為止共舉辦三次，參與的人不斷增加，有效地凝聚了臺灣高校中的經學人才，此為研討會會後的反響之二。[2]

政大中文系提供舉辦此小型研討會的經費僅能用在會議中，且金額有限，不可能有餘額補助論文集出版。但是研討會所探討的學術成果若不能將其完整地呈現出來，不但將在學術史中留下空白，使後人無緣知其內容，更遑論其可能帶來的後續影響。於是便與萬卷樓圖書公司張晏瑞總編輯商議，由我籌措出版經費，將會議論文集刊行面世，以期能獲得更大的迴響。

2　關於「經學講會」的情況，請參拙著：〈「經學講會」的緣起與舉辦〉，《國文天地》第36卷第6期（2020年11月），頁7-9。

　　本書將研討會宣讀的九篇論文結集，並將講談會的發言紀錄整理出來，一併收錄其中，可說已將會議所討論的實質內容皆涵括進去，又附錄了一篇由張曉撰寫的會議紀要，亦可使讀者對當日活動的情況得到概略的認知。此書所論高校經學教育諸議題，雖以課程為主，但亦非僅限於此，因而將書名定為「傳經授業——戰後臺灣高等院校中的經學教育」，與原研討會名稱略有不同。且書中收錄各文，從內文到體例格式，皆屢經作者與編者修改和調整，甚至連不少篇名皆有改易，不但與研討會中宣讀者不同，亦與在《中國文哲研究通訊》刊登者有所差異，凡此訂正之處，皆請讀者鑑察。

　　法律系中的中國法制史課程，在民國八十二年舉辦的「中國法制史課程教學研討會」及會後刊印的論文集之後，是否起到振衰起敝的作用？非我所能置喙。然而，做為專門學術領域的中國法制史，無論是在教學或研究，都還生生不息地傳承下去，且有專門的學會（中國法制史學會）及其機關刊物（《法制史研究》）去開展和推動中國法制史的研究。經學之於中文系課程，其基礎和憑藉，當遠勝於中國法制史之於法律系課程。但是隨著學術、教育、社會與文化的整體大環境的變遷，中文系中的經學課程面臨的挑戰，其艱鉅困難之處，較之法律系中的中國法制史課程，似亦無太大差別。誠然，「經」能否傳下去，「業」是否可再講授，絕對不是開一兩次研討會，出幾本書，就能徹底解決的。此書所論傳經授業諸端，皆只能算起個頭，仍有待同志者持續開拓耕耘。不過，這類針對經學課程與教學的反省檢討，其最大的意義或許就在於提醒吾人：包括經學在內的許多人文學術，其產生的根源和創新的動力，應該就在人與人的實存互動中，或在講堂學校，或處山林草澤，或於執經問難，循誘諄誨的授業情境下；或藉言辭交鋒，析理辯道的論學模式中，將學問發展與傳衍下去。經之可傳，業之堪授，其真諦當從此中求。此理雖至淺，然在講求學術卓

越，恆以種種科研指標牢籠天下學林英雄的今日，得以對斯理有更親切真實的體悟，這或許是吾人從此研討會舉辦與本書出版的過程中所得到的最大收穫。

　　民國一○九年十一月三十日車行健謹識於國立政治大學

壹　戰後臺灣高等院校《易》學課程與教育的回顧與展望[*]

賴貴三[**]

一　前言

臺澎真奧區，敻絕重洋隔。民情好鬪閧，官務稱繁劇。

唯公邀帝簡，超擢逾常格。朝秉通守麾，暮樹外臺戟。

亮哉聖人聰，足使遠俗革。舊部聞公來，欣欣手加額。

威惠必兼施，次第抒善策。監車昔困驥，蕩節今乘驛。

鯫生慚濫竽，龍門幸著籍。壯遊不獲從，離緒無由釋。

歌謠訪閩疆，書函寄海舶。側耳聆政成，頌聲被金石。[1]

---

[*] 本文曾以〈戰後臺灣高等院校《易》學課程與教育的回顧與展望〉為題，刊載於《中國文哲研究通訊》第 29 卷第 2 期（2019 年 6 月），頁 53-72。

[**] 賴貴三，臺灣師範大學國文學系教授。

[1] 詳參劉文淇：〈送姚石甫先生瑩觀察臺灣〉，《劉文淇集》（臺北市：中央研究院中國文哲研究所，2007 年），「詩集」，頁264。案：劉文淇（1789-1854），揚州儀徵人，清代著名經學家，儀徵劉氏學的創始者；與劉寶楠（1791-1855）並稱「揚州二劉」，同為清代揚州學的代表人物。而姚瑩（1785-1853），字石甫，一字明叔，號展和，晚號幸翁，安徽桐城人，進士。道光十八年（1838），擢升臺灣兵備道，為當時臺灣最高軍政官員，治績頗佳；道光二十年（1840），中英鴉片戰爭爆發，奉命嚴守臺灣，為少數曾打敗英軍的清朝官員。著有《臺北道里記》、《東槎紀略》、《中復堂全集》、〈上督撫言防海急務狀〉、〈節錄臺灣十七口設防狀〉、〈駁淡水守口兵費不可停給議〉等，多與臺灣軍政事務相關。

　　衡觀臺灣《易》學發展的歷史進程，大體而言萌芽啟蒙於明鄭時期約二十一年間（1662-1683），而初露曙光於清代時期約二百一十二年間（1683-1895）；不過卻沉寂黯淡於日本時代約五十年間（1895-1945）；民國三十四年（1945），臺灣光復重歸中華民國之後，《易》學課程教育與學術研究的種子才又開始驚蟄甦醒，始則生根茁壯，終於開花結果。因此，自民國三十四年（1945）臺灣光復，以至民國三十八年（1949）國民政府遷治臺灣，迄今約七十三年間（1945-2018），才是臺灣《易》學薪傳開創、與發皇光大的最重要關鍵時期。[2]因此，筆者將於本文中，以時代歷史進程為主，試圖考察、回顧與展望，戰後約七十三年間臺灣高等院校《易》學課程與教育的歷史發展與趨勢脈絡。

　　筆者在《臺灣易學史》下編〈臺灣易家隅介〉中，曾分析〈壹、臺灣光復以來第一代《易》學導師〉，舉列六位代表性著名大家，依年齒分別是：錢穆（1895-1990）、方東美（1899-1977）、戴君仁（1901-1978）、屈萬里（1907-1979）、高明（1909-1992）與牟宗三（1909-1995）；其後編著的《臺灣易學人物志》〈貳、臺灣光復第一代易學人物志〉，又增補陳立夫（1900-2001）、徐復觀（1903-1982）、嚴靈峯（1904-1999）、愛新覺羅·毓鋆（1906-2011）、史次耘（1907-1997）、唐君毅（1909-1978）、林尹（1909-1983）、羅光（1911-2004）、張廷榮（1917-2004）、南懷瑾（1918-2012）、黎凱旋

2　筆者嘗於主編《臺灣易學史》上編〈歷史考述實錄〉中，耙梳整理臺灣史料，以荷蘭領臺時期（1624-1662）為臺灣《易》學的啟蒙前期，明鄭復臺時期（1662-1683）為啟蒙後期；而以滿清治臺時期（1683-1895）為發展期，日本據臺時期（1895-1945）為沉潛期。國府遷臺時期，則分別為三階段：第一階段（1945-1971）為復興期；第二階段（1971-1987）為創造期；第三階段（1987-2003）為轉化期。詳參賴貴三：《臺灣易學史》（臺北市：里仁書局，2005年），上編〈參、啟蒙發展期〉，頁37-58；〈肆、沉潛復興期〉，頁59-68；〈伍、創造轉化期〉，頁69-112。

（1922-1997）等十一位，合計為十七位開創宗師。[3]

其次，《臺灣易學史》下編〈臺灣易家隅介——貳、臺灣光復以來第二代《易》學教授〉，代表性舉列十二位大學教授，依年齒分別是：胡自逢（1912-2004）、黃錦鋐（1922-2012）、高懷民（1930-）、黃慶萱（1932-）、戴璉璋（1932-）、簡博賢（1934-）、陳鼓應（1935-）、呂凱（1936-）、吳怡（1939-）、徐芹庭（1941-）、黃沛榮（1945-）、林麗真（1947-）；而於《臺灣易學人物志》〈參、臺灣光復第二代《易》學人物志〉，又增補韋政通（1927-2018）、王熙元（1932-1996）、侯秋東（1945-）、林義正（1946-）、曾春海（1948-）、王金凌（1949-2012）、何澤恆（1950-）等七位，合計為十九位，紹述薪傳，裁成輔相，培英毓秀，可謂承先啟後。[4]

其三，《臺灣易學史》下編〈臺灣易家隅介——參、臺灣光復以來第三代《易》學專家〉，代表性舉列十位教授，依年齒分別是：莊耀郎（1951-）、岑溢成（1952-）、劉君祖（1952-）、朱高正（1954-）、龔鵬程（1956-）、劉瀚平（1956-）[5]、謝大寧（1957-）、黃忠天（1958-）、杜保瑞（1961-）與孫劍秋（1962-）；《臺灣易學人物志》〈肆、臺灣 光復第三代《易》學人物志〉，又增補王新華（1947-）、林文欽（1948-）、趙中偉（1950-）、鍾彩鈞（1954-）、游志誠（1956-）、丁亞傑（1960-2011）、鄭吉雄（1960-）、賴貴三（1962-）、蔡振豐（1962-）、許維萍（1969-）、楊自平（1970-）[6]等十一位，合計為二

3　詳參賴貴三：《臺灣易學史》，下編〈臺灣易家隅介〉，頁183-390。賴貴三：《臺灣易學人物志》（臺北市：里仁書局，2013年），〈貳、臺灣光復第一代《易》學人物志〉，頁35-538。

4　詳參賴貴三：《臺灣易學史》，下編〈臺灣易家隅介〉，頁391-532。賴貴三：《臺灣易學人物志》，〈參、臺灣光復第二代《易》學人物志〉，頁539-878。

5　案：劉瀚平，後改從母姓為「胡瀚平」。

6　案：楊自平教授碩士（1994）、博士（1999）學位論文，皆為第三代林安梧教授指導，以此而論，則當歸屬於第四代前期《易》學教授。

十一位，含弘光大，德業日新，可謂剛健篤實。[7]

　　除此之外，第三代《易》學研究者，犖犖大者尚有顏國明、陳廖安、張文政（1956-）、吳順令（1956-）、林安梧（1957-）、謝綉治、李霖生（1959-）、賴賢宗（1962-）、劉慧珍、張新智（1967-）、吳龍川（1967-）、賀廣如（1968-）、許朝陽（1968-）、賴錫三（1969-）、張銀樹……等，尚未能開張顯揚其學，猶待來茲。而近十餘年來，如從國立政治大學中國文學系所畢業獲得博士學位，進而獲聘升等為專任教授的陳睿宏（前名「陳伯适」）[8]，用功勤奮，後出轉精，專志兼綜於象數、圖書與義理《易》學研究，成果斐然大觀，允為臺灣光復後第三代與第四代之間代表《易》學名家；再者，後起俊秀，以及繼踵其後者，如國立臺北大學中國文學系副教授蔡月娥、國立高雄師範大學經學研究所助理教授陳韋銓（1973-）、私立致理科技大學通識教育中心助理教授蔡郁焄、國立臺灣大學中國文學系新聘助理教授陳威瑨（1983-）、國立臺灣藝術大學通識教育中心新聘助理教授王詩評等[9]，已然為臺灣光復後第四代《易》學薪火相傳的新銳、新秀，值得期待。

7　詳參賴貴三：《臺灣易學史》，下編〈臺灣易家隅介〉，頁533-618。賴貴三：《臺灣易學人物志》，〈參、臺灣光復第二代《易》學人物志〉，頁879-1212。此外，有關臺灣《易》學研究成果述略，請參考賴貴三：《臺灣易學史》，頁5-18。其中，列舉了高明、徐芹庭、黃沛榮、林慶彰、許維萍、楊慶中、鄭吉雄、賴貴三等八家之說。

8　案：陳睿宏（前名「陳伯适」）教授碩士（1999）、博士（2005）學位論文，皆為第二代呂凱教授指導，以此而論，則當歸屬於第三代後期《易》學教授；但以其後出轉精，仍以歸第四代為適當。

9　案：蔡月娥《易》學師承莊耀郎、吳順令兩位教授，碩、博士論文並非以《易》學為主題，但研撰有《易》學相關單篇論文；陳韋銓碩、博士論文指導教授為高師大經學所黃忠天與鄭卜五兩位教授，蔡郁焄、陳威瑨與王詩萍則為筆者所指導，第四代《易》學後生新銳，已然崢嶸頭角，學志正盛，指日可待。

二 戰後臺灣高等院校《易》學課程的回顧與展望

　　本文為了方便戰後至今七十餘年來，臺灣高等院校《易》學課程、教育四代教授之間的傳承分期，第一代以臺灣光復（1945）後，自大陸應聘或隨國民政府遷臺，而執教於高等院校的第一批教授學者屬之；第二代教授學者的歸屬起始年，則以民國五十五年（1966）國立臺灣師範大學國文研究所高明、林尹、程發軔（1894-1975）三位教授聯合指導胡自逢《周易鄭氏學》，獲得第一位《易》學國家文學博士起算，以至於民國七十年（1981）國立臺灣大學中國文學研究所鄭騫（1906-1991）教授指導何澤恆《王應麟之經史學》，獲得國家文學博士為止；第三代，則以民國七十六年（1987）國立政治大學中國文學研究所呂凱教授指導劉（胡）瀚平《宋象數易學研究》博士論文為始，以至於民國九十四年（2005）國立政治大學中國文學研究所呂凱教授指導陳伯适（睿宏）《惠棟易學研究》博士論文為終；至於，第四代則以民國九十五年（2006）國立臺灣師範大學國文研究所王財貴教授與筆者共同指導陳明彪《牟宗三的漢代易學觀述評》博士論文為始，以至於民國一〇二年（2013）筆者於於國立臺灣師範大學國文研究所指導蔡郁焄《衛禮賢、衛德明父子《易》學研究》博士論文為終。四代薪火相傳，《易》學紹繼不絕。

　　戰後臺灣高等院校是《易》學課程、教育、學術研究與創造發展的核心基地、主流重心，歷年開課情況經筆者與助理調查統計，排序依據科技部網站學校排序，由北而南而東，國立在前，私立居後；中文、國文系所在前，哲學系所以及其他系所殿後，以下節內與附表同此體例。茲整理歸納表列、統計說明如下：

（一）中文、國文與相關系所開設《易》學課程

	校院系所	授課教授	課程名稱	開課時間	備註
1	臺大中文系	戴君仁	周易	約1949前後	第一代
		屈萬里	周易	1968-1978	第一代
		黃沛榮	周易	1978-2000 2013-2018	第二代
		何澤恆	周易	2000-2003	第二代
	臺大中文所	黃沛榮	易經專題討論	2000-2018	第二代
		林麗真	王弼易學專題研究	約2002前後	第二代
		鄭吉雄	易傳研究 當代東亞易學與經典詮釋	2004-2012	第三代
2	師大國文系	李暹敷	易經	約1960前後	第一代
		陳泮藻	易經	1964-1973	第一代
		黃慶萱	易經	1974-1999	第二代
		傅武光	易經	2000	第二代
		賴貴三	易經	2001-2018	第三代
		趙中偉	易經	2017.2- 2017.6	第三代
	師大國文所	高　明	周易研究	1957-1982	第一代
		黃慶萱	周易研究	1983-1999	第二代
		賴貴三	周易研討 周易經傳研討 易學專題研究	2002-2007 2008-2018 2008-2018	第三代
		陳廖安	象數易學專題研究	2008-2018	第三代

	校院系所	授課教授	課程名稱	開課時間	備註
3	政大中文系	呂凱	易經	1975-2003	第二代
		陳睿宏	易經	2007-2018	第三、四代
	政大中文所	高懷民	易經專題研究	1986-2001	第二代
		呂凱	周易研究	2001-2003	第二代
		陳睿宏	周易研究	2012-2018	第三、四代
4	清華中文系	朱曉海	周易	1986-1998	第三代
		楊儒賓	周易	2002-2007	第三代
		黃忠天	周易	2011-2013 2015-2018	第三代
		祝平次	周易	2014	第三代
5	中央中文系	徐芹庭	周易	1987-2003	第二代
		楊自平	周易	2007-2013	第三、四代
	中央中文所	楊自平	易學專題研究	2007-2018	第三、四代
6	中興中文系	王仁祿	周易	約1990前後	第二代
		朱維煥	周易	約1990前後	第二代
		林文彬	周易	1995-2018	第三代
7	彰師國文系	劉瀚平	易經	1995-2012	第三代
		游志誠	易經	2015-2018	第三代
	彰師國文所	劉瀚平	易經研究	1996-2018	第三代
8	中正中文系	賴錫三	周易	2003-2012	第三、四代
		陳佳銘	周易	2010 2013-2016	第三、四代
9	成功中文系	于維杰	周易	約1962前後	第二代
		葉政欣	周易	1990	第二代
		林金泉	周易	1991-2016	第三代

校院系所		授課教授	課程名稱	開課時間	備註
	成功中文所	林金泉	數術學專題研究 易學專題研究	2009-2016	第三代
10	中山中文系	王金凌	易經	1992	第二代
		江弘毅	易經	1993-1995	第三代
		楊濟襄	周易	2001-2003	第三代
		黃忠天	易經	2011.9-2012.1	第三代
		廖名春	易經	2014.9-2015.1	客座講學
		賴錫三	易經	2015.2-2015.6	第三、四代
	中山中文所	黃忠天	易經討論	2011.9-2012.1	第三代
		賴錫三	易經討論	2016.2-2017.6	第三、四代
11	高師國文系	林文欽	易經	1995-2018	第三代
	高師國文所	林文欽	易經研究 易經專題研究	1997-2011 2008-2016	第三代
	高師經學所	黃忠天	易經專題研究 易經研究 易經學史研究	2003-2006 2007-2014 2013.9-2014.1	第三代
		陳韋銓	易經研究	2015-2018	第四代
12	東華中文系	謝明陽	易經 易經與中國文化	2003-2010 2003	第三代

	校院系所	授課教授	課程名稱	開課時間	備註
		劉慧珍	周易 周易經傳的智慧應用	2011-2018 2015.9-2016.1	第三代
	東華中文所	劉慧珍	周易研究	2015-2018	第三代
13	北教大語創系	孫劍秋	易經 易經與人生	2000-2003 2002-2003	第三代
14	臺北大中文系	吳順令	易經	2002-2006	第三代
		蔡月娥	易經	2007-2018	第四代
	臺北大中文所	蔡月娥	易經專題研究	2017.9-2018.1	第四代
15	嘉義中文系	馮曉庭	易經	2007-2017	第三代
16	臺南大國語系	李淑華	易經	2008.2-2008.6	第三代
		謝綉治	易經	2010-2016	第三代
	臺南大國語所	謝綉治	易經專題討論	2013-2018	第三代
17	屏東大中文系	黃忠天	易經	2014.2-2014.6	第三代
		王詩評	易經	2014-2015	第四代
		李美燕	易經	2017-2018	第三代
18	淡江中文系	陳廖安	易經	1996	第三代
		曾昭旭	易經	2003-2010	第二代
		許維萍	易經	2010-2018	第三代
	淡江中文所	許維萍	易經研究	2013-2014	第三代
19	文化中文系	黃沛榮	易經	2000-2003	第二代
	文化中文所	高懷民	易經研究	約1990前後	第二代
		黃沛榮	易經專題研究	2007-2014	第二代

	校院系所	授課教授	課程名稱	開課時間	備註
20	東吳中文系	孫劍秋	易經	1995-	第三代
	東吳中文所	陳郁夫	周易專題研究	2001	第二代
21	輔仁中文系	趙中偉	易經	1995-2012	第三代
		曾春海	易經	2007-2009	第二代
		許朝陽	易經	2003-2015	第三、四代
		李毓善	易經	2012-2018	第二代
		李福濱	易經	2013.2-2013.6	第二代
	輔仁中文所	趙中偉	易學專題研討	2003-2012	第三代
		許朝陽	易學專題研究	2011-2016	第三、四代
22	銘傳應中系	陳坤祥	易經 生活易經學	約1997前後 約2000前後	第三代
23	元智中文系	江弘毅	易經	約1995前後	第三代
		胡順萍	易經	2007-2018	第三代
		傅武光	易經	2009-2010	第二代
		陳進益	易經	2012.2-2012.6	第三、四代
24	玄奘中文系	李霖生	易經	1995-2013	第三代
		呂宜哲	易經象數學	2015.9-2016.1	第三、四代
	玄奘中文所	謝大寧	易經研討	2008-2010	第三代
25	東海中文系	陳坤祥	易經學	1997	第三代
26	靜宜中文系	朱維煥	周易	1990	第二代
		趙中偉	周易	1991	第三代
		吳　車	周易	1992-2013	第三代

校院系所		授課教授	課程名稱	開課時間	備注
		邱培超	易經	2014.2-2014.6	第四代
	靜宜中文所	吳　車	易經專題	2014.2-2014.6	第三代
27	華梵中文系	林碧玲	易經 進階易經 易學原理 易學原理與致用	2007-2018 2012-2016 2013-2014 2016-2017	第三代
	華梵中文所	蔡長林	周易專題	2009.2-2009.6	第三代
		林碧玲	周易專題	2012-2013	第三代
28	世新中文所	賴貴三	周易專題討論	2018.2-2018.6	第三代
29	逢甲中文系	梁煌儀	易經	2012-2017	第三代
30	明道中文系	陳靜容	周易	2016.2-2016.6	第三代
	明道中文所	胡楚生	周易研究	2016.2-2016.6	第二代

一、國立大學共十七所、私立大學共十三所，總共三十所開設有大學部與研究所選修《易》學相關課程，開課時間以約一九四九年臺大中文系戴君仁教授最早。

二、大學部開設課程名稱有：「易經」、「周易」、「易經學」、「進階易經」、「易經象數學」、「易經與中國文化」、「易學原理」、「易學原理與致用」、「易經與人生」、「生活易經學」、「周易經傳的智慧應用」等，兼含《周易》經傳、義理與象數，以及生活應用等。

三、研究所開設課程名稱有：「易經研究」、「易經專題」、「易經研討」、「易經討論」、「周易研究」、「周易專題」、「易經專題討論」、「易經專題研究」、「周易專題討論」、「周易經傳研究」、「易傳研究」、「易學專題研究」、「易經學史研究」、「象數易學專題研究」、「數術學專題研究」、「王弼易學專題研討」、「當代東亞易學與經典詮釋」等，包含《易經》、《易傳》與《易》學諸面向，並及於專家、專題研究，以及當代東亞《易》學與經典詮釋，有體有用，有中有外，象數義理兼備，基礎與深研並重。

四、第一代教授有：戴君仁、屈萬里、高明、李曰敷、陳泮藻等五人。

五、第二代教授有：胡自逢、高懷民、黃慶萱、戴璉璋、簡博賢、呂凱、徐芹庭、黃沛榮、林麗真、何澤恆、傅武光、陳郁夫、胡楚生、王仁祿、朱維煥、于維杰、葉政欣、曾昭旭、王金凌、李毓善、李福濱等二十一人。

六、第三代教授有：鄭吉雄、陳廖安、賴貴三、孫劍秋、吳順令、楊儒賓、朱曉海、祝平次、林文彬、胡瀚平、游志誠、馮曉庭、謝綉治、李淑華、林文欽、黃忠天、楊濟襄、李美燕、劉慧珍、謝明揚、許維萍、趙中偉、江弘毅、胡順萍、吳車、李霖生、陳坤祥、謝大寧、林碧玲、梁煌儀、陳靜容等三十一人。

七、第四代教授有：陳睿宏、蔡月娥、楊自平、陳佳銘、賴錫三、陳韋銓、王詩評、許朝陽、陳進益、呂宜哲、邱培超等十一人。

附表一　戰後高等院校《易》學課程中文系開課統計

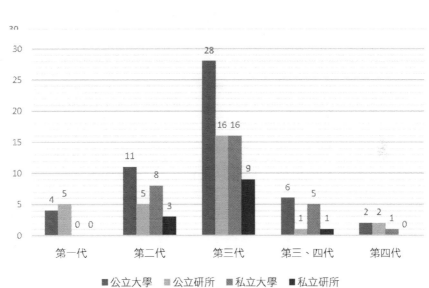

■公立大學　■公立研所　■私立大學　■私立研所

（二）哲學系所與相關系所開設之《易》學課程

校院系所		授課教授	課程名稱	開課時間
1	臺大哲學系	黃振華	易經哲學	1976-1988
		高懷民	易經哲學	1982-1985
		嚴靈峯	易經與荀子	1988
		楊政河	易經哲學	1990-1998
		郭文夫	易經的思想與生命	1994-2007
		林義正	《易經》解讀	2012-2013
	臺大哲學所	高懷民	易經哲學研究	1984
			易經哲學討論	1986-1988
			周易研究	1989
			周易經文研究	1989
		陳鼓應	周易經傳研究	2001

	校院系所	授課教授	課程名稱	開課時間
			易傳與莊子	2001
			秦漢易學哲學	2003
		傅佩榮	易經哲學研究	2008-2011
			易經繫辭傳研究	2008-2012
		林義正	易哲哲學討論	2016-2017
2	政大哲學系	高懷民	易經哲學	1997-2003
			易經與人生	約1995前後
		陳睿宏	易經	2012-2015
	政大哲學所	高懷民	易傳哲學專題研究	1998-2002
		曾春海	易傳哲學專題研究	2003
		陳睿宏	周易研究	2013.2-6
3	東吳哲學系	高懷民	易經哲學	約1980前後
		曾春海	易經哲學	2003
4	文化哲學系	李志勇	易學哲學	2007.9-2008.1
		曾春海	易經哲學	2009-2018
	文化哲學所	高懷民	易學專題	約1994前後
		李志勇	易學哲學專題討論	1995-2003
		陳鼓應	易學哲學的形成與發展	2007-2008
			易經哲學專題討論	
			易學哲學：先秦篇	2007-2008
				2009.9-2010.1
5	輔仁哲學系	曾春海	易經	1982-2003
		陳福濱	易經	2012.9-2013.1
			五經思想：易經	2014-2018
	輔仁哲學所	羅　光	易經研究	1977

	校院系所	授課教授	課程名稱	開課時間
			易經哲學研究	1978-1982
		嚴靈峯	易經哲學研究	1988
		曾春海	易經哲學研究	2002
6	華梵哲學系	周大興	易傳	2013.9-2014.1
		陳振崑	易傳	2016.9-2017.1
	華梵哲學所	趙玲玲	易傳哲學	2003
		魏德驥	易經哲學專題	2007.9-2008.1
		馬愷之	宋代易經哲學 易經哲學專題	2008.2-2009.1 2009.2-2009.6
		謝仁真	易經哲學專題	2008.9-2009.1
		劉振維	易經哲學專題	2010.2-2010.6
		伍至學	易經哲學專題	2013.9-2014.1 2018.2-2018.6
	華梵東方人文 思想研究所	金春峰	易傳哲學	2002

以上國立大學共二所、私立大學共四所，總共六所開設有大學部與研究所選修《易》學相關課程，亦包含第一代至第四代，以《易》學哲學思想探討為主。

一、國立大學共二所、私立大學共四所，總共六所開設有大學部與研究所選修《易》學相關課程，開課時間以一九七六年臺大哲學系黃振華教授最早。

二、大學部開設課程名稱有：「易經」、「易經解讀」、「易傳」、「易經研究」、「易經哲學」、「易學哲學」、「易經與荀子」、「易經的思想與生命」、「易經與人生」等，兼含《周易》經傳哲學，《易經》與荀子，以及《易經》的思想與生命、《易經》與人生等。

三、研究所開設課程名稱有：「周易研究」、「周易經文研究」、「周易經傳研究」、「易經哲學專題」、「易經哲學研究」、「易經哲學討論」、「易學專題」、「易學哲學專題討論」、「易學哲學的形成與發展」、「易經繫辭傳研究」、「易傳哲學」、「易傳哲學專題研究」、「易傳與莊子」、「易學哲學：先秦篇討論、秦漢易學哲學」等，包含《易經》、《易傳》與《易》學諸哲學專題面向，並及於《易》學哲學的形成與發展、《易傳》與《莊子》，以及秦漢《易》學哲學研究與探討。

四、第一代教授有：嚴靈峯、羅光等二人。

五、第二代教授有：黃振華、高懷民、楊政河、陳鼓應、郭文夫、林義正、傅佩榮、曾春海、李志勇、趙玲玲、李福濱等十一人。

六、第三代教授有：周大興、魏德驥、陳振崑、馬愷之、謝仁真、劉振維、伍至學等七人。

七、第四代教授有：陳睿宏等一人。

附表二　戰後高等院校《易》學課程哲學系開課統計

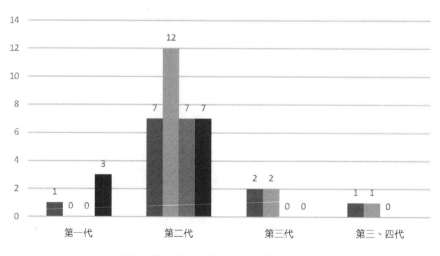

■公立大學　■公立研所　■私立大學　■私立研所

三 戰後臺灣高等院校《易》學教育的回顧與展望

本節以戰後臺灣高等院校教授指導《易》學博、碩士學位論文，以展現《易》學教育的具體成果。以下所製表格依據國立在前，私立在後，由北而南分別排序。

（一）臺灣高等校院歷年《易》學博士論文成果（1966-2018）

臺灣《易》學教育研究的成果，從以下一覽表中，可見仍以中（國）文系統為核心，哲學系統為中幹，其他領域為襯托。以個別研究所區分，臺灣師大國文研究所，高雄師大國文與經學研究所，臺灣大學中文與哲學研究所，政治大學中文與哲學研究所，中央大學中文與哲學研究所，彰化師大國文研究所，文化大學中文與哲學研究所，東吳大學中文與哲學研究所，輔仁大學中文與哲學研究所，東海大學哲學研究所等培育栽成最多；其餘臺灣師大三民主義研究所，臺北市立教育大學中文研究所，政治作戰學校政治研究所，高雄師大教育研究所等則次之。

其中，大部分獲得博士學位的學者為國內研究生，大約有七位為韓國留學生（臺大金尚燮，文化金周昌、鄭炳碩、金聖基，輔仁朴正根、尹任圭，東海千炳敦等），而且清一色都是各校哲學研究所畢業生，這些臺灣培養出來的《易》學博士們，後來都成為海內外知名的《易》學教授，並且又擔任各校博士論文指導教授，可謂薪火相傳，代有人出。

附表三　臺灣高等校院中（國）文系歷年《易》學博士論文統計
（1966-2018）

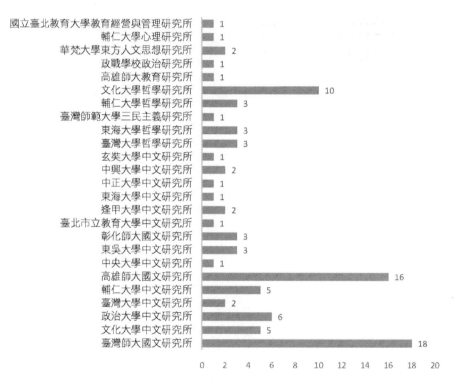

國立臺北教育大學教育經營與管理研究所　1
輔仁大學心理研究所　1
華梵大學東方人文思想研究所　2
政戰學校政治研究所　1
高雄師大教育研究所　1
文化大學哲學研究所　10
輔仁大學哲學研究所　3
臺灣師範大學三民主義研究所　1
東海大學哲學研究所　3
臺灣大學哲學研究所　3
玄奘大學中文研究所　1
中興大學中文研究所　2
中正大學中文研究所　1
東海大學中文研究所　1
逢甲大學中文研究所　2
臺北市立教育大學中文研究所
彰化師大國文研究所　3
東吳大學中文研究所　3
中央大學中文研究所　1
高雄師大國文研究所　16
輔仁大學中文研究所　5
臺灣大學中文研究所　2
政治大學中文研究所　6
文化大學中文研究所　5
臺灣師大國文研究所　18

■ 臺灣高等校院中（國）文系歷年《易》學博士論文統計
　（1966-2018）

附表四 臺灣高等校院其餘系所歷年《易》學博士論文統計
（1966-2018）

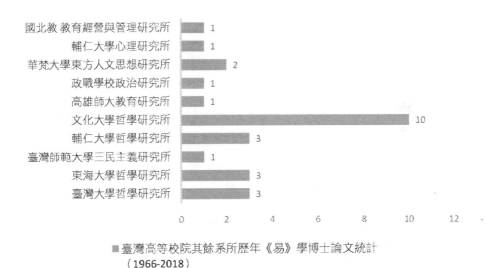

■臺灣高等校院其餘系所歷年《易》學博士論文統計
（1966-2018）

（二）臺灣高等校院歷年《易》學碩士論文成果（1958-2018）

　　附表依學年度及西元年排序，國立在前，私立在後，由北而南而東。以數量論，臺灣師大、高雄師大、臺灣大學、政治大學、文化大學、輔仁大學、中央大學、華梵大學、東海大學、中興大學、東吳大學、彰化師大、淡江大學、銘傳大學、玄奘大學、南華大學第為多。臺北市立師範學院、中山大學、政治作戰學校、交通大學、臺灣體院、暨南、雲林科大、中正、成功、臺南大學、屏東師院、佛光、中華、逢甲、大葉、明道、東華大學等次之。

　　國立大學優於私立大學，中（國）文、經學、語教、應用中文、漢學資料整理、宗教系統等，又優於哲學（三民主義、東方人文）思想系統，以及其他音樂、美術、農業工程、政治、公共行政、心理、

工業設計、事業經營、工業工程、體育、視覺藝術教育、高階管理等領域。因此觀之，仍可歸納出《易》學碩士論文的核心在中文、國文所，哲學所為主幹，其他所為襯托。而歷史悠久的國立、私立大學總是名列前茅，這是有其道理的，因其師資優良，且具傳統，故能出類拔萃。國立大學中，臺灣師大、高雄師大為全臺雙璧，政大、臺大以及文化與輔仁哲學所表現頗為傑出，也十分引人注目。

指導教授則以高雄師大經學所黃忠天教授與筆者居冠，臺灣師大國文系黃慶萱教授、政治大學哲學系高懷民教授與曾春海教授、政治大學中文系呂凱教授、臺灣大學與文化大學中文系黃沛榮教授、中央大學中文系徐芹庭教授、銘傳大學應用中文系陳坤祥教授、臺灣大學中文系何澤恆教授、政治大學中文系董金裕教授、國立臺北教育大學語教系孫劍秋教授、中央大學中文系胡自逢與岑溢成教授、輔仁大學哲學系羅光教授、潘小慧與中文系趙中偉教授、高雄師大國文系林文欽教授等次之；高明、南懷瑾、方東美、孫智燊、鄔昆如、林麗真、陳郁夫、張永儁、陳茂萱、關永中、莊耀郎、吳瓊恩、何廣棪、林慶彰、林安梧、游志誠與胡瀚平等教授，以及蔣復璁、程發軔、楊家駱、戴君仁、謝幼偉、屈萬里、余培林、王靜芝、黃錦鋐、朱守亮、牟宗三、應裕康、李威熊、林耀曾、戴璉璋、趙玲玲、黃振華、劉文起、蔡明田、程石泉、顏良恭、崔垂言、古清美、潘皇龍、龔鵬程、曾昭旭、簡博賢、陳連福、張家焌、郭文夫、劉原超、朱建民、林益勝、謝大寧、高柏園、吳銘塘、楊祖漢、丁興祥、賀力行、江弘毅、何保中、王財貴、蔡麗華、李志明、王育雯、羅芳、林文彬、陳英文、莊雅州、殷善培、蔣秋華、金春峰、戚國雄、姜允明、蕭雅俐、康雲山、林顯庭、杜保瑞、吳進安、李正治、李志勇、熊琬與莊兵等教授，亦功不唐捐，可謂濟濟多士，教育有成了。

附表五　臺灣高等校院歷年《易》學碩士論文統計（1966-2018）

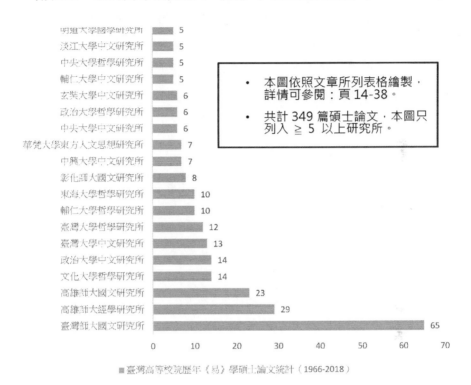

■臺灣高等校院歷年《易》學碩士論文統計（1966-2018）

中（國）文系與他系《易》學論文百分比（1966-2018），中（國）文系占百分之六十四，其他哲學與政治系所等僅占百分之三十六。至於，臺灣高等校院教授指導《易》學碩博論文數量前二十名者，統計如下：

一、賴貴三：總共四十二篇，碩士論文三十六篇，博士論文六篇。

二、黃忠天：總三十七篇，碩士論文三十五篇，博士論文二篇。

三、高懷民：總共二十四篇，碩士論文十七篇，博士論文七篇。

四、黃慶萱：總共十九篇，碩士論文十七篇，博士論文二篇。

五、林文欽：總共十八篇，碩士論文九篇，博士論文九篇。

六、羅光：總共八篇，碩士論文三篇，博士論文五篇。

七、林安梧：總共八篇，碩士論文四篇，博士論文四篇。

八、李威熊：總共八篇，碩士論文四篇，博士論文四篇。

九、曾春海：總共八篇，碩士論文六篇，博士論文二篇。

十、胡自逢：總共七篇，碩士論文三篇，博士論文四篇。

十一、張永儁：總共七篇，碩士論文三篇，博士論文四篇。

十二、呂凱：總共七篇，碩士論文四篇，博士論文三篇。

十三、黃沛榮：總共七篇，碩士論文四篇，博士論文三篇。

十四、孫劍秋：總共六篇，碩士論文四篇，博士論文二篇。

十五、林麗真：總共五篇，碩士論文四篇，博士論文一篇。

十六、何澤恆：總共五篇，碩士論文四篇，博士論文一篇。

十七、高明：總共四篇，碩士論文二篇，博士論文二篇。

十八、林慶彰：總共四篇，碩士論文三篇，博士論文一篇。

十九、魏元珪：總共四篇，碩士論文三篇，博士論文一篇。

二十、岑溢成：總共四篇，碩士論文三篇，博士論文一篇。

臺灣高等校院教授指導《易》學碩博論文數量前二十名各系教授比中（國）文系占百分之八十，哲學系所僅占百分之二十。

四　結論

四百年篳路藍縷，全臺首學，泮宮遠書香；乾坤奠道統，寶島欣欣，三代鼎革時義大。

一甲子春風化雨，故國鴻儒，庠教流善慶；泰貴開文明，英才

濟濟，五經豐頤易仁尊。[10]

筆者所撰上聯，係概括臺灣近、現代歷史與《易》學發展的文化進程。

上半聯首句的「四百年篳路藍縷」，指自明末鄭成功（1624-1662）擊敗並驅逐殖民臺灣的荷蘭人，收復臺灣成為反清復明的基地，以至現代慘淡經營臺灣的時間縮影而言；明鄭建設臺灣期間，先於古都臺南府城創建「全臺首學——孔聖文廟」（永曆十九年，西元1665年），奠定臺灣文教厚實的基礎，「泮宮遠書香」即是形容其深遠的影響；以下三句「乾坤奠道統，寶島欣欣，三代鼎革時義大」，係指自明鄭、清代以至中華民國時期，三代統治臺灣不斷發展進步的歷史時義；又因此聯係為《臺灣易學史》而作，故特別於上下半聯之中，分別鑲嵌「乾」、「坤」、「鼎」、「革」與「泰」、「賁」、「豐」、「頤」各四卦，以表達並寄寓《易》理與臺灣歷史時空發展的密切相關性。

下半聯首句「一甲子春風化雨」，係指中華民國政府自日本殖民治權手中，光復臺灣（1945），繼而因國、共內戰而轉進臺灣（1949），以迄建設臺灣一甲子的歲月；而「春風化雨」，以及下二句的「故國鴻儒，庠教流善慶」，係指跟隨國民政府播遷來臺的許多著名教授學者，在高等校院教育臺灣學子，不斷培養無以計數的優秀人才，為臺灣的現代化創造了寶貴的成績與舉世矚目的政治、經濟與文教奇蹟；尤其，因為中共政權瘋狂推行「文化大革命」運動，臺灣國民政府則相應積極推動「中華文化復興運動」，大力實施推廣傳統經學教育，成為文化復興的基地與堡壘。綜觀此對聯，可知筆者聚焦於

---

10 此聯收載於賴貴三主編：《臺灣易學史》，〈序：易學深心託豪素，臺灣懷抱觀古今〉，頁1。

臺灣文教歷史與《易》學厚植的文化底蘊，如今「卻顧所來徑，蒼蒼橫翠微」，[11]無限感慨！

(一)臺灣《易》學課程、教育與研究的特色回顧

一、方面廣：研究範疇涵括八卦及六十四卦的產生，卦爻辭的性質（如卜筮性、義理性、文學性、社會性等），卦爻辭的內容、思想、作者與時代，《易傳》的思想淵源、著成時代及其在先秦學術史上的地位，歷代《易》學家及《易》學史，《周易》經傳的詮釋，《周易》與傳統文學、音樂、藝術、美學與科學應用與工業管理等。

二、基礎深：從教學研究者的學術背景分析，經常出版《易》學專著、發表論文、執行專題研究計畫、指導博碩士班研究生的學者，以大學國文、中文系所、哲學系所為主，其他系所為輔。

三、論文多：從博碩士研究生學位論文而言，博士學位論文已逾九十篇，碩士學位論文已三五八篇。其中，大韓民國早期留學臺灣博、碩士研究生中，專研《周易》而有成就者，不乏其人；碩士班如：臺大哲研所金德僖、金納德，師大國研所南基守，政大哲研所金春植，文化哲研所金周昌、李相碩，文化中文所張貞海，東吳中文所朴京烜，輔大哲研所尹任圭、李淑子、吳相直，東海哲研所千炳敦等。博士班如：臺大哲研所金尚燮，文大哲研所金周昌、金學權、鄭炳碩、金聖基，輔大哲研所朴正根、尹任圭，東海哲研所千炳敦等，表現傑出，令人印象深刻。

(二)臺灣《易》學課程、教育與研究的發展困境

一、師資缺：大學校院師資不足，大學生選修意願雖高，但都為

---

11 詩句引自詩仙李白（701-762）〈下終南山過斛斯山人宿置酒〉。

求占卜實用，不能持恆學習探討；而中文研究生今多不從事經學研究，哲學研究生則多從事西方哲學研究，仰望《易》學而卻步者多，深恐後繼乏人，雖然薪傳不輟，仍引以為憂。緣因大部分的學習者，以為《易經》為有字的天書，在當今速成學習與怕苦畏難的大環境影響下，缺乏積極主動的研習鑽探精神動力，長此以往，臺灣《易》學發展前景必見頓挫而衰落。

二、創新少：臺灣《易》學研究以傳統對象、專題為主，缺乏當代課題的相關研究，學術研究所能提供社會、國家的現代化助力有限，難以誘導學子積極投入，更難以獲得政府、企業界的奧援，發展潛力受限；而且，缺乏科際整合研究，未能將既有研發成果，運用於其他學門，宏觀顯然不足。如何多向度、多視野開拓研究領域，值得正視。

三、組織散：臺灣地區缺乏統整的《易》學研究中心或機構，無法有效發揮協調、統合的功能，既有成果無法總結匯聚，發展宏圖亦難以體現。加以臺灣學術界圈子太小，在意見溝通交流上，略顯保守而遲滯，怯於批判，故無法建立大格局、大氣魄的《易》學研究環境。

凡此種種，均有賴臺灣學術俊傑、社會菁英與民間志士一齊努力，共同奮鬥打拚，以期能突破發展的瓶頸及提升的困境，創造出蓬勃發展的《易》學氣象。

（三）臺灣《易》學課程、教育與研究的未來展望

黃師沛榮教授專文〈近十年來海峽兩岸《易》學研究的比較〉[12]，針對《易》學研究的未來展望提出十個工作目標與海內外《易》學研

---

12 詳參黃沛榮：〈近十年來海峽兩岸《易》學研究的比較〉，刊於《漢學研究》第7卷第2期（1989年12月），頁1-17；同年刊於《周易研究》1989年第1期，頁96-102。

究同好互勉，雖然已經是近二十年前的倡議，但今天看來仍然具有反思的意義與發揮表現的價值，筆者以為仍然可以作為臺灣《易》學未來研究發展的理想目標：

一、編印歷代《易》學論著目錄，並撰成提要。

二、收集《易》學家資料，編成《易學史長編》，進而編撰詳盡正確的《易》學史。

三、編輯《歷代易說雜義叢輯》，將散見於歷代文集、筆記、雜說、雜考等著作之《易》說輯出、分段標點，並按所解說之經文次序編次成書。

四、收集並比較現存各種《周易》經傳的版本及譯本。

五、輯印歷代《易》學論著。

六、選輯發表於海峽兩岸期刊中的《易》學論文，並予分類，有計畫地出版《周易論文集》。

七、以新觀念來撰寫《周易通論》，系統地重新檢討《周易》的問題。

八、編撰《周易經傳新注》。

九、編撰《易學辭典》：《易》學術語及詞匯，古今《易》學專著、重要《易》學家，《易經》成語與其他等。

十、成立「《周易》研究會」或「《周易》研究中心」。[13]

---

13 按：黃師沛榮，〈近十年來海峽兩岸『易』學研究的比較〉（參註12），並有十條相關於臺灣《易》學未來研究發展的理想目標，內容與此大同小異，謹錄於後，以備參較：（1）編印歷代《易》學論著目錄，並以現代新觀念撰成新提要。（2）蒐集近數十年來學者發表之《易》學論文，並選出重要著作，分類出版《周易》論文叢書，以供參考。（3）根據歷代《易》學論著目錄及《易》學家資料，編成「《易》學史長編」，進而撰成詳實的「《易》學史」。（4）編輯「歷代《易》說雜義叢輯」。（5）收集現存各種《周易》經傳的版本及譯本，包括中國或日本、韓國的刻本和

針對以上十點標準衡量，後來黃師又發表了〈《易》學研究的回顧與展望〉[14]，又指出十年之內的《易》學研究，最重要且最具發展潛力的課題，是「數占」觀念的研究，因為關乎《易》卦的淵源以及產生的時代，成卦的方法以及變卦的條件，「《連山》、《歸藏》」等問題。該文除補充當時《易》學研究的最近趨勢外，還檢討當時《易》學研究的困境，簡列三點如下：

一、研究人力之不繼：與當代經學不振有關。

二、研究環境之欠佳：又分三小點：（1）研究資料不易取得；（2）文物資料整理緩慢；（3）整理文獻不受重視。

三、研究方向之偏差：謂「《易》術」之泛濫，然而此現象非始於今日，《易》學雜入占卜、命理，導致穿鑿附會、任意引申的學風，容易誤導社會大眾。

黃師所提出三大點的困境，迄至今日，仍為《易》學界的隱憂，值得重視。而以今日《易》學教育與學術研究成果平心而論，可謂成效逐漸卓著了。因此，展望未來應如何加強現代科技運用，建置資料庫及電腦檢索系統；以及擴大文本的範圍，在廣義的中華文化遺產中，盡量開發新的研究領域，並能與時俱進，體認世界化時代的來臨，「文

排印本，以及各國語文譯本。（6）以新觀念來撰寫「《周易》通論」，系統地重新檢討《周易》的問題。（7）編撰「《周易》經傳新注」。（8）編撰「《易》學辭典」。（9）普遍成立「《周易》研究會」或「《周易》研究中心」。（10）整合各學科中對《周易》有研究或興趣的專家學者，重新檢討《周易》與各學科間的確實關係與學理相通之處，以及《周易》在歷史上對政治、經濟、社會、文化、軍事科技、宗教、倫理、醫學，甚至占卜、命相、堪輿等的影響。

14 詳參黃沛榮：〈《易》學研究的回顧與展望〉，收入《中國文哲的回顧與展望論文集》（臺北市：中央研究院中國文哲研究所籌備處，1992年），頁329-348。

明新舊能相益，心理東西本自同」[15]，努力將「舊學」融入現代生活與文化中。

　　此外，如何突顯近世以來臺灣《易》學研究的成果，如何對《易》學本身的發展層面與思想上有所建樹，以及如何提升《易》學對整個世界文化學術的重要性，仍然是筆者、有志之士未來必須共同努力以赴，深待探討的課題。臺灣是深富生命力與創造性的美麗之島，回顧反思臺灣《易》學歷史發展進程，自二十世紀中葉以來，凡四代七十三年，既能批判的繼承，又能創造的發展，已然邁開大步迎接未來新世紀的考驗與挑戰。

　　總體而論，臺灣《易》學成果薈萃，人才輩出，如能與時俱進，必能達到質量水準。回顧過去，展望未來，《易》學教育與研究將成為一條四通八達而充滿學術希望的理想大道，衷心期許與志同道合之士共同戮力奮鬥。

---

15 此聯係末代皇帝溥儀太傅陳寶琛（1848-1935）題贈美國哈佛大學燕京學社。

貳　臺灣師範大學國文學系與輔仁大學中國文學系「尚書」課程的設計與思考（2006-2017）[*]

許華峰[**]

一　前言

　　個人自二〇〇六年起至二〇一七年止（2006-2010、2012、2014、2016），於輔仁大學中國文學系開設「尚書」課程。自二〇一二年起（2012、2014、2016），在臺灣師範大學國文學系開設《書經》課程。二〇一五年起，在國文研究所開設「尚書研討」。基於這些開課的經驗，本文嘗試以個人在大學部所開設的相關課程為例，說明課程內容與教學的設計安排。

　　應先說明的是，輔大與師大兩校所開設的課程名稱並不相同。本來課名的安排應當要反映出當初整體課程設計時的想法。若將課程名稱定為「尚書」，在意義上強調的是「古代的公文」[1]，較突出此書的史學特性。若定為「書經」，則較強調《尚書》在過去被視為聖人所刪定的經書的經學價值。不過，由於個人於兩校開設這門課時，皆沿用過去既定

* 本論文已發表於《中國文哲研究通訊》第28卷第4期（2018年12月），頁5-21。
** 許華峰，臺灣師範大學國文學系副教授。

1 屈萬里：〈概說〉，《尚書集釋》（臺北市：聯經出版事業公司，1994年），頁6。

的課名，故在實質上，並未有特別的區隔。[2]然無論課名定為「尚書」
或「書經」，在設計上皆是以「專書」學習的立場所設立的。為了說
明方便，除非必要，本文在行文上，統一以「尚書」為名。

二 課程目標與課程大綱

（一）課程的設計與目標

從授課者的角度言，專書性質的課程，雖然也包括通論性的導讀
與解說，但在課程內容的設計與安排上，仍應與直接以「導讀」、「概
論」、「學術史」等為名的課程有所區隔。尤其是專書教學者，有機會
將各種學術能力統合運用在專書的詮釋與理解上，所以在教學目標的
安排，除了引導學生認識專書的內容，適度帶入這種統合能力，對學
習者能力的養成，應當是有助幫的。因此，專書課程的設計，除了著
重於令學習者對該專書有基本的認識外，更可以通過統整教學者的學
術特長與背景，對專書解讀進行示範與訓練。個人認為，後者應當是
專書課程在教學設計上極重要的部分。因為，即使教學者重視的是對
專書的基本認識與介紹，只要涉及專書內容的解讀，其實都無法逃避
整體統合能力運用的問題。

就《尚書》課程而言，課程的設計應考慮到三方面：

1 《尚書》的重要議題與教學的難處

《尚書》一經，在課程設計上，至少應涉及五個方面：

---

2 輔大中文系經學專書課程中，課名有「易經」、「詩經」、「左傳」、「禮記」、「經學通
論」。與五經相關的課名用了「易經」、「詩經」，「尚書」卻未用「書經」之名，在
課名上並未一致。師大國文系則一律以「易經」、「詩經」、「書經」之名來開課，
「經學」的意義較為突出。

（1）此書身兼史學與經學兩方面的特性。如同前言所指出，《尚書》除了是「古代的公文」，為研究古代史的重要文獻外，古人認為這是曾經聖人刪定，為儒家聖王治理原則的重要紀錄。清代以前，重視的是經學的《尚書》。古史辨運動後，《尚書》研究轉而偏重在史料一面，而有意無意地忽略傳統經學意義下的《尚書》。個人認為，宜同時包容兩種面向，才能將歷代的文化、思想與《尚書》之間的互融關係呈現出來。

（2）偽孔本的真偽考辨所帶出的相關問題。目前所流傳的《尚書》，以偽孔本的影響最大。偽孔本自東晉出現於世，唐代成為《五經正義》中《尚書正義》的底本；至清代為止，歷代《尚書》研究都脫離不開這個本子。此本自清代閻若璩撰寫《尚書古文疏證》力辨其中增多今文的「古文二十五篇」為東晉晚出的材料後，相關的討論便成為《尚書》研究的重要議題。又清代以來，許多學者努力還原的漢代或先秦《尚書》的篇目乃至原文，雖在表面上極力排斥偽孔本，但其實都是在偽孔本的基礎上進行考證的結果。要了解清代以來對先秦兩漢《尚書》的研究，偽孔本反而是極重要的基礎。

可惜的是，這個本子被判定為偽書後，許多《尚書》研究者直接將這二十五篇排除在《尚書》研究的範圍之外。在教學上（包括個人在過去所修習的《尚書》課程），亦多以今文相關的二十九篇為教學重點，極少涉及這增多今文的「古文二十五篇」的內容。若考慮到《尚書》於文化學術的影響，在教學上，偽孔本應當放在重要的位置；其中增多的「古文二十五篇」，亦應納入研讀的範圍。

（3）《尚書》文本解讀的困難。今文《尚書》相關篇章，因年代久遠，從斷句、字詞解釋，乃至文意理解、義理發揮，解讀者基於不同的解讀原則與理解背景所提出的解釋，差異極大。因此，面對不同解釋，除了表面上的解讀是否「正確」的判斷外，更涉及解釋者心目

中對《尚書》乃至相關歷史文化的整體認識。

（4）《尚書》在歷史文化中的重大意義與影響。承第（3）點所言，《尚書》文本解讀的困難，既然不僅止於篇章年代久遠所帶來的問題，更涉及解讀者所選擇的解釋原則乃至對歷史文化的整體認識，則在參考歷來的注解時，必然得留意解釋者個人（包括我們自己）、學派、時代思想等內涵在經文解釋時的交互影響。進一步來說，這些注解實蘊含了豐富的文化思想的材料。

在教學時，若能適度將（3）（4）兩方面的討論帶入課程中，將有助於學習者的反思，並開拓其經典理解的視野。

（5）地下出土文獻的引介。如清華簡的發現，與《尚書》研究有重大的關聯。適度引介，有助於學習者的開拓學術視野。

這五方面，以前三項較為基礎，但五者往往互相關聯。要在一門課程中，全面觸及這五方面，使修課者得到較全面的認識，並不容易。

2 學習者的程度

由於《尚書》的文字較為艱澀難讀，且在學術史上具有相當複雜的真偽考證問題，入門的難度相對較高。就個人任教的輔大與師大，皆設定為大三的選修課。將課程安排在大三，自然是為了讓修課的同學具備較完整的先備知識，以利學習。然由於近年學校的大方向傾向於開放同學自由選課，如師大的「書經」課，在現行的選課制度下，便無法限制選課同學的年級。這也使得教學上，經常得面對學問基礎較為薄弱的大一同學。

其次，目前大多數國文系或中文系的同學，接觸經學的時間較晚，除了高中時期有些許國學常識的背景外，較有關的課程，為大一的「國學概論」課程中的介紹。另外，師大國文系大一有「經學通論」的必修課，輔大大二亦開設有「經學通論」的選修課。《尚書》

在這些課程中，最多只能用一個單元簡單介紹，所以大學部的修課同學，絕大多數對《尚書》是相當陌生的。可以說，這門課所面對的教學對象，基本上都是《尚書》的初學者。

3 授課者所設定的課程目標

授課者所設定的目標，必然會影響教學的內容。個人認為，通過專書的學習，若能嘗試予以引導，或許可以令學習者建立相關學問的學習與思考能力。因此，在課程的設計上，希望修課學生在課程中，能夠觸及下列四點：

（1）對《尚書》一書的內容能有基本認識。

（2）對歷代《尚書》研究成果與發展，可以約略地掌握。

（3）通過課程，可以開始接觸歷代《尚書》的重要注解。

（4）通過《尚書》的例子，漸漸熟悉治學的條理。

其中，大學部的課程，以前兩項為核心。第三項只能舉例讓修課同學約略感受。第四項則是在教學過程中，慢慢引導建立相關能力。

（二）教材的選擇與課程綱要

依據前述背景，這門課的教材選擇與課綱安排如下。

1 教材的選擇

這門課程所選用的教本為屈萬里先生（1907-1979）的《尚書集釋》。選用此書的理由，主要緣於屈先生是臺灣地區《尚書》研究的重要學者。他曾為《尚書》出過《尚書釋義》[3]、《尚書今注今譯》[4]和

3　屈萬里：《尚書釋義》，臺北市：中國文化大學出版部，1995年。

4　屈萬里：《尚書今註今譯》，臺北市：臺灣商務印書館，2009年。

《尚書集釋》三本注解，另外尚編有《尚書異文彙錄》校錄《尚書》之異文。[5]《漢石經尚書殘字集證》論定漢石經為小夏侯本。[6]論文集《書傭論學集》中也收錄多篇《尚書》相關論文。[7]《屈萬里先生文存》中亦每每可以看到《尚書》的討論。[8]這些著作中，《尚書集釋》是在屈先生一九七九年過世後，由學生根據遺稿整理而成，對舊說多有修正補充，並詳細注明所引資料的出處，內容最為詳盡。而且此書書前的「概說」及每篇的篇題下的討論，極為詳審，能提供讀者考辨論據與文獻研究的思考線索與訓練。雖然著作的年代略早，仍是個人所見臺灣地區所印行的《尚書》注解中，最適合的教本。

2 課綱安排

這門課程主要以單元的方式進行。相關單元，分為四個部分，綱要羅列如下：

一、文獻問題
1.《尚書》的名義與體例
2.今、古文《尚書》──文字風格
3.今、古文《尚書》──真偽考證
4.漢代以前的《尚書》重要傳本
二、歷代研究成績
三、重要篇章選講（篇目依《尚書正義》）

---

5 屈萬里：《尚書異文彙錄》，臺北市：聯經出版事業公司，1983年。
6 屈萬里：《漢石經尚書殘字集證》，收入《屈萬里先生全集》第10冊，臺北市：聯經出版事業公司，1984年。
7 屈萬里：《書傭論學集》，臺北市：臺灣開明書店，1980年。
8 屈萬里：《屈萬里先文存（1-6）》，臺北市：聯經出版事業公司，1985年。

1.偽〈孔安國序〉

2.〈堯典〉、〈舜〉

3.偽〈大禹謨〉

4.〈甘誓〉、〈湯誓〉、〈牧誓〉、〈費誓〉、〈秦誓〉、偽〈泰誓〉

5.〈盤庚〉上、中、下

6.〈高宗肜日〉、〈西伯勘黎〉、〈微子〉

7.〈洪範〉

8.〈金縢〉、〈大誥〉

9.〈召誥〉、〈洛誥〉

10.〈梓材〉

三、《尚書》與傳統文化思想

1.《尚書》中的聖王形象

2.《尚書》與思想史（以朱子「十六字心傳」的解釋為例）

關於「文獻問題」，希望可以通過三個重點，介紹《尚書》文獻的基本問題。

（1）以《尚書集釋》「概說」為基礎，介紹「尚書」名義的常見說法[9]，並補充「六體」[10]、「十體」[11]之說。現代學者多以「古代的公文」來解釋「尚書」之義，同時排斥過去經學家「迂曲」的解釋。個人認為，經學的理解是極其複雜的，接受「古代公文」之說，並不等於其他說法全無意義。故於課程中以《三國志》〈魏書・三少帝紀第四〉對高貴鄉公（241-260）甘露元年幸太學與博士庾峻的對話為例[12]，

9　屈萬里：〈概說〉，《尚書集釋》，頁5。

10　典、謨、訓、誥、誓、命。

11　典、謨、訓、誥、誓、命、貢、歌、征、範。

12　陳壽撰，裴松之注，盧弼集解，錢南夫整理：《三國志集解》（上海市：上海古籍出版社，2009年），頁516。

說明現代雖然傾向以「上古之書」為《尚書》得名之意義，但古人重視經學，以《尚書》為上天之書，乃至以此來解釋〈堯典〉「曰若稽古」，並非只是「對」、「錯」的問題（詳第三節）。

（2）介紹偽孔本以及歷來對其中增多的「古文二十五篇」辨偽考證的大致經過與辨偽論據。除了導讀基本資料偽〈孔安國序〉外，在「文字風格篇」，以「古文二十五篇」中的〈說命〉篇與今文《尚書》的〈盤庚〉為例，說明古人通過閱讀，感受到二者文字風格的差異，進而提出種種解釋，歷經長時間的討論，最後導向「古文二十五篇」出自後人「偽造」之說。「真偽篇」特別說明清代閻若璩（1636-1704）《尚書古文疏證》辨偽的「根柢」、惠棟（1697-758）《古文尚書考》上卷所陳列的辨偽論據。以此為基礎，對於清代以來的相關討論，才可能有較合宜的理解，並有能力評判諸說的優劣。

（3）依陳夢家（1911-1966）《尚書通論》第一部一、二章[13]，簡介先秦典籍引《尚書》，以及兩漢《尚書》七種傳本的概況，並補充介紹清華簡與《尚書》有關的材料。

「歷代研究成績」配合《尚書集釋》〈概說〉介紹經學史上最具代表性的幾種《尚書》注解。[14]由於對象為大學生，對經學史、思想史等皆尚未建立較通盤完整的了解，故僅介紹偽《孔傳》、孔穎達（574-648）《尚書正義》、蔡沈（1167-1230）《書集傳》、孫星衍（1753-1818）《尚書今古文注疏》四部書。

「重要篇章選講」雖限於時間，仍以今文《尚書》相關篇章為主要閱讀對象，但為了讓學習者認識古人心目中的《尚書》，並掌握辨偽討論的基本資料，故特別選入偽〈孔安國序〉配合《尚書正義》相關內容進行解說。又為了認識偽《孔傳》本「增多古文二十五篇」的

---

13 陳夢家：《尚書通論（外二種）》（石家莊市：河北教育出版社，2000年），頁8-53。
14 屈萬里：〈概說〉，《尚書集釋》，頁26-31。

內容與影響，故選入偽〈大禹謨〉、偽〈泰誓〉上、中、下三篇。這四個篇章，《尚書集釋》放在「附編三・偽《古文尚書》襲古簡注」中，只標出經文襲古的出處，沒有注解。故講解主要以蔡沈《書集傳》為據。

其餘選文，則略依「唐、虞、夏、商、周」的次第，以及「典、謨、訓、誥、誓、命」六體選講。在講解上主要依屈萬里《尚書集釋》為基礎，特別著重兩部分：一是《尚書集釋》對每一篇的釋題與著成時間考證理由的導讀。二是文意的解釋。《尚書集釋》的注解，採「集注」的方式，較少義理方面的闡發，所以在講解時，必須補充傳統注解（大抵以偽《孔傳》、《尚書正義》、蔡沈《書集傳》為主）的義理。

「《尚書》與傳統文化思想」，主要以兩個例子加以說明。這兩個例子，考慮到課程進行的時間安排，也許直接納入相關篇章的說解之中。

三　「文獻問題」舉例——鄭玄對《尚書》名義與〈堯典〉「曰若稽古」的解釋

《尚書》的名義，依《尚書集釋》〈概說〉有三個重點：[15]一、先秦但名曰「書」，未有「尚書」之稱；「尚書」之名，始於漢初。「偽孔謂《尚書》之名，始於伏生；其說可信」。二、此「書」為公牘之義。「尚書」之義，「意謂古代之書耳」。三、馬融（79-166）：「上古有虞氏之書，故曰《尚書》。」義猶近是。鄭玄（127-200）：「尚者，上也。尊而重之，若天書然；故曰《尚書》。」王肅（195-256）：「上所言，史所書，故曰《尚書》。」皆為迂曲之說。

---

15 同前註，〈概說〉，頁5-6。

　　包括屈萬里先生在內，民國以來的《尚書》研究深受古史辨運動的啟發，於相關問題的判斷，傾向於排斥玄虛、不合理之說。故屈萬里先生於「尚書」意義之抉擇與說明，將鄭玄、王肅之說斥為「迂曲」。從《尚書》一書「公牘」的原始性質而言，此一判斷相當合乎現代人的思維標準。然若進一步考慮，鄭玄、王肅身為經學史上的重要學者，他們所提出的解釋，是否就全無價值？尤其鄭玄身為集漢代今古文經學大成的經學家，必然了解「義猶近是」的馬融之說，為何卻選擇了「迂曲」的解釋？若能貼近鄭玄的立場，或許有助於釐清經學傳統下的《尚書》學與現代《尚書》學之間的差異。

　　鄭玄的《尚書》著作已亡佚，《尚書集釋》〈概說〉所引文字，主要輯自《尚書正義》。[16]據《尚書正義》的說明，鄭玄之說，當來自緯書。這些內容，因為將《尚書》與「天」相連結，有些學者便認為鄭玄以《尚書》為「天書」。例如，贊同鄭玄之說者，王鳴盛（1722-1797）《尚後書案》書末討論鄭康成〈書贊〉「尚者，上也，蓋言若天書然」，說：

　　　　「若天書然」者，如「河出圖、洛出書」是也。[17]

以〈繫辭上〉「河出圖，洛出書，聖人則之」來解釋「天書」。按，孔穎達《春秋左傳注疏》說：

---

16 孔安國傳，孔穎達疏：《尚書注疏》（臺北市：藝文印書館，1965年影印嘉慶二十年江西南昌府學刻本），頁10。

17 王鳴盛著，顧寶田、劉連明校點：《尚書後案》（北京市：北京大學出版社，2012年），頁671。

鄭玄以為，《河圖》、《洛書》，龜龍銜負而出，如《中候》所
說：「龍馬銜甲，赤文綠色，甲似龜背，袤廣九尺，上有列宿
斗正之度，帝王錄紀興亡之數。」是也。[18]

可知鄭玄認為《河圖》、《洛書》皆實有其書。故依王鳴盛之理解，
「天書」當亦實有其書。「若天書然」句應理解成「《尚書》如同『河
出圖，洛出書』一般」，為上天所顯示。反對鄭玄之說者，如劉起釪
（1917-2012）《尚書學史》說：

> 更有將「上」字的時間上的概念誤改為空間上的上天的概念，
> 而且加了尊而上之的尊敬的概念，進行錯誤的闡釋，如：……
> 〔引鄭玄說〕這是漢儒妄說。[19]

程元敏《尚書學史》〈釋尚書名義〉說：「一訓尚為天，上為上天，以
『尚書』為天書，亦首出《緯書》。」[20]認為鄭玄釋「尚書」為「天
書」，並批評說：

> 上《書》，就字義言，可釋為天書。然就本經言，大非是。[21]

無論是否認同鄭玄之說，這些學者皆認為鄭玄以「天書」解釋《尚
書》的名義，以《尚書》為「天書」。
　　按，詳讀偽孔安國〈尚書序〉「（伏生）以其上古之書，謂之《尚

---

18 杜預集解，孔穎達疏，阮元校勘：《春秋左傳正義》（臺北市：藝文印書館，1965年
　影印嘉慶二十年江西南昌府學刻本），頁17。
19 劉起釪：《尚書學史》（北京市：中華書局，1989年），頁8。
20 程元敏：《尚書學史（上）》（臺北市：五南圖書出版公司，2011年），頁23。
21 同前註。

書」句，《尚書正義》的相關解說內容，《正義》先說明「以其上古
之書，謂之《尚書》」的意思，是指伏生在「書」字之前加上了
「尚」字，而不是在解釋《尚書》二字之意。所以伏生是最早以「尚
書」為《書》之專名的人。接著《正義》列舉並討論馬融、王肅、鄭
玄三家對「尚書」解釋的是非。其中，《尚書正義》認為，王肅、鄭
玄之說，皆是將「尚」、「書」兩字放在一起解釋，在理解的結構上，
與孔安國〈尚書序〉強調伏生因《書》的實質內容為上古之書，故為
書名加上「尚」字不同。《正義》說：

> 王肅曰：「上所言，史所書，故曰《尚書》。」鄭氏云：「尚者
> 上也，尊而重之，若天書然，故曰《尚書》。」二家以「尚」
> 與「書」相將，則上名不正出於伏生。[22]

所謂以「尚」與「書」相將，當是指二家的解釋，將「尚書」理解成
複合詞，與偽〈孔序〉「尚」字為伏生所加之意不合。於是《正義》
接著批評鄭玄之說：

> 鄭玄依《書緯》，以「尚」字是孔子所加，故《書贊》曰：「孔
> 子乃尊而命之曰《尚書》。」《璿璣鈐》云：「因而謂之《書》，
> 加尚以尊之。」又曰：「《書》務以天言之。」鄭玄溺於《書
> 緯》之說，何有人言而須繫之於天乎？且孔君親見伏生，不容
> 不悉，自云伏生「以其上古之書，謂之《尚書》」，何云孔子加
> 也？[23]

---

22 （偽）孔安國傳，孔穎達疏：《尚書注疏》，頁10。
23 同前註。

鄭玄根據緯書，認為《尚書》之名出於孔子。《正義》加以引錄，並連及緯書「以天言之」之說。依文意，鄭玄認為孔子之所以將書名定為「尚書」，是因為「尊而命之」，並不認為《尚書》就是「天書」。所以《正義》的批評，一則認為《尚書》的內容皆為人言，不必「繫之於天」來突顯其價值；一則從偽〈孔序〉的立場，指出孔安國親見伏生，引述伏生之說必然無誤。相關內容並不涉及《尚書》是「天書」之說。《正義》所引錄的「尊而重之，若天書然」，不應理解成以《尚書》為「天書」，而是因尊而重之之故，所以以「天」來強調此書的重要性；所引的緯書，應當也是相同的意思。所以，這類因誤會鄭玄之意而否定鄭玄之說，並不恰當。

　　屈萬里先生並未誤解鄭玄之說，他在《尚書釋義》〈敘論〉說：

> 漢、晉間釋《尚書》名義者多家，或訓「尚」為「上」，以為「上天」；謂《尚書》，猶「天書」，尊而重之之辭也。是說也，倡自緯書《璿璣鈐》，而鄭康成《書贊》本之。[24]

那麼，既然明白「天書」是「尊而重之之辭」，並未認為鄭玄以《尚書》為「天書」，何以仍認為「迂曲」呢？這恐怕是因為鄭玄之說源於緯書，而緯書在屈萬里先生的觀念中，本來就是「迂誕難信」之言。

　　其實，緯書雖「迂誕難信」，卻在一定的程度上反映了漢人的思想。若暫時放下成見，鄭玄選擇以「尊而重之，若天書然」來解釋《尚書》的名義，當是為了突顯《尚書》的崇高價值。他解釋的著眼點為《尚書》的無上價值，而不是《尚書》作為史書的本質。在經文的解釋上，鄭玄也有類似的傾向。《三國志》〈魏書〉〈三少帝紀第四〉記錄了高貴鄉公與博士庾峻對〈堯典〉「曰若稽古帝堯」之解釋的討論：

---

24 屈萬里：〈敘論〉，《尚書釋義》，頁1。

〔甘露元年夏四月〕丙辰，帝幸太學，……講《易》畢，復命
講《尚書》。帝問曰：「鄭玄云：『稽古同天，言堯同於天
也。』王肅云：『堯順考古道而行之。』二義不同，何者為
是？」博士庾峻對曰：「先儒所執，各有乖異，臣不足以定
之。然〈洪範〉稱『三人占，從二人之言』。賈、馬及肅皆以
為『順考古道』。以〈洪範〉言之，肅義為長。」帝曰：「仲尼
言：『唯天為大，唯堯則之。』堯之大美，在乎則天；順考古
道，非其至也。今發篇開義，以明聖德，而舍其大，更稱其
細，豈作者之意邪？」峻對曰：「臣奉遵師說，未喻大義，至
于折中，裁之聖思。」[25]

〈堯典〉首句「曰若稽古帝堯曰放勳」的斷句與解釋，有多種說法。
屈萬里先生《尚書釋義》的斷句作「曰若稽古帝堯，曰放勳」。[26]《尚
書集釋》修正前說，改為「曰若稽古：帝堯曰放勳」。[27]在釋義上，二
書皆將「曰若」解為發語辭，「稽」解作「考」，「稽古」為「考之古
昔」之意；在文意上，指作史者考之古昔。故《尚書釋義》和《尚書
集釋》皆將此句視為〈堯典〉乃後人述古之作的證據。

　　以高貴鄉公所提及的鄭玄、王肅說相參照，王肅雖然同樣將「稽
古」解為「考古」，但他將「若」解為「順」，將全句理解為「堯順考
古道而行之」。根據此一解釋，經文斷句宜作「曰：若稽古帝堯」。王
肅之說與偽《孔傳》「若，順。稽，考也。能順考古道而行之者帝
堯」之解釋相似。[28]

25 陳壽撰，裴松之注，盧弼集解，錢南夫整理：《三國志集解》，頁512-516。

26 屈萬里：《尚書釋義》，頁23。

27 同前註，頁6。

28 （偽）孔安國傳，孔穎達疏：《尚書注疏》，頁19。

鄭玄「稽古同天，言堯同於天也」的解釋，在訓詁上似乎是將「稽」解為「同」，「古」解為「天」。高貴鄉公認為，〈堯典〉為《尚書》首篇，「曰若稽古帝堯」句又是〈堯典〉首句，理當有開宗明義的特殊意旨。而且相較於王肅較為平實的解釋，鄭玄之說正好與《論語》〈泰伯〉篇孔子「唯天為大，唯堯則之」的話相關聯，兩相配合，更能突顯〈堯典〉的特殊價值。或許高貴鄉公無法完全代表鄭玄，但透過與「天」相關聯來突出《尚書》與聖王的崇高價值，正顯示了在鄭玄乃至高貴鄉公的心目中，《尚書》不僅是公文檔案，更是傳達聖人深刻意旨的經典。對諸家經說，他們的抉擇方式並不以文字訓詁為最重要的標準，而是以最能闡發出經書深奧涵義的解釋為目標。這也使得經學家的解釋，往往帶有個人對聖王之道的體會與對聖人的想像。

《尚書正義》批評鄭玄與高貴鄉公之說：

> 鄭玄信緯，訓「稽」為「同」，訓「古」為「天」，言「能順天而行之，與之同功」。《論語》稱惟堯則天，《詩》美文王「順帝之則」，然則聖人之道莫不同天合德，豈待同天之語，然後得同之哉？《書》為世教，當因之人事，以人繫天，於義無取。且「古」之為「天」，經無此訓。高貴鄉公皆以鄭為長，非篤論也。[29]

《正義》指出，將「古」訓為「天」，經書中找不到相關依據。相較之下，《尚書正義》較鄭玄與高貴鄉公更重視文字訓詁的標準。又所謂「聖人之道莫不同天合德，豈待同天之語，然後得同之哉」，正表

---

29 同前註，頁20。

示《正義》其實並不反對聖人同天合德的觀點。只是《正義》認為，就《尚書》這部經典內容的解釋來說，不必事事皆與天相關聯。由此可見，經學家的抉擇標準、聖人觀的不同，乃至不同經書之間的關係的認定，都會帶來解釋的差異。鄭玄「尊而重之，若天書然」、「稽古同天」的解釋，都可以視為鄭玄闡發經書義理的特殊表現。

四 「文意解讀」舉例──〈甘誓〉「予則孥戮汝」的解釋與聖王形象

《尚書釋義》對〈甘誓〉篇末「予則孥戮汝」句的解釋說：

> 孥，子也。孥戮，言並其妻子而殺之也。此句上有省文，意謂如不用命，則如是也。[30]

《尚書集釋》的解釋說：

> 孥，《史記》作帑，古通。《詩》〈常棣・毛傳〉云：「孥，子也。」〈湯誓〉篇亦有「孥戮」語，孔氏《正義》於彼篇引鄭玄云：「大罪不止其身，又孥戮其子孫。」此句上有省文，意謂如不用命，則孥戮之也。[31]

依屈萬里先生的解釋，這句話的意思在告戒軍士，若不好好執行軍事任務，將「並其妻子而殺之」。若經文解讀的目標，僅止於梳理字句文意，如此的解讀自然已經足夠。然對照過去的經書注解，卻可以發

---

30 屈萬里：《尚書釋義》，頁67。
31 同前註，頁76。

現〈甘誓〉、〈湯誓〉中「孥戮汝」句的解釋曾一再地被提出討論。究其因素，主要在於過去認為〈甘誓〉為啟與有扈氏之戰的誓師之辭，〈湯誓〉則是商湯討伐夏桀的誓師之辭。啟身為儒家聖王大禹的兒子，去聖未遠，在他的誓師之辭中，不應出現嚴酷的刑罰。商湯更是儒家公認的聖王，當然不應該用連坐法傷及無辜。現在，經文中竟然有「孥戮汝」的文字，與聖王的形象相違背，經學家們自然要設法提出解釋。

　　以偽《孔傳》、《尚書正義》、蔡沈《書集傳》和王鳴盛《尚書後案》的解釋為例。[32]偽《孔傳》解〈甘誓〉「予則孥戮汝」時說：

　　　　孥，子也。非但止汝身，辱及汝子，言恥累也。[33]

解「孥」為「子」，將這句經文解為連坐，但解「戮」為「辱」，便未必強調要殺死罪犯的子孫。又，偽《孔傳》在解釋〈湯誓〉「予則孥戮汝，罔有攸赦」時說：

　　　　古之用刑，「父子兄弟，罪不相及」。今云「孥戮汝，無有所赦」，權以脅之，使勿犯。[34]

「父子兄弟，罪不相及」出自《左傳》昭公二十年引〈康誥〉之文。今本〈康誥〉沒有這段文字，當是〈康誥〉逸文。偽《孔傳》特別提

---

32 關於「予則孥戮汝」歷代注解的比較，個人曾發表〈〈甘誓〉「予則孥戮汝」的解釋與經學〉一文（《勵耘學刊》第4輯〔2007年6月〕，頁87-99），於此一問題有較詳細的整理。

33 （偽）孔安國傳，孔穎達疏：《尚書注疏》，頁98。

34 同前註，頁108。

出古時「父子兄弟，罪不相及」之說，表示他意識到〈甘誓〉、〈湯誓〉之涉及連坐，有違〈康誥〉逸文所載的刑罰原則，更與聖王的形象不符。偽《孔傳》的解釋是，這只是一種不得已的脅迫之辭，目的是為了讓軍士們好好打仗，不要違犯軍命。

　　偽《孔傳》的解釋相當值得注意。首先，「父子兄弟，罪不相及」的討論，並未在「予則孥戮汝」第一次出現的〈甘誓〉篇中提出說明，卻在第二次出現的〈湯誓〉篇中，才提出討論。這似乎不太合乎經書注解的習慣。其次，「權以脅之，使勿犯」之說，實在不符戰爭帶兵的情理。孔穎達《尚書正義》是以偽《孔傳》為中心所作的疏；基於「疏不破注」的大原則，提出解釋。〈甘誓〉篇《正義》說：

> 所戮者非但止汝身而已，我則并殺汝子以戮辱汝，汝等不可不用我命，以求殺敵。戒之使齊力戰也。[35]

又說：

> 《詩》云：「樂爾妻孥。」對妻別文，是孥為子也。非但止辱汝身，并及汝子亦殺，言以恥惡累之。〈湯誓〉云：「予則孥戮汝。」《傳》曰：「古之用刑，『父子兄弟，罪不相及』。今云『孥戮汝』，權以脅之，使勿犯。」此亦然也。[36]

孔穎達認為，偽《孔傳》將「戮」解為「辱」，是「殺以辱之」的意思。他所理解的偽《孔傳》，比單看偽《孔傳》的「辱及汝子」（未必要殺），令人覺得更加嚴厲。另外，孔穎達引用偽《孔傳》在〈湯

---

35 同前註，頁98。
36 同前註，頁99。

誓〉的注解，認為〈甘誓〉與〈湯誓〉同樣都是「權以脅之」而已，將兩者等同起來。至於偽《孔傳》為何不在〈甘誓〉篇便提出討論，孔穎達在〈湯誓〉篇《正義》說：

> 昭二十年《左傳》引〈康誥〉曰：「父子兄弟，罪不相及。」是古之用刑如是也。既刑不相及，必不殺其子，權時以迫脅之，使勿犯刑法耳。不於〈甘誓〉解之者，以夏啟承舜、禹之後，刑罰尚寬，殷、周以後，其罪或相緣坐，恐其實有孥戮，故於此解之。[37]

認為〈甘誓〉的時代接近舜、禹之時，刑罰較為寬鬆，不致造成「實有孥戮」的誤解，因此，不必特別提出「權以脅之」的說明。〈湯誓〉的時代下接商、周，易令人因後世的刑罰，誤會湯時亦有連坐法，故特別提出解釋。

　　除了站在偽《孔傳》的立場為偽《孔傳》作疏，孔穎達更引錄了鄭眾、鄭玄之說，並論其異同：

> 鄭玄云：「大罪不止其身，又孥戮其子孫。《周禮》云：『其奴，男子入于罪隸，女子入于舂槁』。」鄭意以為，實戮其子，故《周禮》注云：「奴，謂從坐而沒入縣官者也。」孔以「孥戮」為權脅之辭，則《周禮》所云，非從坐也。鄭眾云：「謂坐為盜賊而為奴者，輸於罪隸、舂人、槁人之官。」引此「孥戮汝」，又引《論語》云：「箕子為之奴。」或如眾言，別有沒入，非緣坐者也。[38]

37　同前註，頁109。

38　同前註。

這段討論指出鄭玄、偽《孔傳》、鄭眾三者的不同解釋：鄭玄認為實有連坐殺人的情形；偽《孔傳》認為只是「權以脅之」，並未真的連坐殺人；鄭眾則認為根本沒有連坐。

　　鄭玄的《尚書》注已亡佚，只能根據《尚書正義》的引文加以了解。鄭眾則未直接注解《尚書》，他的說法出自《周禮》〈秋官・司厲〉「其奴，男子入于罪隸，女子入于舂槁」，鄭玄注引鄭司農云：

> 謂坐為盜賊而為奴者，輸於罪隸、舂人、槁人之官也。由是觀之，今之為奴婢，古之罪人也。故《書》曰：「予則奴戮汝。」《論語》曰：「箕子為之奴。」罪隸之奴也。故《春秋傳》曰：「裴豹隸也，著於丹書，請焚丹書，我殺督戎。」恥為奴，欲焚其籍也。[39]

解釋為將犯罪之人沒為官奴，並引「予則奴戮汝」為證，可知他所理解的〈甘誓〉、〈湯誓〉，並不涉及連坐的問題。鄭玄不同意鄭司農之說，故在此段引文後接著說：

> 玄謂奴，從坐而沒入縣官者，男女同名。[40]

他強調「從坐」，與鄭眾不同。配合《尚書正義》所引錄的意見，則鄭玄注「孥戮汝」主張從坐，是相當明確的。

　　宋代朱子學派的《尚書》代表作──蔡沈《書集傳》說：

---

39 鄭玄注，賈公彥疏：《周禮注疏》（臺北市：藝文印書館，1965年影印嘉慶二十年江西南昌府學刻本），頁543。

40 同前註。

「孥」，子也。「孥戮」，與上「戮」字同義。言若不用命，不
但戮及汝身，將併汝妻子而戮之。戰，危事也。不重其法，則
無以整肅其眾而使赴功也。或曰：「戮，辱也。孥戮，猶〈秋
官〉『司厲孥男子以為罪隸』之孥。古人以辱為戮，謂戮辱之
以為孥耳。古者『罰弗及嗣』，孥戮之刑，非三代之所宜有
也。」按，此說固為有理，然以上句考之，不應一戮而二義。
蓋「罰弗及嗣」者，常刑也。「予則孥戮」者，非常刑也。常
刑，則「愛克厥威」。非常刑，則「威克厥愛」。盤庚遷都尚有
「劓殄滅之無遺育」之語，則啟之誓師，豈為過哉！[41]

首先，蔡沈所引的「或曰」，將「戮」解為「辱」，並援引偽〈大禹
謨〉篇「罰弗及嗣」之文，主張不僅沒有連坐，在刑罰上也沒有殺，
而是「辱之以為孥（奴）」。蔡沈認為，此說雖然有理，卻不符合行文
的慣例。〈甘誓〉在「孥戮汝」句前有「弗用命，戮于社」。「戮于
社」之「戮」既訓為「殺」，則「孥戮」之「戮」的解釋自然也應該
是「殺」的意思。因為同一篇文字中的「戮」字，「不應一字而二
義」。其次，蔡沈特別提出「或曰」之說，並指出此說「有理」，表示
此說合乎他心目中「父子兄弟，罪不相及」、「罰弗及嗣」的價值觀，
但因不符合行文的慣例，所以他試著提出新的解釋──將「孥戮」的
「戮」字解釋為「殺」以符合文例。在義理上，則提出「常刑」與
「非常刑」的概念，強調戰爭為特殊法，與一般常法不同。「父子兄
弟，罪不相及」、「罰弗及嗣」適用於平時，〈甘誓〉、〈湯誓〉所說
的，卻是戰時的非常狀態。所以蔡沈表面上雖然主張「併汝妻子而戮

41　蔡沈：《朱文公訂正門人蔡九峰書集傳》（北京市：中華書局，1987年《古逸叢書》
　　三編，影印南宋淳祐十年呂遇龍上饒郡庠刻本），卷3，頁30。

之」的解釋，在根本立場上其實與維護「父子兄弟，罪不相及」的學者並無不同。

清代王鳴盛為鄭玄的擁護者，他的《尚書後案》對這個問題，理應認同鄭玄「實戮其子」的主張。然而，他的注解卻說：

〔傳曰〕孥，子也。非止汝身，辱及汝子，言恥累也。〔疏曰〕《詩》云：「樂爾妻孥。」對妻別文，是孥為子。

〔案曰〕《周禮》〈秋官‧司厲〉：「其奴，男子入罪隸，女子入春槁。」上文言盜賊之金刃財貨皆入于司兵，故鄭眾解此云：「謂坐為盜賊而為奴者，輸于罪隸、舂人、槁人之官也。由是觀之，今之為奴婢，古之罪人也。《書》曰：『予則奴戮汝。』《論語》曰：『箕子為之奴。』罪隸之奴也。故《春秋傳》曰：『斐豹隸也，著于丹書，請焚丹書，我殺督戎。』恥為奴，欲焚其籍也。」鄭康成則以奴為「從坐而沒入縣官者」。賈公彥疏云：「先鄭引《尚書》『予則奴戮女』，與此經『奴』為一。若後鄭義，《尚書》『奴』為『子』，若《詩》『樂爾妻奴』，『奴』即『子』也。引《春秋傳》者，證隸為奴。男女從坐沒入縣官者，謂身遭大罪合死男女沒入縣官。漢時名官為縣官，非謂州縣也。」

據此，二鄭之異解者，先鄭以奴為奴婢，即係罪人本身。後鄭以奴為罪人之子孫，沒入縣官，惟此為異。若先鄭承上盜賊而言，又引《書》及《論語》有囷、箕子皆不可以為盜賊例，則知凡犯大罪者皆是，不必專泥盜賊。二鄭解同也。

玩孔氏、賈氏《正義》，則知鄭注《尚書》以孥為子，以戮為辱，與孔安國《傳》同。蓋不用命者，身既被刑，子孫又沒入罪隸、舂槁以戮辱之。戮社為戮殺，帑戮為戮辱，古人語質，

連文不嫌異解如此。[42]

他認為「戮社」之「戮」與「孥戮」之「戮」解釋可以不同。此一主張雖未直接指明蔡沈《書集傳》，針對性卻相當清楚。因此，他不可能認同《書集傳》「非常刑」的解釋。然而，如果王鳴盛直接認同《尚書正義》所引錄的鄭玄之說，並接受「鄭意以為，實戮其子」的判斷，便難以面對「父子兄弟，罪不相及」的質疑。所以他的解釋重點放在「孥戮」之「戮」應依〈甘誓〉偽《孔傳》解為「辱」。如此一來，雖與《尚書正義》所說的「鄭意以為，實戮其子」的理解不同，卻可以化解與「父子兄弟，罪不相及」的衝突。

從上列例證可知，從偽《孔傳》以下，「父子兄弟，罪不相及」，聖王不應連坐殺人，便成為「予則孥戮汝」在解釋上的核心問題。即使像王鳴盛基於自身的學派立場，有意提出不同於蔡沈的解釋，但在維護「父子兄弟，罪不不相及」，聖王不應連坐殺人，便成為「予則孥戮汝」在解釋上的核心問題。即使像王鳴盛基於自身的學派立場，有意提出不同於蔡沈的解釋，但在維護「父子兄弟，罪不相及」的根本態度，通過解釋以避免讓經書所記載的聖王時代出現連坐殺人的嚴酷刑罰，王鳴盛與蔡沈其實是一致的。

「父子兄弟，罪不相及」對現代學者「予則孥戮汝」句的解釋而言，已經不太發生影響。所以屈萬里先生的注解，完全不涉及上述的討論。問題是，傳統經學家的表現，正好反映出《尚書》地位的變化，以及現代學者理解方式的不同。

42　王鳴盛著，顧寶田、劉連明校點：《尚書後案》，頁231。

五 結論

　　本文主要分成兩個部分，一是說明個人近年在輔大、師大大學部所開設的「尚書」課程，課程設計的思考與實際內容安排的大致情形。由於在研究與教學的過程中，感受到現代學者的《尚書》注解和研究，大多是從史料或史學的角度進行解釋，對漢代以來經學家在解釋《尚書》時所累積的思想、文化內涵，較少討論。在專書教學與研究的實際經驗中，除非刻意忽略傳統經學家的注解，這些差異往往隨時出現在研讀的過程中。經由同情的理解，這些容易被現代的研究視角所忽略的地方，才有可能被我們包容，並發掘其中的意義。因此，論文第二部分，舉出「《尚書》名義」與「予則孥戮汝」兩組例證，指出鄭玄對《尚書》名義與〈堯典〉「曰若稽古」的解釋，在現代學者看來，並不能成立；但若將鄭玄的解釋方式放到聖人、價值觀等傳統經學的背景之中，便能顯示出「若天書然」、「同天」這些不符合現代思維的解釋，仍有其意義與價值。同樣地，相較於現代學者傾向於接受「孥戮汝」為連坐殺人的刑罰方式，傳統經學注解對「予則孥戮汝」與「父子兄弟，罪不相及」之間的熱烈討論，正反映出《尚書》地位的變化，以及現代學者理解方式的不同。個人認為，正視這些轉變，並發掘其背後的意義，是深化專書研究相當重要的一環。這兩組例證，正是個人在課程進行時，所欲點出傳統經學家的《尚書》解釋與現代《尚書》研究立場差異的嘗試。

參　戰後臺灣高校《詩經》教學生態的初步觀察[*]

車行健[**]

一　教學實況下的《詩經》傳承

　　早在春秋時代，《詩經》便已經成為貴族學習的教材，如《國語》〈楚語上〉記載申叔時曾對楚莊王太子的教育方針提出如此的建議：

> 教之《詩》，而為之導廣顯德，以耀明其志。[1]

其實在當時對《三百篇》的學習，不僅如申叔時所強調的「擴大眼界，增長知識，明白道理，樹立宏大的志向」等偏向基礎知識和人格修養層面的教授內容[2]，此即朱自清（1898-1948）所謂「教詩明志」[3]；且

---

[*]　本文為科技部專題研究計畫「民國以來高等院校中的經學課程與儒家經典教育」（計畫編號：MOST 106-2410-H-004-150-）之部分研究成果。
[**]　車行健，政治大學中國文學系教授。
1　左丘明撰，韋昭注：《國語》（臺北市：漢京文化公司，1983年），卷17，頁528。
2　夏傳才：《詩經研究史概要》（北京市：清華大學出版社，2007年），頁27。
3　朱志清《詩言志辨》將申叔時這段話列入「教詩明志」一節中，且以為「耀明其志」指受教人之志，就是讀詩人之志。（見氏撰：《詩言志辨》，《朱自清古典文學論文集》〔上海市：上海古籍出版社，1981年〕，上冊，頁210-211。）這樣的教導活動顯然是以修身為主。

更是具有顧頡剛（1893-1980）所歸納出的典禮、諷諫、賦詩和言語等實際用途。[4]誠如《漢書》〈藝文志〉所言：

> 古者諸侯卿大夫交接鄰國，以微言相感，當揖讓之時，必稱《詩》以諭其志，蓋以別賢不肖而觀盛衰焉。故孔子曰「不學《詩》，無以言」也。[5]

這樣的技藝素養，對當時的貴族士大夫階層來說，是不可能不透過學習來掌握的。

到了春秋晚期，孔子更「以《詩》、《書》禮樂教，弟子蓋三千焉，身通六藝者七十有二人」[6]，開啟了中國的平民教育。《論語》中多記有孔子與弟子教授研習《詩經》的生動記錄，讓後人得以窺見孔門教學實況下的《詩經》傳承情景。在《論語》中保留了十九則與《詩經》有關的章句[7]，其中涉及孔門師生教授學習《詩經》的內容，主要有五則，如與子貢論《詩》，稱讚子貢「始可與言《詩》已矣！告諸往而知來者。」（〈學而〉）又與子夏論《詩》，亦稱許「起予者商也！始可與言《詩》已矣！」（〈八佾〉）從中可以看到，孔子一方面對學生在學習時具有觸類旁通的敏銳感悟能力的讚賞；另一方面則是，表現出身為師長的他從中獲得教學相長所感到的喜悅。又如孔子對兒子伯魚有「不學《詩》，無以言」（〈季氏〉）的提醒，亦對弟子

4　參顧頡剛：〈詩經在春秋戰國間的地位〉，《古史辨》（臺北市：藍燈文化事業公司翻印，1987年），第3冊下編，頁322。

5　班固撰，顏師古集注：〈藝文志〉，《漢書集注》（臺北市：鼎文書局，1991年7版），卷30，頁1755-1756。

6　司馬遷撰，裴駰集解、司馬貞索引、張守節正義：〈孔子世家〉，《新校本史記三家注》（臺北市：鼎文書局，1993年7版），頁1938。

7　相關討論可參糜文開〈論語與詩經〉，收入糜文開、裴普賢：《詩經欣賞與研究》（臺北市：三民書局，1988年修正3版），續集，頁374-389。

發出「誦《詩》三百，授之以政，不達；使於四方，不能專對；雖多，亦奚以為？」（〈子路〉）的告誡，顯現出孔子相當注重言語的實用能力，這種能力正是自春秋以來，士大夫階層從政的重要技能。此外，孔子為了強調學《詩》的重要性，還向弟子提出「《詩》，可以興，可以觀，可以群，可以怨。邇之事父，遠之事君。多識於鳥獸草木之名」（〈陽貨〉）這樣的整體《詩》學觀。在實際的教學生態中，孔子不但為《詩經》的傳授奠定堅實穩固的基礎，更為以儒學為本位的《詩經》學的開展和弘揚賦予了內涵和指引了方向。

　　進入漢代之後，做為儒家六藝之一的《詩經》，備受崇隆，朝廷為之立博士和置博士弟子員，一時傳習大盛。史傳關於《詩經》傳承及與之相關之學校、設施、制度和學風等方面之記載皆頗為豐富，但涉及教學實況之描述者，一般並不多見，較令人印象深刻的，莫如西漢昌邑王師王式在教授時「以《三百篇》諫」，《漢書》記述曰：

　　　昭帝崩，昌邑王嗣立，以行淫亂廢，昌邑群臣皆下獄誅，唯中尉王吉、郎中令龔遂以數諫減死論。式繫獄當死，治事使者責問曰：「師何以亡諫書？」式對曰：「臣以《詩》三百五篇朝夕授王，至於忠臣孝子之篇，未嘗不為王反復誦之也；至於危亡失道之君，未嘗不流涕為王深陳之也。臣以三百五篇諫，是以亡諫書。」使者以聞，亦得減死論，歸家不教授。[8]

8　班固撰，顏師古集注：〈儒林傳〉，《漢書集注》，卷88，頁3610。案：龔遂在勸諫昌邑王時，亦屢及於《三百篇》，如其謂：「願王內自揆度，大王誦《詩》三百五篇，人事浹，王道備，王之所行中《詩》一篇何等也？大王位為諸侯王，行汙於庶人，以存難，以亡易，宜深察之。」又昌邑王即位為帝後，「夢青蠅之矢積西階東，可五六石，以屋版瓦覆，發視之，青蠅矢也。以問遂，遂曰：『陛下之《詩》不云乎？「營營青蠅，至于藩；愷悌君子，毋信讒言。」陛下左側讒人眾多，如是青蠅惡矣。』」（〈武五子傳〉，《漢書集注》，卷63，頁2766。）

王式這個例子常被視做漢代經學能夠通經致用的典範，皮錫瑞（1850-
1908）以之與「〈禹貢〉治河」、「〈洪範〉察變」、「《春秋》決獄」相
提並論，所謂「治一經得一經之益也」。[9]但單從教學的角度來看，王
式對昌邑王的《詩經》教授無論如何都很難說有取得多少成功的效
果。王式以教為諫的方式，適足以作為漢人通經致用的反面例證。[10]

　　史稱有「括囊大典，網羅眾家，刪裁繁誣，刊改漏失」等巨大成
就的東漢經學家鄭玄（西元127-200年），其門人「相與撰玄荅諸弟子
問《五經》，依《論語》作《鄭志》八篇」。[11]其書雖已亡佚，然透過
輯佚，猶可見其梗概。其中保留了不少鄭玄回應弟子對《詩經》的提
問所做的回答，據此略可想見鄭玄門下教授《詩經》的景況。如弟子
張逸對《鄘風》〈定之方中〉首章「定之方中，作于楚宮」《毛傳》的
注解「楚宮，楚邱之宮也。仲梁子曰：初立楚宮也」有疑，便向鄭玄
詢問：「楚宮，今何地？仲梁子，何時人？」鄭玄回答他說：

> 楚邱在濟、河間，疑在今東郡界中。仲梁子先師，□魯人，當
> 六國時，在毛公前。[12]

皮錫瑞嘗為此書作疏證，其〈自敘〉不但對鄭玄為學精進的精神表示
歎服，更對其教誨學生的態度給予高度的肯定：

9　皮錫瑞撰，周予同注釋：《經學歷史》（臺北市：漢京文化公司，1983年），頁90。

10　周予同（1898-1981）在《經學歷史》注本的〈序言〉中，就嘲諷皮錫瑞的說法為
　　「非愚即妄」，他認為《六經》和致用的相關度，不僅相去很遠，而且根本上還是
　　大疑問。（同上，頁12-13）然其說法也失之偏頗，不能完全一概而論。

11　以上俱見范曄，李賢注：〈張曹鄭列傳〉，《後漢書》（臺北市：鼎文書局，1991年6
　　版），卷39，頁1212-1213。

12　皮錫瑞：《鄭志疏證》（光緒己亥年長沙思賢書局本，臺北市：世界書局，1982年再
　　版），卷3，頁14a。

予治鄭學有年，念是書可與諸經注義參證，以攷鄭君生平學術
先後異同之故，且知古人之學與年俱進，常有欲然不滿之意；
而於弟子問難，又常有殷然誨人不倦之心，皆後學之所宜法
也。[13]

後學當中與鄭玄情況最相近，且甚至名聲、影響更超乎鄭玄的朱
熹（1130-1200），其語錄中亦保存了大量在《詩經》教學現場中與弟
子相詢答的精彩言談記錄，如：

問學者：「誦《詩》，每篇誦得幾遍？」
曰：「也不曾記，只覺得熟便止。」
曰：「便是不得。須是讀熟了，文義都曉得了，涵泳讀取百來
遍，方見得那好處，那好處方出，方見得精怪。見公每日說得
來乾燥，元來不曾熟讀。若讀到精熟時，意思自說不得。如人
下種子，既下得種了，須是討水去灌溉他，討糞去培擁他，與
他耘鋤，方是下工夫養他處。今卻只下得箇種子了便休，都無
耘治培養工夫。如人相見，纔見了，便散去，都不曾交一談，
如此何益！所以意思都不生，與自家都不相入，都恁地乾燥。
這箇貪多不得。讀得這一篇，恨不得常熟讀此篇，如無那第二
篇方好。而今只是貪多，讀第一篇了，便要讀第二篇；讀第二
篇了，便要讀第三篇。恁地不成讀書，此便是大不敬！（**此句
屬聲說。**）須是殺了那走作底心，方可讀書。」（儞）

又如：

---

13 皮錫瑞：〈自序〉，《鄭志疏證》，頁2a。

先生謂學者曰：「公看《詩》，只看《集傳》，全不看古注。」

曰：「某意欲先看了先生《集傳》，卻看諸家解。」

曰：「便是不如此，無卻看底道理。才說卻理會，便是悠悠語。今見看《詩》，不從頭看一過，云，且等我看了一箇了，卻看那箇，幾時得再看？如廝殺相似，只是殺一陣便了。不成說今夜且如此廝殺，明日重新又殺一番！」（個）[14]

看來朱熹的教學極為嚴格，既要求學生讀得精熟，又提醒他們須廣泛閱覽古注。且其教學，善用比喻（第一則甚至連用兩個比喻），而且講課聲情並茂，很難不讓受教者印象深刻。

隨著近代教育體制的轉變，《詩經》的傳授也從傳統的國學、書院或私塾的場域中，騰籠換鳥式地進入各級學校中；尤其高等院校中的中文（國文）系所中的專業課程，更是《詩經》傳授的重要基地。南京大學中文系名師程千帆（1913-2000）早年就讀於南京金陵大學中文系時，曾上過黃侃（1886-1935）的「詩經」課，他晚年時是如此回憶這位開創章黃學派的學術鉅子教授此課的情況：

　　一九三五年十月五日下午，天氣很陰沈，我在金陵大學北大樓朝北的一間教室裡，在聽季剛老師講《詩經》。老師晚年講課，常常沒有一定的教學方案，興之所至，隨意發揮，初學的人，往往苦于摸不著頭腦。但我當時已是四年級的學生，倒覺得所講勝義紛陳，深受教益。可是老師講書，也並非完全從學術角度著眼，而每用以借古諷今，批評時政，針砭時弊。這

---

14 此二則皆見於黎靖德編，王星賢點校：《朱子語類》（臺北市：文津出版社，1986年），卷80，頁2087、2088。

一天，他正講《小雅》〈苕之華〉，當他念完末章「牂羊墳首，三星在罶，人可以食，鮮可以飽」之後，又接著把《毛傳》「牂羊墳首，言無是道也。三星在罶，言不可久也」，用非常低沈，幾乎是哀傷的聲音念了出來。既沒有對漢宋諸儒訓說此詩的異同加以討論，也沒有對經文和傳文作進一步的解說，但我們這些青年人的心弦卻深深地被觸動了。……

　　老師的談鋒不知怎麼地一轉，又議論起中西文化和生活方式的比較來。他由木版書便于批點，便于執持，便于躺著閱讀等等方便，而譏諷精裝西書為「皮靴硬領」；又談起中裝之文明和舒適遠勝西裝，他當即並不用手而把自己穿的布鞋脫下，然後又穿上，並且對一位坐在前排的同學說：「看，你穿皮鞋，就沒有這麼方便。」很顯然，季剛老師並不是什麼國粹主義者、頑固分子，他是一位愛國主義者，一位資產階級民主革命家。他對于當時買辦階級全盤西化論者「外國的月亮也比中國圓」的論調，是非常鄙視的。這種開玩笑的中西文化比較論，只是他愛國憂民憤世嫉俗的一種表現而已。

　　下課鈴一響，老師抱起他那個黑布書包，走出教室。我們再沒有想到，這就是他給我們上的最後一堂課。[15]

這樣的教學場景，或許對身處現代大學教育體制的人們來說，應遠比古代的教學環境來得更容易理解，而大師的上課風采，也令人神往不已。《詩經》，在現代高等院校的課堂中，用現代的講授方式，繼續傳承下去。

---

15 程千帆：〈黃季剛老師逸事〉，《桑榆憶往》，收入《程千帆全集》（石家莊市：河北教育出版社，2000年），第15卷，頁77-78。

二 戰後臺灣高校《詩經》教學生態的形成與分析

一九四五年十一月，國民政府接收臺北帝國大學，定名「國立臺灣大學」，依中華民國學制，將原各學部改稱學院，文政學部分出文學和法學兩學院，「科」改稱「系」，於文學院下設中文系，是為臺灣高等院校中文系教育之開端。[16]作為專書選讀之一的「詩經」課程，於三十九學年度（1950年9月開學）由屈萬里（1907-1979）開始講授[17]，之後又歷經多位教師持續教授，至今已近七十年矣。

一九四六年一月二十日，臺灣省立文史專科學校升格為臺灣省立文學院，同年六月五日，又擴大改組為臺灣省立師範學院，是為國立臺灣師範大學前身；國文學系亦同時設立，張同光（1896-1971）任首屆國文學系主任。[18]一九四七年時任臺灣省立師範學院院長的李季谷（1895-1968），自杭州藝專聘來高鴻縉（1891-1963）接替張同光為系主任，高鴻縉開始在該校講授《詩經》。[19]今以可見史料考察，臺

---

16 參《國立臺灣大學中國文學系系史稿（1929-2014）》（臺北市：臺灣大學中國文學系，2014年），頁2；附錄，頁814。關於臺灣大學文學院接收與創立的詳細討論，可參李東華（1951-2010）：《光復初期臺大校史研究：1945-1950》（臺北市：臺大出版中心，2014年）一書中之相關章節。

17 參《國立臺灣大學中國文學系系史稿（1929-2014）》，附錄，頁990。案：在臺北帝國大學時期的文學科東洋學講座的課表中，即已有神田喜一郎（1897-1984）開設的「毛詩注疏」課程（昭和14、15年，即1939、1940年），見同上書，頁987、988。關於神田喜一郎在臺北帝國大學的教研活動，可參張寶三：〈任教臺北帝國大學時期的神田喜一郎之研究〉，收入張寶三、楊儒賓編：《日本漢學研究初探》（臺北市：臺大出版中心，2004年），頁323-349；〈神田喜一郎先生傳（1897-1984），《國立臺灣大學中國文學系系史稿（1929-2014）》，頁651-654。

18 參鍾宗憲等撰：《師大與臺灣國學》（臺北市：臺灣師範大學出版中心，2016年），頁10-11、190；林礽乾：〈孕育臺灣上一代菁英的搖籃——臺灣師大前身臺北高等學校〉，《國文天地》，第32卷第1期（2016年6月），頁50。

19 參鍾宗憲等撰：《師大與臺灣國學》，頁13、190。又關於高鴻縉教授開設課程的記述，可參看程發軔〈高鴻縉君事略〉，《中國字例》（臺北市：三民書局，1981年6

灣高校中文系「詩經」課程的開設與講授，當以臺大和臺師大為最
早，為《詩經》在臺灣學術土壤中的扎根與茁壯，奠定良好的基礎。
而隨著中文系所（含碩士班、博士班）的蓬勃發展，更為《詩經》的
學術發展與社會流傳提供良好的環境，誠如楊晉龍在千禧年發表的
〈詩經學研究概述〉一文中所云者：

> 和《詩經》學發展關係比較密切的中文相關系所，五一年以前
> 僅有臺灣大學與省立師範學院（臺灣師範大學前身）兩系，九
> 八年則有：大學部五十八系、碩士班二十所、博士班十三所。
> 中文系所多開有《詩經》的課程，研究所考試也有將《詩經》
> 列為選考科目之一者，中文系所大幅度的成長，對《詩經》的
> 研究與傳播當然具直接促進的作用。[20]

不過就實際的教學情況來看，在高校中對《詩經》的教授不會只局限
於中文系所的「詩經」課程；在某些學校的通識教育中，也會開設相
關的課程，如清華大學通識中心便有「文學經典：《詩經》選讀」之
類的課。[21]即使課程名稱沒有出現《詩經》，但也有可能在諸如「中國
文學史」、「詩選」（或歷代詩選）、「國學概論」、「經學概論」、「群經

版），頁1；林礽乾：〈臺灣師大國學名師剪影（三）——文字學名師高鴻縉〉，《國
　文天地》，第32卷第9期（2017年2月），頁42-48。按：這幾處資料記載高鴻縉來臺灣
　師範大學講學，講授科目有「文字學」、「古文字學」、「訓詁學」、「詩經」、「論
　語」、「孟子」諸科，惟不甚能確知其講授「詩經」始於何年。

20 楊晉龍：〈詩經學研究概述〉，林慶彰主編：《五十年來的經學研究：1950-2000》（臺
　北市：臺灣學生書局，2003年），頁101。案：楊氏此文曾以〈臺灣近五十年（1949-
　1998）詩經學研究初稿〉為名，於2000年1月24日在中央研究院中國文哲研究所發
　表。

21 參清華大學通識教育中心網站，http://cge.gec.nthu.edu.tw/cgenews099/。教授者為王
　月秀助理教授，張貼日期為2017年8月9日，2019年2月28日檢索。

大義」及「經學史」之類的課程中會涉及其中的內容。但若從課程的
獨立性和《詩經》學術專業及經典傳承等角度來做全盤考量的話，中
文系所開設的與《詩經》直接相關的課程，其所承擔的責任和所發揮
的影響自然遠大於其他的課程，本文亦以此為主要關注的對象。

　　臺灣高校近七十年來所逐漸形成的《詩經》教學生態，可從以下
幾個面向來觀察。首先，從教授者的學術專業背景來看，大致可以區
分有經學、文學和小學（包含文獻）等三類。以經學專業來教授《詩
經》的學人有高葆光（1898-1981，東海大學）、屈萬里（臺灣大
學）、王禮卿（1908-1997，中興大學）、潘重規（1908-2003，中國文
化大學）[22]、高明（1909-1992，臺灣師範大學、政治大學）、余培林
（1931-2018，臺灣師範大學）、洪國樑（臺灣大學、世新大學）、莊
雅州（中正大學、元智大學）、林慶彰（東吳大學）、文幸福（臺灣師
範大學）、林素英（臺灣師範大學）、江乾益（1956-2016，中興大
學）、黃忠慎（彰化師範大學）、張寶三（臺灣大學）、彭美玲（臺灣
大學）等。以文學專業背景來教授者，筆者記憶所及，有林明德於任
教輔仁大學期間，在王靜芝（1916-2002）教授於一九八六年退休之
後，接替開設此課。而著名的詩人楊牧（王靖獻，1940-2020）於一九
九六至二〇〇一年間擔任新創校的東華大學人文社會科學院院長[23]，
亦曾在中文系開過此課。之後接替楊牧開課的許又方教授，其學術背
景亦是以文學為主。此外，以新詩為研究領域的李癸雲（現任教於清
華大學臺文所），在政大中文系任教時期（2002-2010年）亦曾開過

22　陳新雄（1935-2012）回憶道：「直到民國六十四年，（潘重規）先生受聘為文化大學
　　終身教授，其時我任中文系主任，乃請先生於研究所開『詩經研究』，余親率學生
　　前往聽講。」（參氏撰：〈潘石禪師之詩經學〉，《漢學研究之回顧與前瞻國際學術研
　　討會論文集》〔臺北市：臺灣師範大學國文學系，2006年〕，頁21。）
23　參東華大學人文社會科學學院網址，https://chass.ndhu.edu.tw/files/11-1015-16584-1.
　　php，2019年2月28日檢索。

「詩經」課程。至於小學背景開設「詩經」課程者有陳新雄（聲韻學，臺灣師範大學）、蔡信發（文字學，中央大學）、季旭昇（文字學，臺灣師範大學）、李添富（聲韻學，輔仁大學）和呂珍玉（訓詁學，東海大學）等學人。[24]

　　但須聲明的是，以上所列舉只是個大概，而且經學、小學與文學這樣的學術專長的區分，施之於某些學人身上，有時也並不是那麼明顯。尤其對小學名家的學人來說，他們對經書的理解和教授往往也是用經學的方式來進行的。甚至某些講授和研究《詩經》的學人，其學術訓練就兼具經學和小學，如戰後第一代的學人屈萬里、高鴻縉、高明，第二代的學人陳新雄、蔡信發，和第三代的學人洪國樑、季旭昇、李添富、張寶三等皆屬之。又有依違於經學和文學之間者，雖會強調《詩經》的文學性，亦會從文學辭章的角度看待《詩經》，而且也不具有太強烈的經學意識，對經學並不會做太多的強調和標榜。但其研究和講授仍是以傳統《詩經》學為基礎者，第一代學人若輔大的王靜芝、臺大的裴溥言（普賢，1921-2017），第二代學人若政大的朱守亮（1925-2020）等皆屬之。

　　其次，學術專業背景的不同，勢必會導致講授方向的差異，具備小學專業者，對字詞文意甚至聲韻關係的強調，應該就遠超乎不具此專長的講授者。文學專業背景者，對《詩經》作品之文藝層面的講授，理應為其當行本色。從經學角度教授《詩經》者，傳統《詩經》學之重要關節和對《詩》義的闡發方式，當為其主要教授的內容。這當中較大的差異，是因授課者秉持其專業素養，對《詩經》或有偏向傳統經學式的理解與授課方向，亦或有朝向文學甚至歌謠的角度來教

---

24 上述資訊，除潘重規者外，大多為筆者耳目聞見所及，兼亦有詢訪當事人所得，如莊雅州教授者。惟此授課名單只是例舉式的說明，並非全面性的整理羅列，實際遺漏者仍尚多，

導學生者。而因為理解和教授路數的不同，也使得「詩經」，或者被
視做文學類的科目，或者被歸類為經學方面的課程。這種經學／文學
二元的屬性，在其他經籍中是較少具有的。[25]但教授者的學術專長與
其實際教學取徑相一致的現象也不可一概而論，固然有如高鴻縉這種
專精文字學的學人，在教授《詩經》時擅用文字學與《詩經》相互印
證闡釋者[26]；但也仍有在其學術專業之外，嘗試運用不同的取徑來教
授者，如專攻古代漢語和訓詁學的呂珍玉教授，自述其在《詩經》教
學上秉持的觀點即為：重視文本、活化經典、開放經典多元解釋。如
此勢不可免地須兼顧《詩經》的詩歌性與文學性，並盡量拉近與現代
社會的連結。[27]這種多元取徑的教學方式，在今日古典氛圍日益疏離
陌生的整體社會文化環境中，相信也是不得不然之舉。

　　第三，教材的選用也呈現出頗為紛歧的情況，「詩經」課程所需
要最直接的授課依據主要就是有包含《詩經》原文（全部或部分）和
相關說解（註釋、題解、翻譯等）的教材，以及相關輔助教學的讀
物。大致來說，授課者所選用的教材包括既有現成的教材和自編教材
兩大類。前者包含古注和今人所撰的注本，後者則是授課者自己所編
寫的《詩經》講義。古注中較具代表性的有漢人的《毛傳鄭箋》、唐
人的《毛詩注疏》、宋人朱熹的《詩集傳》。今人的注本中較著者有陳

---

25 中國古代史名家杜正勝嘗自述於一九七○年代在東吳大學講授中國古代史，於西周
　部分相當著重《詩經》，將之當作史料來利用。（參氏撰：〈我所認識的白川靜教
　授──譯本新版跋〉，《詩經的世界》〔臺北市：東大圖書公司，2002年〕，頁311。）
　只將《詩經》當作史料來教授，在臺灣中文學界的「詩經」課程中應不致形成主流
　的講授方式。

26 據曾旁聽過高鴻縉「詩經」課的陳弘治教授回憶道，高教授講到《詩經》〈有女同
　車〉時，「先生會在黑板上畫出古代馬車與甲骨文『車』字的『前後所視輪、轂、
　轅』之形給同學看。講解生動，引人入勝，令人印象深刻，歷久不忘。」（參林礽
　乾：〈臺灣師大國學名師剪影（三）──文字學名師高鴻縉〉，頁44。）

27 呂珍玉：〈自序〉，《詩經鑒賞讀本》（臺北市：新學林出版公司，2015年），頁Ⅵ。

子展（1898-1990）的《詩經直解》（范祥雍、杜月村校閱，上海市：
復旦大學出版社，1983年1版）、程俊英（1901-1993）和蔣見元合撰
的《詩經注析》（北京市：中華書局，1991年1版）、屈萬里的《詩經
詮釋》（臺北市：聯經出版事業公司，1983年初版）、王靜芝的《詩經
通釋》（臺北市：輔仁大學文學院，1968年初版）和裴溥言的《詩經
評註讀本》（臺北市：三民書局，1983年初版）。而在授課者所自撰教
材中，除上述屈萬里、王靜芝和裴溥言有編撰過讀本外，尚有朱守亮
所撰之《詩經評釋》（臺北市：臺灣學生書局，1984年初版）、余培林
的《詩經正詁》（臺北市：三民書局，1993年初版）、黃忠慎的《詩經
全注》（臺北市：五南圖書公司，2008年3版）和呂珍玉的《詩經詳
析》（臺北市：五南圖書公司，2010年初版）、《詩經鑒賞讀本》（臺北
市：新學林出版公司，2015年）等書。這些教材皆有正式出版，從學
術的角度來說，自然代表作者個人及戰後臺灣《詩經》學界之整體學
術水平。而從經典普及與推廣的層面來看，這些《詩經》注釋讀本也
嘉惠了廣大無緣修習高校《詩經》專業課程的讀者。

　　而作為教學輔助的讀物，雖然數量不多，但在教師授課和學生學
習上也扮演著不可或缺的重要地位。林慶彰教授曾於任教東吳大學中
文系期間，編輯出版過兩冊《詩經研究論集》，其第一冊〈自序〉
謂：蒐集三十五篇論文，依其個人之理解，將這些論文分成五個部
分。其編輯目的在於希望學習者「能因此而增進《詩經》之知識，並
習得些許研究之技巧」，如若能「間接影響《詩經》研究的進步，可
說是一種意外的收穫」。[28]

　　第四，就課程的傳承和經營來說，戰後近七十年來的發展亦頗有

28　參林慶彰：〈自序〉，氏編：《詩經研究論集》第1冊（臺北市：臺灣學生書局，1983
　　年），頁Ⅳ。案此書第二冊出版於一九八七年。

可述者。以保存系史資料最為完善的臺大中文系來說，從其歷年系所的課程表中，可以看出此課程開設的明確軌跡。大學部自三十九學年上學年由屈萬里開始講授起（上下學期，3學分），直到五十二學年上學期方改由何定生（1911-1970）接替。五十九學年上學期由張敬（1912-1997）教授，五十九學年下學期又由裴溥言接手此課，直至八十學年才改由洪國樑教授，中間只有六十四學年是由楊承祖（1929-2017）代上一年。九十學年之後又改由張寶三講授，自一〇二學年之後則由彭美玲負責此課。[29]

從六十二學年開辦的夜間部課程，直至八十學年之間，「詩經」一課分別由裴普言、楊承祖承擔。八十一至九十學年的夜間部／進修學士班曾授此課者有洪國樑、張健和張寶三。九十一至九十九學年的進修學士班中曾授此課者有張寶三和彭美玲。[30]

至於中國文學系研究所的課程中，則從四十六學年上學期開始，有屈萬里的「詩經」，五十二學年上學期改由何定生教授，五十九學年上學期由張敬教授，五十九年下學期又由裴溥言接手。此時的「詩經」課應是與大學部合開。至六十六學年上學期，裴溥言才又在研究所開了「詩經研究」，七十二學年上學期又改開設「詩經學」的課程。但自七十六至九十學年之間，完全不見有《詩經》相關課程的開課紀錄。直到九十三學年下學期，張寶三才開出「東亞詩經學研究」，九十四學年上學期復開設「詩經研究」。最近一次的開課紀錄是九十九學年下學期的「詩經研究」。[31]

---

29 參《國立臺灣大學中國文學系系史稿（1929-2014）》，附錄，頁990、995、1000、1007、1014、1021、1027。

30 參《國立臺灣大學中國文學系系史稿（1929-2014）》，附錄，頁1064、1066、1072、1076。

31 參《國立臺灣大學中國文學系系史稿（1929-2014）》，附錄，頁1035、1038、1042、1046、1055。

　　從此開課紀錄中，可整理出迄今共有屈萬里、何定生、張敬、裴溥言、楊承祖、張健、洪國樑、張寶三和彭美玲等九位學人承擔此課程；其中屈萬里、何定生、張敬、裴溥言屬於戰後第一代學人，楊承祖、張健屬於第二代學人，洪國樑、張寶三和彭美玲則為第三代學人。這個師資陣容是極為整齊的，其中裴溥言施教逾二十年，為臺大《詩經》的教學和研究樹立了良好的學風。裴溥言雖自述其於一九五九年任教菲律賓華僑中正學院時，因為教學生「國學導讀」，引發撰寫「《詩經》欣賞」的興趣，一九六四年在三民書局出版了與其丈夫糜文開（1908-1983）合撰的《詩經欣賞與研究》初集，而且更在一九六五年後在中國文化學院（中國文化大學前身）代其夫講授過「詩經」。[32]由此可知，她本已在《詩經》的教學與研究上有相當的基礎，但在現今留存的屈萬里書信中，卻可看到數封屈萬里與她討論《詩經》研究與教學方面問題的函件，其中標為第二封的「八月七日」函件，當作於一九六九年，屈萬里回覆她道：

　　　　承示治《詩經》情形，具見功力之勤。《詩經》一書，所涉甚廣，如聲韻、語法、禮俗、史事等，此書皆有重要之資料。文學欣賞，亦其一端。然欲從事以上各項研究，則必先了解《詩經》之文辭，欲了解其文辭，則不能不熟悉先秦之訓詁，欲熟悉先秦之訓詁，則與《詩經》有關之先秦經籍，乃至鐘鼎文字，即不能不讀。故弟意：（一）《詩》三百五篇，必需背誦甚熟；（二）關係密切之《尚書》、《易》卦爻辭、《左傳》，必需讀至上口；（三）《三禮》（尤其《禮記》）、金文、重

32　參裴溥言：《溥言雜憶》（臺北市：三民書局，2004年），頁69；〈自序〉，《詩經研究指導》（臺北市：東大圖書公司，1987年再版），頁1。

要先秦諸子、《史記》、《漢書》以及考古學、民族學等書，亦需注意瀏覽（《詩經》之重要注釋，自應多閱，不必論）（字書之類，則《經籍纂詁》必不可少）。如是根柢既固，則創見必多。

先生年華方富，從事斯業，前途正未可量也。承詢及芻蕘，遂有芹曝之獻。有無一當，敬請卓裁。[33]

又標為第三封的「三月七日」函，當作於一九七一年，屈萬里當時客座於新加坡南洋大學，他從海外覆函給剛開始在臺大中文系上「詩經」課的裴溥言，函中說道：

迭奉手示，敬悉一一。「詩經」課既順利解決，至為欣慰。弟日前曾寄奉一函，此時諒達台覽矣。《詩經》就訓詁方面言，與《尚書》、金文關係密切，《國風》諸詩之時代背景，又與《左傳》、《國語》等書，有密切之關係。故此類書籍，自不能不特予注意。諒先生早見及此矣。……[34]

此二函皆涉及屈萬里對從事《詩經》教研工作，所需擁有的學養之強

---

33 山東省圖書館、魚臺縣政協編：《屈萬里書信集·紀念文集》（濟南市：齊魯書社，2002年），頁220。案：此函提及：「剛伯先生已辭卸院長職務，由外文系朱立民主任繼長本院，前日已接事矣。」（頁220-221）查臺灣大學文學院網頁，「歷任院長」欄中記載沈剛伯（1896-1977）的任期為「37年8月-58年7月」，朱立民（1920-1995）為「58年8月-64年7月」（http://liberal.ntu.edu.tw/01/01_03.htm，2019年2月28日檢索），則此函寫作年份確為一九六九年。

34 山東省圖書館、魚臺縣政協編：《屈萬里書信集·紀念文集》，頁221。案：據劉兆祐所撰《屈萬里先生年譜》（臺北市：臺灣學生書局，2011年），謂屈萬里於一九七〇年夏，應新加坡南洋大學之聘，為該校訪問教授，講學一年（頁196），則此函寫作年份確為一九七一年。

調。[35]俱備此條件，方能於學術研究中有所創獲，以及勝任臺大中文系的「詩經」課程。

　　這兩封信寫作的背景，當是裴溥言預備及剛接手臺大中文系「詩經」課程的重要時刻，屈萬里的信中，不但傳達出他對裴溥言繼任此課的支持，而且也對她如何增進本職學能，提供了寶貴建議。從中可以看見前輩學人對後進的提攜，以及對《詩經》教研經驗的傳承。

三　戰後臺灣高校《詩經》教學生態的評析與檢討

　　從屈萬里寫給裴溥言的信中可以看到，屈萬里對從事《詩經》研究與教學工作所樹立起的嚴格標準，然而究竟要具備什麼條件，或達到什麼標準，才能稱得上是理想的教授者？亦即一合格或稱職的「傳經（《詩經》）者」？鄙意或可從以下幾項指標來評判：一、長期任課；二、持續研究；三、編撰教材；四、指導學生（以碩、博士班研究生攻讀學位之論文指導為主）。「詩經」課程的理想教授者，當然首先要有在高校開設《詩經》相關課程的事實和經驗，且這上課經驗並非偶一為之，斷斷續續的，而是經常開、長期上，如此方能累積豐富的教學經驗。由於高等教育不同於中小學的基礎教育，授課者必須對教學內容所涉及的學科專業領域，不斷地有所鑽研，掌握該學科領域的前沿知識，如此才能在講授中持續更新最新的科研成果，以及提出自己的創見。因而有否持續研究，也構成了對當代從事高等教育工作者的能力指標和績效考核中的重要項目。教材的編撰也是觀察教學者教學能力和教學內容的重要指標；理想的教學模式中，應該是教學者能自行編輯教材講義，甚至編寫教科書，而非停留使用他（前）人的

---

35 屈萬里在《詩經詮釋》的〈敘論〉第九節「我們怎樣研讀《詩經》」，對有志精研《詩經》者提出了一番期望意見，可與此兩函參看。（頁23-24）

教材的階段。對「詩經」課程而言，若授課者能自行編撰包含原文、解題、註釋、翻譯和評析的讀本（全本或選本）及相關輔助讀物（如研究論集），於其教學專業能力之展現和個人學術聲望之建立，關係匪淺。更有甚者，若有一部成功的，具有廣泛影響力的教科書，則更有可能跨出高校的學術殿堂，向中小學及社會傳遞其知識和價值觀，從而參與形塑其所存在的時代之文化風貌和學術內涵。[36]而指導學生，對於《詩經》經典和學術之傳承，更具有莫大之干係。學生後進之持續不斷進入《詩經》研究之領域，方能將研究的動能沿續下去。

若持此四項指標去檢視戰後近七十年臺灣高校《詩經》教學的成果，可以發現，四項皆備者並不甚多。雖然大多數「詩經」授課者於實際教學、學術研究和指導學生方面皆有具體表現，但在編撰教材讀本方面，似乎並不十分熱衷。竊以為第一代的屈萬里、王靜芝、裴普賢，第二代的朱守亮、余培林、林慶彰和黃忠慎，第三代的呂珍玉等學人，皆符合上述四項指標；除了在實際教學、學術研究和學生指導方面，貢獻卓著外，他們皆至少編撰一種可作為上課教材的《詩經》讀本（全本、選本；譯注、賞析等）或輔助讀物。[37]從《詩經》傳承的角度來評判，堪稱當代臺灣高等教育界中理想的《詩經》「傳經者」。

不過，若回到實際的教學實務中來觀察，其中也存在若干可供深

---

36 教科書實具有建構社會知識和價值觀的作用，在經過時間變遷後，便會在社會上有所體現。相關討論請參朱維理：〈1960年代以來香港初中中國歷史及歷史課本與二戰歷史記憶〉，《思與言》，第55卷第2期（2017年6月），頁126-130。若從教科書的角度來看待朱熹的《詩集傳》，該書無疑對十三世紀以來東亞地區士人《詩經》知識的習得，甚或社會庶民價值觀的陶塑，皆產生相當程度的積極作用。

37 此處純粹從正式出版與否的標準來衡量。不能排除亦有授課者自行編撰教材讀物但未正式出版，僅以課堂講義的面目存在的狀況，這類授課者的教學熱誠與用心同樣值得欽佩。本文所論僅限於將教材讀本公諸於世，付梓刊行者；蓋相較之下，這類資料的明確性與正式性還是遠高於未正式出版的課堂講義。

思檢討之處。首先，是關於對《詩經》性質的認識，以及教授者用什麼方式，基於什麼學術背景來講授？如臺大的柯慶明（1946-2019）教授就曾對屈萬里用傳統經學，以及龍宇純從聲韻學的角度來看待《詩經》，表達了極度的不安。他回憶屈萬里於一九六八年八月剛接任臺大中文系系主任時，在暑假過後，為了歡迎新生入學，特別為他們作了場題為〈於無字句處讀書〉的演講，演講前半部舉《孟子》的例子，後半部則講到《詩經》，柯慶明記述道：

> 屈老師又舉《詩經》〈關雎〉的首句：「關關雎鳩，在河之洲；窈窕淑女，君子好逑」，我也以為屈老師可能是要提醒大家，上了大學男女同學交往，不免會有愛悅之情，但應「發乎情，止乎禮義」。結果屈老師又問大家：「你們知道，這位君子是誰？淑女是誰？」然後按照前人的周文王、周武文等舊說，提出他們的生平事跡，作了一番檢討。
>
> 我一方面很佩服屈老師讀書的細心，能注意一般人所忽略的細節，而配合博覽的歷史文獻資料，確能見人所未見。但另一方面卻帶給我極大的不安。因為我無法贊同這就是我們讀《孟子》或讀《詩經》的目的。（後來龍宇純先生回系任教並且接了系主任，他公開說到《詩經》除了可以作「韻腳」，擬測古音之外，他看不出有什麼其他的用處！亦帶給我類似的不安。）[38]

對心有定見的柯慶明來說，他會對用傳統經學和小學的路數來講授《詩經》感到不安，而他的不安正好也反映了《詩經》理解方式的紛

---

38 柯慶明：〈談笑有鴻儒——懷念屈萬里老師與在第三研究室的日子〉，收入氏撰：《昔往的輝光》（臺北市：爾雅出版社，1999年），頁99-100。

歧。強調文學欣賞的糜文開、裴普賢夫婦在撰寫《詩經欣賞與研究》時，原擬單刀直入，撇開「詩序」、「詩柄」等不管[39]，只寫自己意見。可是雖有許多讀者來信讚美，但也有不少讀者來信責難，要求羅列異說，加以討論。為了滿足讀者的要求，他們便不得不在有些篇章，歷敘各家主張異同，再加研判。[40]他們所歷敘的各家說法，大多數都離不開傳統經說。可見即使用文學的眼光看待《詩經》，仍然不能脫離傳統經說，糜文開與裴普賢的寫作方式，是合乎《詩經》學術專業的要求，也是負責任的做法。

其次，雖然在研究與教學中都很難完全甩開傳統經說不顧，但在以儒家經學為主導的舊說中，其某些說解內容在今日社會中，也確實存在著不少不合時宜之處。屈萬里沿用《毛詩》舊說，從周文王生平事蹟入手，為學生講解〈關雎〉，即已讓專研文藝理論和文學批評的柯慶明為之「不安」。但這僅只是毛鄭《詩》說附會歷史的說《詩》方式，其對《二南》的詮釋，更是充斥著后妃之德的《詩》教論點，諸如〈關雎〉之「后妃之德」、〈葛覃〉之「后妃之本」、〈卷耳〉之「后妃之志」、〈兔罝〉之「后妃之化」，〈樛木〉、〈螽斯〉、〈桃夭〉之強調「不妒忌」，而能「逮下」，且「子孫眾多」……等論點，皆已與當今社會型態與男女婚姻關係，極不相合。至若〈小星〉所謂之「夫人無妒忌之行，惠及賤妾，進御於君，知其命有貴賤，能盡其心矣」，更不知如何於課堂中公開宣講？

而朱子之淫詩說，雖頗能窺見《國風》婚戀情詩本質，然朱熹過

---

39 據崔述（1740-1816）《讀風偶識》卷一云：「朱子《集傳》略說本篇大意者，俗謂之『詩柄』」。（見顧頡剛編訂：《崔東壁遺書》〔上海市：上海古籍出版社，1983年〕，頁524。）

40 糜文開：〈自序〉，糜文開、裴普賢：《詩經欣賞與研究》（臺北市：三民書局，1985年7版），第1冊，頁3。

度泛濫的衛道思想，於此類詩皆痛加貶斥，如謂〈蝃蝀〉「言此淫奔
之人，但知思念男女之欲，是不能自守其貞信之節，而不知天理之正
也。」[41]又嚴厲指責《鄭》《衛》之詩：

> 鄭、衛之樂，皆為淫聲。然以《詩》考之，《衛詩》三十有
> 九，而淫奔之詩才四之一。《鄭詩》二十有一，而淫奔之詩已
> 不翅七之五。《衛》猶為男悅女之詞，而《鄭》皆為女惑男之
> 語。衛人猶多刺譏懲創之意，而鄭人幾於蕩然無復羞愧悔悟之
> 萌。是則《鄭聲》之淫，有甚於《衛》矣。故夫子論為邦，獨
> 以《鄭聲》為戒，而不及衛，蓋舉重而言，固自有次第也。
> 《詩》可以觀，豈不信哉！[42]

這類說解《詩經》的方式，縱使不一定會對學生造成理解的障礙，但
多少也會增加講授者的難度。而最終面臨對其經說內容的取捨時，若
不是採全面批判的態度，也只能用歷史的角度來看待。但若只能將其
放在特定歷史脈絡中來理解，或其義理只適用於帝制時代的傳統社會
中，那麼《詩經》又如何能將其視作是一部歷久不衰，具有不刊鴻教
的經典呢？

　　第三、關於《詩經》的講授方式，大體有按照《詩經》既有編排
方式，以《風》、《雅》、《頌》的次序，逐篇教授；以及根據一定的分
類架構，以主題呈顯的方式來教授。這種模式也表現在講授者對相關
教材讀本的編撰策略中。具有豐富教學和編寫讀本經驗的呂珍玉教授
嘗對此二種模式的得失取捨，做過一番比較：

41　朱熹集撰、趙長征點校：《詩集傳》（北京市：中華書局，2017年），頁49-50。
42　朱熹集撰、趙長征點校：《詩集傳》，頁88。

目前所見《詩經》研讀書籍多按《風》、《雅》、《頌》編訂次序編排，這樣的編排好處是保留原書次序，將同一區域作品放在一起考察，可以瞭解該地風土人情，政治興衰，社會生活，而且方便配合舊注閱讀，讀者可以順著編排體例鳥瞰縱覽，瞭解《詩經》全書形貌。相對的，這樣的編排也必然存在缺點，就是無法全面考察漫長五百年，東西橫跨齊魯陝甘，南北縱貫黃河江漢流域廣闊疆域周人的文化內涵。若能依其表現內容，呈現精神樣貌加以分類，則可以更加快速進入到周人的心靈世界，瞭解他們的性格特質、生活方式、思想特徵、文藝表現。因此本書打破一般慣例，在繼拙作《詩經詳析》之後，思考按照表現內容、文化精神編排的優點，嘗試將《詩經》內容分為愛情婚姻、征行、祝頌、生活、人物、憂患、政治社會諷刺、倫理、習俗、開國創業、農牧田獵、祭祀祝禱、懼讒、態度與價值觀、宴飲等十五篇，每篇更就其表現內容細分為若干類型，選取〈關雎〉等一百三十首詩作為閱讀賞析。[43]

按照原書次序授讀，優點是可以讓學習者認識《詩經》的原貌，但卻有失之於零散的缺點。主題呈顯的優勢在於較易傳授系統整合的知識，但其缺憾卻是將原典拆散重組，無法使學習者了解原典編排之用心；且用主題分類來編撰的讀本，通常也都僅為選本。以此方式來講授《詩經》，亦僅能選講有限的詩篇。但無論是用什麼方式講授，對有三〇五首詩篇的《詩經》而言，無論是一學年上下學期四學分，或單學期三學分的授課模式，都很難在學期有限的時間內，予以完整講

---

43 呂珍玉：〈自序〉，《詩經鑑賞讀本》，頁 V。案：中國大陸《詩經》名家夏傳才（1924-2017），在二〇〇七年出版的《詩經講座》（桂林市：廣西師範大學出版社）一書中，也是採用主題分類的方式，來選講百首最具代表性的詩篇。

述。以上下學期四學分的課來說，一學期十八週，上下學期共三十六
週，每週二學分，則共有七十二小時的授課時數。平均每個鐘點要講
四‧二三篇，才能將三〇五首詩全部教全。而單學期三學分的課，亦
共有五十四小時的授課時數，平均每個鐘點須講授五‧六四首詩方能
全部上完。繼屈萬里在臺大教授《詩經》的何定生，他在一九六五年
元月九日的日記中曾記述他教授「詩經」課的情況：

> 授《詩經》已至〈枤杜〉(《唐風》) 即第一百十九篇。較去歲
> 進度高，依此進度，今年或可授二百篇以上。[44]

但也僅及於《詩經》全帙的三分之二，可見若想要在課堂中盡可能地
完整講授《詩經》，該是多麼困難！

　　最後，關於記誦與吟讀的問題，也有值得檢討之處。上引屈萬里
在寫給裴溥言的信中強調「《詩》三百五篇，必需背誦甚熟」。老一輩
學者的確重視基本古籍的記誦之功，如汪辟疆（1887-1966）在〈讀
書說示中文系諸生〉一文中便建議：

> 如《詩經》、《禮記》全文，及《漢書》、《莊》、《荀》、《騷》、

---

44 轉引自楊晉龍：〈何定生教授年表初稿〉，《中國文哲研究通訊》，第20卷第2期
　　（2000年6月），頁17。案：李添富教授在就讀臺灣師範大學國文系博士班時，曾上
　　過陳新雄教授開設的以「中國文字綜合研究」為名的「詩經研究」課程，他聽課的
　　回憶亦可以略窺研究所《詩經》課程的講授進度。他用詼諧的口吻說很「失望」地
　　聽了一年的課後，「老師卻還沒能夠把《周南》講完。知道了我的疑慮之後，老師
　　安慰我說：『明年我會講快一些，應該用不了十年，差不多你寫完論文，我大概也
　　講完了。』然而，儘管老師不重複講解《周南》，這一年的速度好像也加快了一
　　些，但是，我們的書本卻還只是翻到《召南》而已。」（見氏撰：〈伯元師的詩經學
　　說〉，收錄於姚榮松、李添富合輯：《陳新雄教授哀思錄》〔臺北市：文史哲出版
　　社，2013年增訂初版〕，頁267-268。）

《選》、杜詩名篇，皆宜背讀。且不僅背讀也，更宜時時溫習而背誦之。則終身用之不盡矣。[45]

高明亦曾在公開場合中，從研治國學的角度強調背誦的重要性：

至於最基本的書，最好能熟誦，曾國藩在他的家書裡告誡子弟們說：「溫舊書宜求熟，不背誦則易忘。」過去的讀書人，誰都能背誦《四書》《五經》，根基那樣好，研究而有成就的還不太多。現在研究國學的人，如果連一兩部最基本的國學書都沒有熟誦過，那還談什麼根基？那還有什麼研究的成就？要想建築成什麼輝煌的學術殿堂，豈不是緣木而求魚？[46]

現在時空環境有很大的改變，不易太過硬性規定學生背誦，但在某些教授者的課堂中，則改成在考試中用默寫的方式來引導學生記誦詩篇。不過默寫只能訓練學生將作品用默讀的方式背讀在心中，無與於詩篇的音節、韻律等聲音的層面，惟有透過誦讀、朗讀，甚或吟誦、吟唱，方易於對詩篇的聲情有所體會。但現今臺灣中文系的教學，早已不時興這一套。[47]如何將這方面技能的培養落實於包括《詩經》在內的古典文學的課程中，此亦是值得相關從業人員深思的問題。[48]

---

45 汪辟疆：《汪辟疆文集》（上海市：上海古籍出版社，1988年），頁66。

46 高明：〈國學的研究法──在民國六十六年國學研究會講〉，《高明文輯》（臺北市：黎明文化事業公司，1978年），上冊，頁106。

47 其實朱自清早就說過，五四以來，中等以上的國文教學即已不興朗讀那一套的教學方式。（見氏撰：〈論朗讀〉，《朱自清古典文學論文集》，上冊，頁147。）

48 據任教於高雄師範大學國文系的林晉士教授自述：他在還沒入學時，他的父親除了教他認字外，還要求他背書。他回憶道：「從《昔時賢文》、《唐詩三百首》到《詩經》，一路背了下來。然後在隔天早起做操時，考校一番。」而他後來也帶著孩子

四　教學與研究關係的反思

　　本文經由對戰後臺灣高校《詩經》教學生態的回顧與檢討，嘗試呈現近七十年臺灣《詩經》學發展的圖像。而這幅圖像勢必會與著重於研究成果的相關論著大不相同（如楊晉龍的〈詩經學研究概述〉）。大多數對現當代經學的回顧與研究都是以學人的學術表現和成就為主，鮮少聚焦於他們的教育活動上（除了在建立學術系譜時，會特別強調畢業學校和授業老師的傳承關係之外），對經學工作者看重的是他們在學術研究上的表現，而非在教學和作育人才上的貢獻。因而對《詩經》學者成就的評判，也就容易呈現重研究輕教學的情況。而這樣的態度又適與現代學術體制的趨向是相一致的。蓋教學的成果不容易被文字化而得以流傳後世，研究則反之，此亦有其不得不然之處。然而，這樣的觀察視角無疑是偏頗的，無法從教學的面向來掌握與衡量學術的發展與傳承，如此所得出的學術史的圖像仍然不能說是完整準確的。

　　事實上，就中文系所的教學實務而言，過度重視研究，不見得有利於教學的推動。很多專精細碎的研究成果並不完全適合於課堂中講授，尤其是基礎性和通識性的課程，所教授的內容仍應以基本和共通的知識為主，亦即那些能夠和已經寫入教科書中的相關研究成果。總體來說，授課的目標應以知識傳承為主，奠定學生的基礎，啟發學習的興趣，提供完好的訓練。

讀詩，當他聽著從幼兒嘴中發出琅琅的誦詩聲時，又使他彷彿想見小時候與父親讀詩的情景。（見氏撰：〈自序：我讀詩經〉，《來自遠古的情感密碼——詩經的第一堂課》〔臺北市：圓神出版社公司，2008年〕，頁9、11。）林晉士教授自身的記誦經驗雖然仍屬於家庭式或童蒙式的教育，但從他的例子還是可以看到，傳統經典和詩文作品的記誦，仍然是可以在現代教育環境中保存下來的，只是要不要做和如何做的問題。

　　但教學與研究二者之間不應該呈現斷裂的關係，不但教與學可以相長，教學與研究也同樣可以相長。從古人，若孔子、鄭玄、朱熹的言談身教中，皆體現了教研合一、教研相長的精神。現代學者的教學經經驗中，也不乏類似的狀況，如研究重心以屈賦為主的蘇雪林（1897-1999）教授，曾於一九六四至一九六五年間應聘至新加坡南洋大學中文系教書；她自述系方要她接替病死於新加坡的高鴻縉教授遺留下的「詩經」課程，但從未研究過《詩經》的蘇教授，剛開始時也著實惶恐不已。她回憶在陳鐵凡（1912-1992）教授的鼓勵下：

> 我依其言壯膽上課，果然沒有出什麼岔。且虧教《詩經》，自加研究，獲得不少有關《詩經》的知識，遂寫了一篇〈詩經通論〉，把詩論常識介紹給學生。……他們都欣喜地說這篇講義勝讀十幾部有關《詩經》研究的書，叫我們明白《詩經》究竟是什麼一問學問了。我也知道了一位教師多教一門新功課，固不免辛苦，但他自己也可增進學問，教起書來更可左右逢源，揮發無盡，可以贏得學生欽敬，儒林尊重。[49]

從較理想的角度來看待二者的關係，應是教學可以帶動研究，甚至引領研究的方向；而研究亦可以支援教學，甚至形塑教學的內涵。研究與教學、教學與研究皆是分不開的，以往對學術史的研究多關注於研究成果，但其實很多研究及著作皆是與教學相關的，如屈萬里的《詩

---

49 蘇雪林：《浮生九四——雪林回憶錄》（臺北市：三民書局，1991年），頁217-218。相關記述又參氏撰：《詩經雜俎》（臺北市：臺灣商務印書館，1995年），〈自序〉，頁iii。又其日記亦曾記道：「我以前每對學生言，《詩經》價值與民間〈十杯酒〉、〈十把扇子〉、〈五更調〉等，今稍稍研究《詩經》，乃深悔前說。」（見《蘇雪林作品集・日記卷》〔臺南市：成功大學教務處出版組，1999年〕，第4冊，頁342，「1965年3月20日」條）。

經釋義》、王靜芝的《詩經詮釋》……等書，若無相關的教學活動，則這些著作是否能夠撰作出，或其內容風貌是否還會如此（如變成專題論著），都可能存在很多變數。

學人對《詩經》學術內容的傳揚和發揮，有不少是在課堂講授中表現出的，透過聲音、語調、表情、肢體動作及與聽者的互動，可以將講授者對《詩經》經文的豐富理解更加全面地演示出來，曾志雄對何定生在臺大中文系講授《詩經》的情況，曾做過十分細緻的描述：

> 何老師出現的時候，大家非常靜默地注視他。他個子不高、身材癯瘦、眼睛有神、神情肅穆、憂鬱而不帶一絲笑容，修長的臉龐，上寬下尖，頭髮稀疏而梳理得光亮，一看就知道是個注意細節而喜歡深思的人；最令人難忘的是嘴旁兩條深刻的直紋。講課時，咬字吐音時而高，時而低，就像在唱歌一樣，迭宕有致，然而高音和低音音域相差特別大；他的高音部分，明顯比一般人更高，因此他那帶京腔的國語也顯得特別好聽。他說話不徐不疾，配上高亢的發音，聽了之後令人印象深刻。教書的時候，一面唸詩句，一面在木板的講臺上來回深沉踱步。腳上烏黑發亮的尖頭黑皮鞋，在講臺上一下一下敲得「叩叩」作響，十分有節奏。臉上的直紋時而拉長，眼光時而凝視學生，時而貫注地下，隨著授課內容而變化，就像一個詩人在那裡沉吟歎息，聽者這時仿佛看到了原作者在吟唱。雖然講的是一些平常道理，聽起來總覺得他在表演。他的一舉一動牽引住每個人的視線、呼吸和動作。我這時才明白到為甚麼這麼多人來聽課的原因。我覺得，他裏裏外外根本不同於系裡的其他老師，裝扮、用詞既西化，又不含蓄。
>
> 何老師上課要言不煩，善於抓住機會發揮，說話時表情也

特別豐富，讓人印象深刻。比如說，《詩經》多次出現的「女子有行，遠父母兄弟」一句，是很普通而淺白的詩句，不容易再用言語加以解釋；可是到了何老師的口裡，就演繹成：「同學們吶！這就是女人的哲學呀！她們一走就再沒機會見到自己的父母兄弟呀！」說的時候，語調特別深沉，節奏特別緩慢，兩邊的嘴紋特別拉長，本來鬆垂的眼皮也顯得特別下垂，同時一臉黯然、哀傷、無奈，踱步的節奏也跟著放緩放輕。古人說「一唱三歎」，這是最好的寫照。我想，這樣的聲情演繹，雖然話語不多，相信不但女生聽了深有感動，男生聽了，也能即時明白到古代婦女的亙古悲哀。《詩經》中這句話前後一共出現了四次之多（《詩經》相同句子重複次數達到四次的並不多），聽了這樣的演繹，不難理解原句的感情，不難理解這句話為甚麼出現那麼多次。[50]

何定生的講授《詩經》，與黃侃可說是各有千秋，皆各自在當時聽講的學生心中留下強烈的印象，多年後透過文字將當年的教學實況加以描繪出來。從中，不但看到授課者的風采，更可以見到《詩經》是如何在大學的課堂中被傳承下來。

---

50 曾志雄：〈永遠的懷念──紀念何定生教授逝世四十週年〉，《中國文哲研究通訊》，第20卷第2期（2010年6月），頁69-70。

肆　戰後臺灣大學中國文學系禮學課程的發展與內容（1949-2014）[*]

鄭雯馨^{**}

一　前言

　　清朝末年「廢除科舉制標志經學在制度層面的終結」，經學的龍頭地位不再，然其精髓早已成為民族精神的重要載體。[1]一九一二年民國政府廢止師範、中、小學讀經科，此後一年頒布的〈大學令〉、〈大學規程令〉也相繼廢止經學科。雖然如此，王應憲考察一九一二至一九四九年間各大學開設的課程，經書被歸併於哲學、文學、歷史等現代學科，經學史、群經通論、經學通論、群經要略、經學入門等課程在四十餘所大學均有開設，普及範圍、持續時間均具有相當程度的規模。[2]一九四九年戰後臺灣的經學教育，因播遷學者宣揚經學，加上各級學校講授經學課程、設立碩士與博士班、編輯經學通俗讀本等關鍵因素，使臺灣成為發揚經學的聖地。[3]

---

*　本論文已發表於《中國文哲研究通訊》第28卷第4期（2018年12月），頁71-95。

**　鄭雯馨，政治大學中國文學系副教授。

1　王應憲：〈民國時期大學經學教育檢視〉，《中國學術年刊》第35期（2013年9月），頁110。

2　王應憲：〈民國時期大學經學教育檢視〉，頁109-130。

3　林慶彰：〈序〉，林慶彰先生主編：《五十年來的經學研究》（臺北市：臺灣學生書局，2003年），頁III-V。

　　經學可以從不同面向賦予定義；從內容性質而言，是「先王設教」、「先王正典」、「大雅之論」[4]、「經稟聖裁，垂型萬世」[5]，蘊涵雅正之言，足為後人效法；論其作者，為伏羲、文王、周公、孔子及其弟子等先王聖人的思想學說[6]；論其作用，為經世致用、教化；就著作來說，以十三經及其注疏為對象；論其體系，有經、傳注說記、義疏之別；就其影響而言，則形塑近二千年的古代社會、文化、政治。經過宋代疑經改經、明清考據學乃至民國疑古思潮等變遷歷程，學者重新檢視經書作者與內容，以先王、聖人及其弟子為作者的預設受到強烈地質疑與批判，連帶地影響到內容的認知與評價。[7]今若欲探討經學教育，當實質地面對這段歷史發展。事實上，在作者受到質疑的情形下，經書內容並未因此失去價值，經書在歷史上、在現代的作用與影響，也未一筆勾銷。[8]特別是經學影響社會文化，「經典形成文化群體價值觀的源頭」[9]，而文化的傳承兼有文字閱讀、實踐等面向，不讀

4　魏徵等撰：《隋書》〈經籍志〉（臺北市：鼎文書局，1980年），卷32，頁947-948。

5　《四庫全書總目・經部總敘》，卷1，迪志文化「文淵閣四庫全書電子版」。

6　林慶彰：〈中國經典權威形成的幾個原因〉，《中國經學研究的新視野》（臺北市：萬卷樓圖書公司，2012年），頁25-33。

7　如池田秀三強調「經學」與「經學之學」的區別，認為「經學乃以六藝作為絕對真理而展開的學問，即這門學問的前提是以經書作為聖書來信奉的。」「在《周禮》為『周公致天下太平之跡』這一信仰或原則之下所進行的研究才是禮學，而植根於近代精神的研究從一開始就不具備這種信仰，嚴密而言，並不是禮學。」進而提出「經學的思想研究」。（見氏著，石立善譯：〈經學在中國思想裡的意義〉，彭林主編：《中國經學》第14輯〔2014年12月〕，頁1-6。）按：池田氏自言從「狹義」、「限定地理解經學」（頁3），本義乃在指出古、今經學研究的立足點當有所不同，及日後可發展的面向。同時卻也顯示傳統經學定義與預設在現代面臨的質疑。關於經典權威的消解，可參林慶彰：〈中國經典權威消解的幾個原因〉，《中國經學研究的新視野》，頁47-64。

8　詳參葉國良：《經學通論》（臺北市：大安出版社，2014年2版），頁727-773。

9　楊晉龍：〈看書何如讀書精：讀經與研究探論〉，彭林主編：《中國經學》第11輯（2013年6月），頁202。

經書不等於價值觀或為人處世未受到影響。[10]那麼經學教育及教育所預設的「傳承」，也可以因時制宜而富含開闊的想像空間或可能性。

　　近代經學研究的內容與發展，學界有豐富的論述。相形之下，經學教育的探討卻顯得有些零星或稀少。研究需要人才，人才有賴於教育培養。經學課程該如何教？因應不同階段的學生，是否有不同的作法與考量？[11]當為推廣與深化經學教育的重要議題。王應憲以為一九三〇年代的經學教育在三類課程中得到延續：其一為國學概論，通過四部分類或在形式上稍加改造以概述經學傳統；其二為經學歷史與經學通論，闡述傳統經學歷史的思想之變遷，或以史含論，或以論概史；其三為經書選讀與專經研究，以講授十三經內容為主。[12]其說誠然。今觀戰後臺灣的大學課程，或可加上「訓詁學」——透過訓詁的內容、方法、體式等呈現經學詮釋的面向。戰後臺灣的經學教育，臺灣大學中國文學系（以下簡稱臺大中文系）以其歷史悠久、經學課程完整、師長學養深厚而望重士林等各項條件，足為龍頭，尤其孔德成先生所開設的禮學課程更是影響深遠。因而本文擬以一九四九至二〇一四年為主要時段，說明臺大中文系禮學課程的發展與內容。首先據《國立臺灣中國文學系系史稿》與官網內容，說明該系大學部、研究所的禮學課程發展。其次，孔德成先生推動臺大中文系禮學教育影響

---

10 楊晉龍先生指出經典文本為文化根基，根據現代人應用《十三經》文句的情形，認為「現代人，還是在不知不覺中運用或應用儒家經典的文本或詞彙」。見氏著：〈傳統學術研究與經學關係：論經學在傳統學術研究中的地位〉，新竹教育大學中語所演講，2013年6月6日。

11 黃碧端說：「文學院的最大課題其實是師資和學生素質，然後才是課程。」（見氏著：〈大學文學課程往何處去？〉，《中外文學》第23卷第8期〔1995年1月〕，頁29。）就經學教育而言，同樣可分為師資、學生素質、課程等面向探討，惟前二者有賴主客觀條件的配合，課程則相對穩定地呈現知識傳承與體系，本文謹就此進行討論。

12 王應憲：〈民國時期大學經學教育檢視〉，頁110。

最著，故擬據其所開設之三《禮》課程，闡述研究所的課程內容與進
行方式。其三，以孔先生的弟子葉國良教授開設的中國傳統生命禮俗
課程，描述大學部禮學課程的內容與進行方式。上述關於研究所與大
學部禮學課程的說明，當可作為禮學教育的參考。特別要說明的是，
筆者受教於二位先生，始習禮學，至今仍為淺薄，敘述如有疏失，責
在筆者。

二　臺大中文系及其禮學課程的發展

　　以下將根據《國立臺灣中國文學系系史稿》、臺大中文系網頁內
容[13]，說明該系所的發展及其禮學課程的演變。

（一）臺大中文系的發展

　　一九二八年（民國十七年），日本政府在臺灣成立臺北帝國大學，
最初設文政、理農二學部。次年，文政學部「文學科」增設「東洋文
學講座」，以中國文學為主要講授內容，此即臺大中文系之前身。

　　東洋文學講座之必修課程中，與中國文學相關者，初期有「東洋
文學概論」、「東洋文學史」、「東洋文學講讀及演習」等，民國二十年
以後有「東洋文學普通講義」、「東洋文學特殊講義」、「東洋文學講讀
及演習」等。此類課程猶未及全部必修課程學分之半數，就研讀中國
文學的領域而言，該講座課程仍未臻完備。

　　民國三十四年（1945），臺灣光復，國民政府接收臺北帝國大
學，初擬改名「國立臺北大學」，後定名為「國立臺灣大學」。臺灣大

---

13 國立臺灣大學中國文學系主編：《國立臺灣中國文學系系史稿（1929-2014）》（臺北
　市：臺大中文，2014年），臺灣大學中國文學系官網，http://www.cl.ntu.edu.tw/main.
　php（2018年3月30日）。

學依我國學制，將原各「學部」改稱「學院」，文政學部分為文學及法學兩學院，「科」改稱「系」。文學院初設中文、歷史、哲學三系，臺大中文系由此正式成立。民國四十六年，設立中國文學研究所碩士班，五十六年復增設博士班。六十一年於夜間部增設中國文學系，八十六年，夜間部改制為進修學士班（九十五學年度已停招）。九十七年，成立「國際學生學士班」。

　　民國三十四年成立之初，聘吳守禮、黃得時二先生為副教授，延續部分原臺北帝國大學之學風。民國三十五年起，魏建功、臺靜農等學者相繼來臺講學或擔任助教，接續大陸中國文學系之學術傳統。三十七年以後，戴君仁、毛子水、董作賓、董同龢、孫云遐、史次耘、王叔岷、屈萬里、何定生、李孝定等望重士林的先生陸續任教，奠定經學、思想、文獻學、文學、語言、文字等各領域的發展基礎。從而使全國最早設立的中文系，具備學科綜合、領域完整的特色。七十多年來，該系一直秉持著讓各領域均衡發展，經史子集都均衡地讓學生得到訓練。[14]

　　該系雖非專門的研究機構，為了維持良好的教學品質，充實自身學養，教師多致力於研究工作，並將其研究所得，開課講授，故能造就各方面之人材，使學術傳統綿延不絕。以下將依序說明臺大中文系開設的禮學課程。[15]

（二）禮學課程的發展

　　臺大中文系為培養語文教學或學術研究的人材，在發展過程中陸

---

14 此為臺大中文系前主任李隆獻教授的發言，見於二〇一五年九月十一日於臺大中文系會議室舉辦「臺灣中文學會『中文系所之課程與發展』座談會」，會議發言經整理為文稿，刊登於《臺灣中文學會通訊》第15期（2015年10月），頁23。

15 國際學士班至一〇六學年度第二學期，始開設禮學課程，故未列入說明。

續設立大學日間部、夜間部（後改為進修學士班）、研究所等，各學習階段均曾開設禮學課程，以下將依序說明（歷年開課情形統整，詳見附表一）。[16]

　　大學日間部的禮學課程，包括孔德成先生曾開設「禮記」課程（45-1～50-2學期）、「三禮專題研究」（51-1～53-2），龍宇純講述「禮記」（61-1～61-2），章景明開設「禮記」（83-1～84-2、86-1～90-2、92-1～99-2、101-1～102-2），葉國良教授講授中國傳統生命禮俗（93-1、96-1、97-1、98-1、99-1、102-2）。

　　大學夜間部（進修學士班）的禮學課程為章景明開設「禮記」課程（72-1～76-2、78-1～80-2），葉國良教授傳授「禮記」（82-1～83-1、86-1～87-2）、「禮記選讀」（90-2），彭美玲教授講授「禮記」（94-1～94-2）。

　　研究所的禮學課程，包括孔德成先生開設「禮記」（45-1～50-2）、「三禮專題研究」（51-1～53-2、87-1～88-2、90-1～90-2）、「儀禮研究」（54-1～55-2、66-1～66-2）、「禮記」（56-1-56-2、65-1～65-2）、「三禮研究」（67-1～86-2、89-1～89-2、92-1～92-2、95-1～95-2）、「三禮綜合研究」（88-1～88-2、91-1～91-2、94-1～94-2）、「三禮專題研究」（90-1～90-2、93-1～93-2、96-1～96-2）。葉國良教授開設「朝禮聘禮研究」（97-2）、「射禮研究」（98-2）、「喪禮研究」（101-2）、「古禮書與古禮儀節研究方法討論」（102-2）。

　　從四十五學年度至一〇三學年度，持續開設禮學課程，可見其受重視程度。總計於大學部教授禮學課程者，有孔德成、龍宇純、章景明、葉國良、彭美玲諸先生，多以「禮記」為主要開課範圍。其中，七十六第二學期至七十九學年間，「禮記」曾列為大學必修課之一。

---

16 為呈現課程脈絡的完整性，一九四九年前後的課程附帶說明。

於研究所傳授禮學課程者，有孔德成先生、葉國良教授，以三
《禮》、《儀禮》為主。由於該系研究所課程在六十學年以前，多兼為
大學部課程，因而出現早期課程名稱重疊的現象，如「禮記」（45-1
～50-2）、「三禮專題研究」（51-1～53-2），其後研究所課程單獨開
設。[17]另一方面，八十七學年之後，出現研究所課程名稱輪替，課程
內容卻逐年遞講，不因課名而重複。根據孔先生口述，為符合校方行
政作業以便學生選課，且禮學需長期沈潛方有所得，因而採輪替課名
之法。臺大中文系的課程演變，為大學發展的軌跡留下見證。

　　除了課程之外，該系配合教育部五年五百億邁向頂尖大學計畫，
分別籌組「先秦文本及思想之形成、發展與轉化」（前期為「戰國學
術研究整合型計畫」2006-2007）與「文學典範的建立與轉化」兩大
整合型研究計畫，結合系上各領域專業研究人員，提出開創性的新研
究方向。前者為「五年期（2006-2010）」之中程計畫，研究主題為
「戰國學術」，區分為「前二年」（2006-2007）和「後三年」（2008-
2010）兩階段。「前二年」計畫集中研究「戰國典籍之形成」，包括
「出土文獻與二戴《禮記》研究」、「《易傳》的形成及其思想的演
變」及「《老子》文本與思想之形成」三個主題。這三個主題包括了
「經」、「子」兩方面。「後三年」則在「前二年」的基礎上，拓展為
經、史、子、集四方面的互涉，以及戰國文獻本身的性質與發展等課
題進行研究。[18]以禮學為研究對象之一，使教學與研究相互灌注，提
升成效。結合新出土文物與傳世文本研究，既能溯本探源，也有助於
創發文化內涵與面向。

　　據上述，臺大中文系禮學課程的奠定與推動，最重要的人物誠屬

17　臺灣大學中國文學系主編：《國立臺灣大學中國文學系系史稿》，頁330。

18　臺灣大學中國文學系主編：《國立臺灣大學中國文學系系史稿》，頁25-26。

孔德成先生（1920-2008）。孔先生在五十三學年度以前曾陸續在大學
部開課，此後以研究所課程為主，其弟子章景明、葉國良授則承擔大
學部禮學講授，以下依序述之。

三　孔德成先生研究所三《禮》學課程的講授

孔德成先生自幼先後受教於王毓華、莊陔蘭、呂金山三位老師。
王毓華教導的課程有國文、算術、歷史、地理等科目，內容以新學為
主。莊陔蘭為清末翰林，教授經書、國學、書法等，孔先生書法初從
二王入手，後轉顏體及北魏張猛龍碑，並精於甲骨、金石文字。其
後，莊氏介紹舉人呂金山進入孔府任教，先生所學便以儒學為主，新
學為輔。期間，曾師從詹澄秋學琴，從吳伯簫學英語。[19]民國二十四
年一月，國民政府任命先生為「大成至聖先師奉祀官」，予以特任官
待遇；孟子、顏子、曾子之後裔亦為奉祀官，屬簡任官待遇；並為諸
奉祀官安排戴季陶、丁惟汾、孔祥熙等三位導師，「真正在學術上承
擔導師之責的只有丁惟汾一人」。[20]民國三十五年，因慷慨允諾保存山
東省立圖書館珍貴書籍文物，而結識屈萬里、王獻唐，開啟長達半個
多世紀亦師亦友的情誼。民國三十七年，先生前往美國耶魯大學任研
究員，進行為期一年的文化交流與研究，與羅常培相善。自民國四十
四年起，先生受聘為國立臺灣大學中國文學系及考古人類學系兼任教
授，迄辭世而止。期間在臺灣大學、輔仁大學講授三《禮》、金文、殷
周青銅彝器等課程，長達五十餘年，栽成弟子甚眾。以研究禮學的學

---

19 孫芳：〈詩禮傳家──以新發現的孔德成考試本談末代衍聖公教育〉，《山東檔案》
　　（2016年4月），頁20-21。

20 上述師承，參李俊領：〈「文治」與聖裔：國民政府對孔德成的借助及其困境〉，《抗
　　日戰爭研究》（2018年第2期），頁128、136。

位論文而言，碩士論文包括章景明《先秦喪服制度考》、洪乾佑《《禮記》中所表現的社會情況》；博士論文如李聖愛《《儀禮》《禮記》喪禮與韓國喪禮之比較》、與屈萬里聯合指導章景明《周代祖先祭祀制度》（參附表二）。民國五十四年，受東亞學術計畫委員會贊助，與臺大中文系主任臺靜農教授領導中文系、人類學系研究生曾永義等十餘名，以出土資料驗證《儀禮》經文，撰成《儀禮復原叢刊》凡十餘種，由臺灣中華書局出版。[21]五十六年，自費領導拍攝「儀禮士昏禮」黑白影片，於五十八年完成，突破鄭玄以來禮圖不連貫之缺陷，為世界首部古禮電影。[22]部分禮器研究成果，為臺北孔廟祭孔禮樂改進委員會的重要參考，進而影響臺中、高雄等地新建孔廟的禮器陳設。[23]

孔先生以為「《儀禮》一書，為我國先秦有關禮制、社會習俗，最重要而對於儀節敘述最詳盡的一部書」[24]，故三《禮》的講授，以《儀禮》為主，佐以《禮記》、《周禮》的記載。九十六學年度第一學期「三禮專題討論」課程概述說：

> 古禮之研究，涉及之學術範疇極廣，且對古代文化之探討，古代文獻之解讀，關係亦極密切，故有深入研討之價值。本課程以《儀禮》、《周禮》、《禮記》三書為研究對象，選擇重要之古

---

21 為順利推動計畫，《儀禮》復原小組成立後，孔先生每週二、四、六為小組成員上課，就儀節、宮室、車馬、器具、服飾等設立專題研究。詳參汪士淳：〈椰林大道〉，《儒者行：孔德成先生傳》（臺北市：聯經出版事業公司，2013年）。

22 臺灣大學中國文學系主編：《國立臺灣中國文學系系史稿》，頁765。按：關於《儀禮》復原研究的述評，可參潘斌：《二十世紀中國三禮學史》（南京市：南京大學出版社，2016年），上冊，頁432-448。

23 黃啟書：〈禮學研究〉，《臺大校友雙月刊》第114期（2017年11月），頁60。

24 孔德成：〈儀禮復原研究叢刊序〉，《儀禮特牲少牢有司徹祭品研究》（臺北市：臺灣學生書局，1973年），頁1。

禮課題，諸如宗法、喪服等，作充分之講解。[25]

上課時，以藝文印書館出版的張爾岐《儀禮鄭注句讀》為教材，隨著課程進行，發放先生撰寫的〈三禮解題〉、〈儀禮十七篇之淵源及傳授〉、〈禮記解題〉、〈宗法略論〉、〈中國古代的家族組織〉，及屈萬里〈二戴記解題〉等文章，作為補充材料。先生將個人研究成果融鑄於教學中，使學生知其然，亦知其所以然。《儀禮》復原研究的成果亦為先生授課的補充教材之一，如《先秦喪服制度考》、《士昏禮服飾考》。

　　課程的進行方式，除了每學期第一週概論三《禮》內容、說明參考書目，引領新修課的學生外，課程內容逐年遞講，連貫地傳授《儀禮》內容。課程接受外校選修與旁聽，筆者甫聽課的九十學年度，臺師大、輔仁、東吳等各大學學子、對禮學有興趣的社會人士齊聚一堂，擠滿臺大中文系第五研究室，能坐在門邊都算是幸運者。「老師上起課來興致很高，總是忘了下課時間，研究室的燈火也與椰林梢頭的星月相為輝映。」[26]以下說明先生授課內容與方式。

（一）廣徵文獻細緻解經

　　先生授課，往往逐字逐句細講，早年授課甚至有一句經文，講三個小時。以〈既夕禮〉為例（粗楷體為《儀禮》經文，括弧內的楷體為先生之講述內容）：[27]

　　士處適寢（適，音迪。適寢相對於平日居住的燕寢），**寢東首于**

---

25 臺大課程網，https://nol2.aca.ntu.edu.tw/nol/guest/index.php（2018年4月10日）。

26 曾永義：〈我所知道的孔德成先生〉，《聯合報》2008年12月10日。

27 本文中，孔先生的講述內容為筆者於課堂所記。先生授課徵引的古籍原文，已重新核對原書，標明出處；金文部分，據中央研究院「殷周金文暨青銅器資料庫」進行核對、下載字形。如有疏失，責在筆者。

北墉下（寢東首，頭朝東睡下。有疾者朝「東」睡是古代的習慣，古人不朝西睡，因為血液循環、日落於西。後來五行家發揮「東」為生氣，表示春天。〈士昏禮〉新郎、新娘頭朝南睡。中國古代已經有床，但不常使用。《新中國的考古收穫》頁LXVⅡ有古床復原圖，請同學傳閱）。**有疾，疾者齊，養者皆齊**（《論語》說：「子之所慎：齋、戰、疾。」可見齋戒的重要性。《禮記》〈祭義〉：「致齊於內，散齊於外，……齊三日，乃見其所為齊者。」「齋」是清心寡欲，和一般日常作息不同。而古代的齋，和佛教又有不同，可以參考湯用彤《兩漢魏晉南北朝佛教史》）。**徹琴瑟，疾病，外內皆埽**（《禮記》〈喪大記〉：「疾病，外內皆埽。君、大夫徹縣，士去琴瑟。寢東首於北牖下。」內容相似。喪禮可以分為生者之服、亡者之服，生者之服，如〈喪服〉：「斬衰裳，苴絰，杖，絞帶，冠繩纓，菅屨者。」〈既夕·記〉：「既殯，主人說髦。三日絞垂。冠六升，外縪，纓條屬，厭。衰三升。屨外納。杖下本，竹、桐一也。居倚廬，寢苫枕塊，不說絰帶，哭晝夜無時，非喪事不言。歠粥，朝一溢米，夕一溢米，不食菜果。主人乘惡車，白狗幦，蒲蔽，御以蒲菆，犬服，木錧，約綏，約轡，木鑣，馬不齊髦。主婦之車亦如之，疏布裧。貳車白狗攝服，其他皆如乘車。」《禮記》〈間傳〉：「斬衰何以服苴？苴，惡貌也，所以首其內而見諸外也。斬衰貌若苴，齊衰貌若枲，大功貌若止，小功、緦麻容貌可也。此哀之發於容體者也。斬衰之哭若往而不反，齊衰之哭若往而反，大功之哭三曲而偯。小功、緦麻哀容可也，此哀之發於聲音者也。……此哀之發於飲食者也。」相較之下，《禮記》對於生者的生活記載較詳）。

　　先生引述相關資料，並比較《儀禮》與《禮記》相似記載下的差異性，講授內容周延而細緻。課堂上使用的《儀禮鄭注句讀》，藝文印書館印製為薄薄的六小冊，〈士喪禮〉隸屬第五冊，先生將各種補

充資料寫在便條紙上，用迴紋針夾附於書頁上，所夾資料為原書的數倍之厚。在電子資料庫不興盛的年代裡，孔先生以其深厚的學養引經據典，講解經文。

講解經文字句的過程中，孔先生會進一步說明禮意，如「復者行完『復』的動作後，另有人將此死者的衣服蓋在死者身上，以衣服為媒介物召喚靈魂，使靈魂附於衣服上，再將衣覆在屍體上，期望靈魂回到身體，使死者復活。中國人以形神分離為死亡。」「隨葬品其實反映了復活的觀念，希望死者復活後能持續使用生前之物。而棺木亦是為了保存完整的身體，以待復活時有完整的軀體。」

從不同的面向，論述古人對復活的觀點與作法。同時也揭示各篇具體的主要觀念，如「中國對家族的重視具體顯現於喪服，喪服的區別即親戚的組織。可以參考章景明的《先秦喪服制度考》。」「〈士喪禮〉為喪禮行動的儀節，一方面可以了解了解古代習俗，比較古今之異。另一方面，也能認識古人對死人的觀念。」從〈喪服〉與〈士喪禮〉的區別與影響，達到解經的見樹見林之效。

（二）二重證據法的實踐

禮學思想以具體可見的名物制度為表徵，後者遂為講授禮學不可或缺的內容之一。青銅彝器屬於古代名物制度的範圍，因其種類豐富，應用的方式和場合不同，彝器上的銘文更是了解古代社會、禮儀、文化的重要憑藉，因而先生另外開設金文、青銅彝器等課程，豐厚學生的知識，亦使課程主從分明。曾永義曾指出先生重視研究一門學問要能旁通其他學問，故兼治、兼講諸學，詹海雲以為「鐘鼎彝器款識之浸潤更是孔先生三《禮》研究方法的重要來源。」[28]是知先生

---

28 曾永義：〈我所知道的孔德成先生〉，《聯合報》2008年12月10日。詹海雲：〈孔德成先生禮學研究之特色〉，頁212。

應用近代出土文物闡明《儀禮》內容，體現王國維的二重證據法及其影響。[29]下面舉出課堂上討論「韍韐」所引用的文獻，以見其一隅。

　　《說文》:「韐，祫或從韋。」又:「巿，韠也。」又:「祫，士無巿，有祫。」[30]

　　《說文》:「韠，韍也。所以蔽前者。」[31]

　　《禮記》〈玉藻〉:「一命，縕韍、幽衡。再命，赤韍，幽衡。三命，赤韍，蔥衡。」[32]

　　發補充資料：陳瑞庚先生《士昏禮服飾考》，頁四十三，圖十二。

　　韠，保存衣服最原始的模樣。

　　朱巿 ：毛公鼎

　　赤巿 ：智壺

　　赤□巿 ：揚簋（宋以下，將 釋作「環」；郭沫若則認為是「韐」之初文， 即「韐（韋巿）」的合文）

　　《詩》〈小雅〉〈采芑〉:「朱芾斯皇。」

　　《詩》〈曹風〉候人〉:「三百赤芾。」

29　詹海雲：〈孔德成先生禮學研究之特色〉，頁214，注9；頁223。

30　許慎著，段玉裁：《說文解字注》（臺北市：洪葉文化事業公司，1998年），七篇下，頁366-367。

31　許慎著，段玉裁：《說文解字注》，5篇下，頁237。

32　《禮記》〈玉藻〉，卷30，頁561。按：本文所引《十三經注疏》，均據清朝阮元審定、盧宣旬校：《重刊宋本十三經注疏》（臺北市：藝文印書館，1955年初版，據清嘉慶二十年江西南昌府學開雕本影印），下文不另標明出版項。

《詩》〈小雅〉〈采菽〉:「赤芾在股。」[33]

伯晨鼎: 幽夫 「幽夫」。此「夫」即「芾」、「韍」。

趞鼎: 赤市幽夫 「赤市幽夫」。「夫」即芾、韍。「夫」為指
事字。

靺:指韍的顏色而言。「靺韐」:靺色的韐。
《詩》〈小雅〉〈瞻彼洛矣〉:「靺韐有奭,以作六師。」[34]
〈士冠禮〉:「爵弁服,纁裳、純衣、緇帶,靺韐。」鄭注:
「士染以茅蒐,因以名焉,今齊人名蒨為靺。」[35]

《說文》:「市,韠也,上古衣蔽前而已。市,以象之。天子朱
市,諸侯赤市,卿、大夫蔥衡(段注:卿大夫下,當有「赤
市」二字)。……凡市之屬皆從市。韍,篆文市,從韋从犮。
俗作『紱』。」又,「韠,紱也。……下廣二尺,上廣一尺,其
頸五寸。一命縕韠,再命赤韠。(段注:〈玉藻〉曰:一命縕
韍、幽衡,再命赤韍、赤衡;三命赤韍蔥衡。)」[36]

《禮記》〈玉藻〉也有相同資料。
鄭注:「此玄冕、爵弁之韠,尊祭服異其名耳。」天子命諸侯
最多九命(含),不可超過。

---

33 《詩》〈小雅〉〈采芑〉,卷10-2,頁361。《詩》〈曹風〉〈候人〉,卷7-3,頁269。
   《詩》〈小雅〉〈采菽〉,卷15-1,頁501。
34 《詩》〈小雅〉〈瞻彼洛矣〉,卷14-2,頁678。
35 《儀禮》〈士冠禮〉,卷2,頁15。
36 許慎著,段玉裁:《說文解字注》,7篇下,頁366;5篇下,頁237。

〈玉藻〉孔疏：「韠謂蔽膝。」[37]

引用《說文解字》、《禮記》、《詩經》、《儀禮》及金文等豐富文獻，精詳地考辨韠韐的字詞與形制，為研究生具體展示探索名物的方法與嚴謹性。〈士喪禮〉設東方之饌說（粗楷體為《儀禮》經文，括弧內的楷體為先生之講述內容）：

> **角觶**（角觶用牛角來製造，非銅、陶、木製造。酒杯之名。觶器物是宋人定名，宋人叫此物為觶。酒器多是由宋人定名，在無可奈何的情形下，只好依宋人講），**木柶**（古代柶是勺子。醴酒帶有渣滓，用來吃原料的器物為柶，不然酒杯中的渣滓就吃不到了。安陽發現過以銅作的柶，似壓舌板），**髤豆兩**（鄭注：「髤，白也。」髤和白色無關，何以髤當白色講，無解）。

這段分別說明三種器物：其一，說明「觶」的材質，兼述命名由來與歷史局限。其二，柶則說明形制與用途，並引近代出土文物為證。其三，髤豆。之前在課堂上，已經講述過豆的形制，故先生於此不再重複講解，惟針對鄭玄釋「髤」字為「白」，闕疑不論，可見先生「析理入微，於所難知，強調闕疑」。[38]此外，名物制度若無實物說明、演示禮儀，解說時，學生容易混淆、模糊。當年為拍攝士昏禮影片制作的爵、俎等道具，仍保留在臺大中文系。授課時，如有相關內容，取以為說明形制、儀節之用，成為教學資源，增進教學成效。

在兩岸資訊尚未開放時，先生善加運用海外管道或中央社等取得

37　《禮記》〈玉藻〉，鄭注、孔疏，卷30，頁560、561。
38　臺灣大學中國文學系主編：《國立臺灣中國文學系系史稿》，頁765。

考古報導[39]，足見其好學與教學熱忱。不僅如此，先生亦提出省思：
「大家往往視其外在規定，而不探討其源、真正原始的情況。受西方
的理論、學問、民俗學、考古學、社會學……，才開始著重於原始面
貌基本理論的探究。這樣的方法是好的，但結論不一定正確。」

（三）禮說的應用與考辨

　　孔先生講解經文，也講解禮說、進行考辨，引領學生實質地認識
經學詮釋。如：

> 〈喪服〉斬衰「父為長子」，鄭注：「不言嫡子，通上下也，亦
> 言立嫡以長。」[40]

> 〈喪服〉齊衰期「為眾子」，鄭注：「眾子者，長子之弟，及妾
> 子、女子，在室亦如之。士謂之眾子，未能遠別也。大夫則謂
> 之庶子，降之為大功。天子國君不服之，〈內則〉曰：冢子未
> 食而見，必執其右手。適子、庶子已食而見，必循其首。」[41]

> 《禮記》〈內則〉鄭注：「天子、諸侯尊，別世子，雖同母，禮
> 則異矣。未食、已食，急正緩庶之義也。」[42]

鄭玄按階級區分其子稱謂：士之子別為長子、眾子，大夫之子為嫡
子、庶子，天子諸侯之子為冢子、適子、庶子。先生以為「適子、庶

39　黃啟書：〈禮學研究〉，頁61。

40　張爾岐：《儀禮鄭注句讀》〈喪禮十一〉（臺北市：藝文印書館，1965年），頁5上。

41　張爾岐：《儀禮鄭注句讀》〈喪禮十一〉，頁12上。

42　《禮記》〈玉藻〉，鄭注，卷28，頁538。

子」因母親身分而稱謂不同，「冢子」因其有繼承權而言。「庶子」稱
謂之源：其一，妾之子，因為妾又稱「庶母」，所以其子稱為「庶
子」。其二，庶即眾也，一般的兒子。繼引清朝胡培翬《儀禮正義》：

> 或疑《注》分別士、大夫為非。案：鄭以經每言「大夫之嫡
> 子」、「大夫之庶子」，故以「長子」、「眾子」為士之稱。……
> 其實，「長子」、「眾子」與「嫡子」、「庶子」名異實同。凡言
> 長子者則不獨長子之弟為眾子，而妾子亦為眾子。言適子則不
> 獨妾子為庶子，而適子之同母弟亦為庶子。經中凡以適對庶言
> 者，適謂適長一人，其餘皆庶也。[43]

孔先生指出「胡說蓋是」，又指出經文確實曾言大夫適子、庶子之
例：其一，大夫言適子者，如齊衰期不杖麻屨，「大夫之適子為妻」。
其二，大夫言庶子者，如大功，即葛九月章：「大夫之庶子為母、
妻、昆弟。」又按緦麻三月章：「士為庶母」，是士有庶母，則士亦應
有「庶子」。於是再參：

> 〈士喪禮〉親者庶兄弟朋友襚章，「庶兄弟襚，使人以將命于
> 室。」
> 鄭注：庶兄弟，即眾兄弟也。變眾言庶，容同姓耳。[44]

> 胡疏：上經親者在室（孔先生按：〈尸在室，主人以下哭位章〉，
> 士喪十二頁二下），下即言眾兄弟故知此次親者，即眾兄弟也。[45]

43　胡培翬：《儀禮正義》（南京市：江蘇古籍出版社，1993年），卷22，頁1417-1418。
44　張爾岐：《儀禮鄭句注讀》〈士喪第十二〉，頁4上。
45　胡培翬：《儀禮正義》，卷26，頁1662。

庶、眾二字，可互用。孔先生根據經文之異同，檢覈鄭說，以為士、大夫之子異稱缺乏憑據，認為胡培翬「名異實同」之說為是。

　　言及古代服飾時，〈士冠禮〉：「履，夏用葛，玄端黑履。」鄭注：「履者，順裳色。玄端黑履，以玄裳為正也。」賈公彥《疏》引而申之為「禮之通例：衣與冠同，履與裳同，故云順裳色也。」〈士冠禮〉：「主人玄冠朝服，緇帶，素韠。」鄭注：「朝服者，十五升布衣，而素裳也。衣不言色者，衣與冠同也。」賈疏：「禮之通例，衣與冠同色。……裳與韠同色。經直云朝服，不言色，與冠同可知也。」[46]孔先生引用清人淩廷堪《禮經釋例》「凡衣與冠同色，裳與韠同色，履與裳同色」條，淩氏說：

> 亦有履與裳不同色者，玄端用黑履，而裳則有玄裳、黃裳、雜裳之異是也。注疏蓋舉其多者言之耳。故疏亦云「其衣冠異色」，經即別言之。衣與冠之例既然，則裳與韠、履與裳之例可知也。[47]

淩氏指出鄭玄裳履同色之說乃就多數而言，並非絕對如此。孔先生又補充一條《詩》〈車攻〉：「赤芾金舄」，若依鄭義「韠及裳同色，履順裳色」，則履與裳應同色，惟據此則不然矣。

　　孔先生執行《儀禮》復原研究時，「運用考古學、民俗學、古器物學，參互比較文獻上材料，以及歷代學者之研究心得，詳慎考證。」[48]據上述觀之，先生於教學亦採用相同的方法與態度。

---

46 《儀禮》〈士冠禮〉，卷3，頁32；卷1，頁3。

47 淩廷堪：《禮經釋例》〈器服之例下〉（臺北市：中央研究院中國文哲研究所，2004年修訂1版），卷12，頁602。

48 孔德成：〈儀禮復原研究叢刊序〉，頁1。

（四）文史知識的補充

孔先生「喜歡講故事」，講些有趣的掌故。[49]課堂上，也時常說些晚清民初的掌故。授課時，如需相關古籍或仿製禮器，由於學長們較為了解存放地點，因而多由學長們前去領取。在等待過程中，孔先生會說些有趣的掌故或與經文相關的文史知識，使得素稱「難讀」的《儀禮》平易許多。

關於建築制度的補充，如「中國古代的房子多是土製、木製，所以無法保持長久。因此古代考古只有看地面的地基而加以復原、想像其立體型態。」讓學生在書面文獻之外，明瞭古代建築的復原根據，增進對於考古的認識。「正妻居正室，姨太太居側室，不能住正房，所以以所居之處來指稱其身分：正房、側室。中國人不是多妻制，只有一個妻子，其他為姨太太。而回教的眾多太太身分平等，不分正、側或大小，所以為多妻制。中國至少到了春秋時，妻妾制度已非常明確。《禮記》：『古者天子后。』天子的太太稱作『后』相當晚，約至春秋。清代貴族、富有人家都有姨太太，世俗亦以此為尚，並且以之判定是否為貴族。姨太太地位低，等同下人：不能和老爺夫人同桌進食，不能呼自己子女的名字。」將宮室的區別對應妻妾身分地位的差異，具體呈現禮制尊卑，說明後世妻妾情形，使學生連結清代小說內容，饒富興味。

關於器物的補充，如〈士喪禮〉：「祝反降，及執事執饌。士盥，舉鼎入，西面北上，如初。」孔先生說：「士人洗手，舉鼎（三鼎）入院子，面向西邊，以北邊為上依次而降。鼎上有字的那一面朝西，

---

49 二○一六年十月十四日，王鍔於杭州採訪葉國良：〈悠游經史，詮釋傳統——葉國良先生訪談錄（四）〉，經張琪等整理，2017年4月4日公開於網頁，https://ppt.cc/fyaS8x，查詢日期2018年4月16日。後收入王鍔主編：《思樂泮水：學禮堂訪談錄》（南京市：鳳凰出版社，2019年），頁101-162。

以北為第一，在其南第二，又南第三。」「鼎可能形製一樣，但因為內容物（祭品）而分出第一、第二，或上下。鼎刻字的地方：圓鼎刻在腹內、單足的上方，另二足圍住的腹內則不一定刻。單足上方、腹內刻字處為正面。人站立時，與鼎銘文相向的方向為正面，如康鼎。方形鼎也是以有銘文的為正面。」以經文字句、注疏為講述主體，補充相關的文史知識，調整授課的節奏，厚實學生的知識背景，也能提升課堂上的專注力。

研究所階段的課程，以培育未來的研究、教學人才為主。先生深入而周延地講解經義、補充相關文史知識，厚實、推廣學生的知識；體現二重證據法、應用與考辨禮說，並提出自己的觀點與省思，於其所疑則闕如，具體地揭示治《儀禮》之門徑，因而先生的講學不只是教學，也是研究態度、方法、結果的表率。

四　葉國良教授大學部「中國傳統生命禮俗」課程的講授

臺大中文系大學部經常性課程中，日、夜間部皆設「禮記」，咸由孔先生弟子講授，日間部由中央大學章景明教授長期兼任；夜間部則為葉國良教授擔任。

章景明教授，於五十六學年度由孔德成先生指導，以《先秦喪服制度考》取得碩士學位，由孔德成、屈萬里先生聯合指導於六十一學年度以《周代祖先祭祀制度》獲得臺灣大學中國文學系博士學位，另撰有專書《殷周廟制論稿》，與〈儒家對於喪祭之禮的觀念與態度〉、〈我國古代貴族飲食生活初探〉、〈先秦神主制度〉、〈周禮軍制考實〉等多篇期刊論文。關於「禮記」課程，一〇三學度年上學期的課程概述說：「本課程旨在使學生能解讀《禮記》其文，並進而了解中國古

代之禮俗。」[50]據八十九學年度入學選修該課程的李馥名女士表示：
章教授以清朝孫詒讓《禮記集解》為教材，按照篇章，依序擇要解釋
《禮記》的內容，也會按照禮儀種類，歸納相關的儀節，講解十分清
楚；章教授上課時，會在黑板畫出清楚的圖示，例如畫出古人的「餐
盤」以說明脯、飯等位置，如何切肉、居室安排、如何登堂入室等，
繪圖線條工整，猶如圖錄，令同學印象深刻；課堂上也時常提起和葉
國良老師等人一起製作士昏禮動畫等事宜，言談之中，充分感受章教
授對禮學的熱情和人情的懷念。[51]此外，章教授講授《禮記》包含禮
儀性的篇章，〈中庸〉、〈大學〉等義理思想較濃厚的篇章亦兼及之，
呈現名物制度、義理思想並重的特色。[52]一〇四學年度，由葉國良教
授接替「禮記」課程。

　　葉國良教授民國六十年（1971）畢業於臺大中文系後，服役兩
年。役畢，就讀該校之中國文學研究所，碩士論文由屈萬里指導，六
十七年（1978）以《宋人疑經改經考》畢業。屈先生辭世後，遵師長
遺命，請孔德成先生指導博士論文，以《宋代金石學研究》獲國家文
學博士學位。畢業後，承孔先生指示：今人罕治石刻之學，可稍事

50　臺大課程網一〇三學年度第一學期課程大綱，https://nol2.aca.ntu.edu.tw/nol/guest/
　　index.php，2018年4月10日查詢。
51　透過友人協助聯繫，承李馥名女士描述章教授上課情形，謹此一併申謝。按：九十
　　七學年度修課同學表示課程內容為「禮」之概論、三《禮》解題、《禮記》選讀為
　　主，章教授「選讀講得很仔細！他會先念過一次，再逐字解釋意思，最後說明那一
　　則的大意或主旨。我個人覺得很像高中的國文課，相當紮實。整體來說，章景明老
　　師的教法深入淺出，讓學生容易掌握讀《禮記》的大原則。」在課後，也很願意回
　　答同學的問題，「大概是我見過最可愛的儒者吧」。https://www.ptt.cc/bbs/NTUCH-
　　HW/M. 1248921132.A.E3F.html（發表於2009年7月30日，2018年10月28日查詢）另
　　外，九十八學年度修課同學認為「上課收穫很多，是中文系四年來可以排進前五名
　　的愛課。」https://www.ptt.cc/bbs/NTUcourse/M.1296673596.A.B2B.html，發表於
　　2011年2月3日，2018年10月28日查詢。
52　此為彭美玲教授提供，謹此致謝。

之。其後十餘年遂以此為主要研究方向，先後撰寫《石學蠡探》、《石學續探》，並旁及經學、禮俗等研究，著有《古代禮制與風俗》、《漢族成年禮及其相關問題研究》（合著）、《經學通論》（合著）、《經學側論》等書，近年側重於三《禮》研究，旁及相關的出土文物，[53]陸續出版《禮學研究的諸面向》、《禮學研究的諸面向續集》。歷年來指導與禮學相關之碩博士學位論文，依內容的著重點可分為三類：其一，論述特定禮儀內涵或流變者，如呂敦華《唐代婚禮研究》、文炳淳《包山楚簡所見楚官制研究》、彭曉鈺《清代官員丁憂制度及其在鄉活動》、狄君宏《饗禮、食禮、燕禮比較研究》、顧覺民《秦惠文王禱祠華山玉版研究》、張明娜《先秦齋戒禮研究》、曾佩芬《鄉飲酒禮的源流及其社會功能》、張明娜《歷代顧命禮之研究》。其二，闡發禮學著作義蘊者，如羅健蔚《鄭玄三禮注說詩與引詩之研究》、張秀玲《程瑤田儀禮喪服文足徵記研究》、陳胤豪《劉師培周禮古注集疏研究》。其三，探討禮學研究方法，如彭美玲《古代禮俗左右之辨研究──以三禮為中心》、筆者《論儀禮禮例研究法──以鄭玄、賈公彥、淩廷堪為討論中心》、羅健蔚《鄭玄會通三禮研究》。

　　此外，承繼孔德成、臺靜農兩位先生因《儀禮》復原研究成果攝製〈士昏禮〉黑白影片的腳步，葉教授結合現代科技，改製為《儀禮士昏禮彩色3D動畫》光碟，延長影片壽命的同時，也有助於禮學教育的推廣。同時有鑒於名物制度對中文系學生的重要性，葉教授曾在大學部開設「文史基礎」課程，以《古代禮制與風俗》為教材，闡述禮儀、官制、度量衡、衣物飲食等內容；講授「金石學」，自編講義說明青銅器、石器的類別、形制、器用、文字等，皆有補於禮學教育。

---

53 上述參黃啟書：〈葉國良教授的治學觀念與教學理念〉，林慶彰主編：《當代臺灣經學人物》第1輯（臺北市：萬卷樓圖書公司，2015年），頁126-127。按：本文原發表於《國文天地》第23卷第6期（2007年11月），頁103-107。

　　從八十二學年度起，葉教授於大學夜間部多年開設「禮記」課程。自九十三學年度開始，葉教授自編教材，佐以清人孫希旦《禮記集解》，開設中文系選修兼通識「中國傳統生命禮俗」課程，增進學生對社會禮俗的認知。[54]下文將以該課程為說明對象。

　　「中國傳統生命禮俗」一〇二學年度第二學期之課程概述說：「中國生命禮俗，有其悠久之傳統，從可考的西周時期傳承到現代，期間儘管有所變革，但仍保有特定的精神與儀式。生於現代社會的人士，既然仍舊從事生命禮俗活動，則對於該活動的意義與期間的變革有所了解，無疑可以提升生命的價值。基於以上的了解，本課程將分成生育、成年、婚禮、喪祭等單元講授，每個單元都從先秦介紹到現代。先秦的部分是源頭，最為重要，因此以《儀禮》以及《禮記》中〈檀弓〉、〈冠義〉、〈昏義〉、〈內則〉、〈三年問〉諸篇為主要素材，加入史傳、小說、詩詞等資料，詳細講解，使學生了解各該禮俗的來源、演變及意義，引導學生了解現代生命禮俗的來源，從而對傳統禮俗有更深刻的認識，對傳統文化有更深厚的感情。」[55]課程開設後，廣受學生歡迎，曾獲優良教師、優質通識等肯定。民國一〇三年，葉教授整理歷年教材出版，以便教學與推廣，因而下文將配合課堂講授形式，以《中國傳統生命禮俗》一書的內容為主，敘述課程輪廓。

（一）課程脈絡的建構

　　學期開始的第一週，先進行課程概述。除了基本資訊、成績計算方式、參考書目外，最重要的是界定課程內涵。其一，課程所涉及的

54　詳參附表一「臺灣大學中國文學系禮學課程表（41學年至102學年）」、葉國良：〈自序〉，《中國傳統生命禮俗》，頁5。

55　臺大課程網一〇二學年度第二學期課程大綱，https://nol2.aca.ntu.edu.tw/nol/guest/index.php，2018年4月10日查詢。

禮、俗，二者或有不同，但無絕對的區別，彼此會相互影響，因而禮俗、禮制、禮儀、民俗等詞彙意義有重疊處。其二，從社會、文化和心理學方面說明過渡儀式與生命禮俗具有的意義。其三，從外在儀式與內在含義說明禮文和禮意。以上述為基礎，闡明課程將以生育、成年與成人、結婚、慶生、喪葬、祭祀等重要禮俗為內容，並說明箇中禮文與禮意的關係，最後揭示研究禮俗的基本方法，有助於學生進一步探討。

進行各單元內容時，先簡要介紹禮意，接著帶領學生閱讀先秦禮俗文獻，說明禮文和禮意，並針對特定議題詳細討論。然後，勾勒該禮俗在歷代的發展情形，觀察淵源與流變。在闡明禮俗源委後，旁及相關的文學或文物，擴展認知面向。最後，提出對於近代禮俗的思考，使古禮以為今用。下文以成年與成人禮俗為例，具體呈現課程進行方式。

首先說明各民族施行成丁禮、成年禮、成人禮的情形。成丁禮具有考核的過程、受試者年齡只有十多歲，考試的標準以忍受痛苦的程度為主，能力為次。成年禮，以生理成熟（年齡）為主，具有結婚、經濟等考量。成人禮，則是具備社會上要求的知識、能力和品德而舉行的儀式。「成年禮和成人禮是從成丁禮演化而來」，同一民族在社會進程的同一階段中，成丁禮、成年禮、成人禮不會同時存在。而中國古代漢族的典籍找不到成丁禮的記載，從開始便是冠笄之禮的成人禮，這說明中國文化的形成具有悠久的歷史。[56]

接著，帶領學生閱讀先秦成年與成人禮俗的文獻，包括簡述屬於男子的《儀禮》〈士冠禮〉衣物、先行禮儀、三加冠、見母、見兄弟姑姐、見國君與鄉大夫鄉先生等儀節，說明男子行冠禮年齡有地域、

---

56 以上詳參葉國良：《中國傳統生命禮俗》，頁38。

階層的差異。另一方面，根據《禮記》〈內則〉、《禮記》〈曲禮上〉、《禮記》〈雜記下〉記載的女子笄禮，解釋隨著年齡而改變女子服飾，並培養紡織、執行祭祀等能力。

關於成年與成人禮的特定議題討論，以「名外取字」為主。歷來禮學家認為諱名稱字是對成人的尊敬，其禮為聖人所定。葉教授以為其禮意與來源，仍有值得闡明之處，進而觀察取字之後，男女進入社會或嫁入異姓，再也不能像以往一樣受到保護，可能必須面對異姓或其他人士不善意的對待，因此需要採取防禦措施。對照英國人類學家弗雷澤《金枝》的記載，古埃及、中澳大利亞等許多民族認為「名」等同自身，傷害「名」便能傷害「我」，因而以「名」為禁忌，另取一「假名」，即字，作為保護。葉教授以為古漢族之所以諱「名」取「字」，是基於遠古時代的巫術思維，意義則避禍遠害，「只是到了人文精神較盛的周代，已轉化為較固定的禮制，將稱『字』的『無敵意』轉化為『禮貌』，將稱『名』的『有敵意』轉化為『不禮貌』。」進而闡釋君前臣名、父前子名、婚禮問名等禮意。[57]

然後闡述歷代漢族成年和成人禮俗的演變，「將禮俗放在歷史的脈絡中講述，使學習過程具有歷史感」。[58]周代的成年與成人禮俗以貴族封建體制為基礎，隨著封建瓦解，三加冠已失去社會意義，因而除了帝王、太子外，典籍史冊很少記載這類禮儀。一般人雖不行冠禮，但取字仍是必要的，從陶淵明〈命子詩〉、劉禹錫〈名子說〉仍可得知一二。各地風俗也有些不同，如福建省安溪縣冠婚合一、河北省完縣共同公布名、字，再參考浙江省西南山區、臺灣做十六歲習俗，指

---

57 葉國良：《中國傳統生命禮俗》，頁50-57。

58 張琪等整理：〈悠游經史，詮釋傳統——葉國良先生訪談錄（三）〉，公開於網頁 https://ppt.cc/fyaS8x，查詢日期2018年4月16日。後收入王鍔主編：《思樂泮水：學禮堂訪談錄》，頁101-162。

出後代所行多著重於成年禮的面向。[59]

　　與成年、成人禮俗相關的文學，如「字說」，表明取字的出典和期盼祝福的話語，作為紀念、惕勵之用，又別稱字序、字解、字辭、祝辭、名序、女子字說等。據葉教授的收集，字說目前最早見於宋朝初年柳開，此後宋、元、明、清的文集大量載錄這類作品。課堂上舉出蘇軾〈文與可字說〉為例，對照前述的陶淵明〈命子詩〉、劉禹錫〈名子說〉，名與字皆為父親所命，認為陶、劉二文「同時是名說、字說的起源，也可說字說是創作名說而附帶產生的」，二文當為宋代以後大量此類文章的濫觴。[60]

　　最後結合本單元內容，針對目前社會現狀，提出恢復成人禮的呼籲與思考。課程先舉出近代臺灣地方政府曾施行的成年禮、做十六歲、布農族等儀式為例，認為現代青年學歷、知識水平高，符合成人禮部分條件，所缺乏者當在於責任感。故若欲設計理想的成人禮，當考量下列三點：第一，要符合現代社會現實。第二，要具有期勉意義。第三，要在眾人見證下舉行。[61]

　　一個單元的講述首尾相應，使學生的理解通透。配合文學或文物的講解，不僅引發學生興趣，也能體悟學問之間的融會貫通。最後從歷代演變脈絡中掌握重要原則，思考當代施行的禮俗，在古為今用之餘，也讓學生重新省視日常生活、關懷社會。

（二）不同文化的參照

　　課程內容以古漢族生命禮俗為主體，講述過程中，廣泛應用三《禮》、《論語》、史書、後代禮書、筆記、詩詞、小說等材料，內容

---

59 葉國良：《中國傳統生命禮俗》，頁58-69。

60 葉國良：《中國傳統生命禮俗》，頁70-76。

61 葉國良：《中國傳統生命禮俗》，頁76-80。

豐富。其中，參照不同文化的禮俗對於解釋禮學所發揮的作用，相當值得留意。下文從婚禮舉出三例加以說明。

其一，運用異族婚姻形式和語言，解釋古漢族親屬稱謂的重疊。雲南白族的那馬人，採姑表婚（又稱姑表舅表優先婚、隔代交換婚），即女兒優先嫁到舅舅家，長期循環，在這種婚姻制度下，舅舅即公公，姑姑即岳母。而雲南獨龍族則採取長循環交換婚（又稱單向姑舅表優先婚），即甲家嫁女兒到乙家，乙家嫁丙家，丙家嫁丁家，丁家嫁戊家，戊家再嫁回甲家，如此，姑姑即婆婆，舅舅即岳父，女婿即外甥，因而在他們的語言中，這三組親族稱謂的發音是相同的。中國古代可能有過這兩種婚姻制度，遂在親族稱謂反映出類似的現象，例如《禮記》〈昏義〉以舅姑為公婆、〈坊記〉以舅姑為岳父母、《爾雅》〈釋親〉更是總結說「母之晜弟為舅，夫之父為舅，妻之父為外舅。父之姊妹為姑，夫之母為姑，妻之母為外姑。」

其二，據《儀禮》、《禮記》，古漢族行嫁娶婚，迄今仍為主流，但世界上仍有其他民族採取不同的婚姻模式。如吉爾吉斯共和國目前仍行搶婚，法律雖然不允許，惟刑罰甚輕，許多男子仍從此法。雲南納西族摩梭人施行阿注婚，年輕男女屬於不同母系血緣關係或同系相隔三至五代以上，即可建立阿注關係：男子在夜間到相好的女子家過偶居生活，次日黎明返回自己母親家裡，男女彼此不稱夫妻，而以「阿注」相稱。阿注關係並不穩定，可長可久，且多數男女終身可有好幾個阿注。而雲南的伯朗族從經濟考量，實施一夫多妻或一妻多夫制，分共合作，建立富裕而完整的家庭。古漢族的一夫多妻，旨在於確保權力，於是有媵妾、後宮三千佳麗之說。

其三，古漢族和異族文化交流，豐富傳統禮俗的內容，如在青廬待娶、在女家成親。漢末的北方社會漸受胡風影響，嫁娶時，有的女家架設青廬於大門內庭院的西南吉地，面向東方，等待迎娶。一直到

唐代，北方社會嫁娶依然如此。此外，唐代因士子雲遊四方，遂依胡風在女家成婚。宋代胡風消退，陸續恢復在房室、在夫家成親的古禮形式。又如先秦婚禮沒有刁難女壻親迎的習俗，北朝以來漸興障車、下壻之俗。障車，即攔阻女壻親迎的車馬行進，提出一些難題要求回答，藉故刁難女壻，引來笑樂，還可取些小財。下壻，為在言語或行動上故意屈辱女壻，女壻入門每到一處，便要求賦詩或答話，否則不予放行，目的是挫挫女壻銳氣。這和障車是同一思維，也是周邊民族的風俗。[62]

值得補充說明的是，上述冠笄禮取字、異族文化交流等皆為葉教授之研究成果。冠笄禮取字，來自〈冠笄之禮中取字的意義〉一文，原先收於合著之《漢族成年禮及其相關問題研究》，後載於專書《禮學研究的諸向面》。異族文化交流，為〈從婚喪禮俗中的異族文化成分〉之研究成果，亦收入同書。而葉教授於研究所開設的課程，更是充分應用其研究成果。凡此皆顯示研究與教學相互充盈，增進教學品質。

（三）教研方法的重視

由於選修人數眾多，課程廣泛應用各種方法，以提升教學效果。如講授過程中，使用投影片呈現講義的文字內容，以便於近二百位的學生同時掌握目前講授的章節。同時，葉教授以接近口語的方式解釋禮俗文獻的文言文，「不喜歡好高騖遠的言論」，[63]不做學術論文式的討論，避免枯燥艱澀之餘，也提升學生的親近感。課堂上歡迎同學舉手發問，往往帶來熱烈的討論氣氛。而各單元皆設有課後的「自我測試」，使學生能藉此複習、確認學習成效。

另一方面，因學生人數眾多，為促進溝通效率、照應學習需求，

---

62 上述詳參葉國良：《中國傳統生命禮俗》，頁82-120。

63 黃啟書：〈葉國良教授的治學觀念與教學理念〉，頁130。

善用便利的課程網站。每學期課程開始，在網頁上公告各單元講授內容，讓學生自行下載。之後，助教在網頁上公告課程、考試等訊息，及管理學習成績。學生亦可在網頁上提出問題，由助教回覆，或進一步由教師答覆。期中考作答詳盡完整者，匿名放上網頁，以供同學參考、對照評量標準。此外，也接受同學以電子信件往來聯絡、提問。

　　除了上述課程實際運作的面向外，講授內容也呈現對研究方法的重視。如「研究禮俗的基本方法」單元，提出比較民俗學的研究方法，其步驟包括：一、觀察要完整，須盡可能地蒐集相關文獻、就地深入參與。二、描述要求準確，則應請教和詢問當地人士。三、比較的重點在於差異性或共同性，如此一來，將產生後續分析的焦點。四、分析。解釋異同時，不僅應追溯歷史，從文化、信仰等方面分析，也需要至少兩個樣本，方能使歷時性或共時性的比對較為完整。在解釋上述步驟後，葉教授進而從歷時性、共時性二方面統整全學期各單元的內容，提供學生從新的角度衡量習得的知識。後續針對歷時性，歸納出禮俗變遷的兩大因素：一是禮俗自身不夠合理因而改變，二是受到外來強勢文化的衝擊因而改變。至於變遷方向，則有融合與轉化兩種：「所謂融合，指異民族（地區）的某些文化被本民族（地區）接受，與本民族的文化同時存在。所謂轉化，指異民族（地區）的某文化與本民族（地區）的文化融合後，受到本民族（地區）文化的強勢影響，有所轉變，甚至難以辨識。」[64]研究方法的揭示、現象的歸納，及概念的提示，咸有助於銜接後續研究所課程。

　　綜上所述，葉教授講述中國傳統生命禮俗時，秉持著開放的態度。論諱「名」取「字」，摒除聖人制禮作樂的觀點，直探禮意，揭示自遠古巫術思惟的有敵意與無敵意、周代人文精神的不禮貌與禮

64　上述詳參葉國良：《中國傳統生命禮俗》，頁278-290。

貌，乃至後代的演變。同時參照不同文化的禮俗，呈現彼此的觀點與異同，而不從優劣論。葉教授以為「傳統文明與當代文明，中華文化與他族文化，本非必然矛盾、無法相容，而是可以相互損益、尋求融合的」，並說：

> 因此，吾人詮釋經旨、檢討經義，不應先有我優彼劣的觀念，而應與其他文化的價值體系作客觀的比較；如此，經學才具有時代性及開放性，態度是平等而觀的，也才能在促進世界各民族相互了解上有所貢獻。[65]

於是吸收近代過渡禮儀的研究，從比較民俗學的角度切入，確立各種傳統禮俗的特色與意義，並呼籲調整或維護近代禮俗，客觀地指出古為今用的可能性，也顯示禮學講授與研究的時代意義。凡此當為葉教授的經學觀實質應用於教學的表現。[66]

五　結論

　　本文從禮學課程「如何教」、「教什麼」著眼，觀察臺大中文系一

---

65 葉國良：〈經學研究的範疇〉，收入與夏長樸先生、李隆獻先生合著：《經學通論》（臺北市：大安出版社，2005年），頁36。

66 葉先生對於經學研究以為「承認經書的存在，經學才有生命，所以經學研究以經書的研讀與詮釋為根本，不能只講經學史；若只講經學史，等於否認經學在現今仍具價值，經學將喪失其生命力，經學若喪失生命力，則經學史之研究亦成為可有可無之事。」（見黃啟書：〈葉國良教授的治學觀念與教學理念〉，頁127。）關於研究經學應有的態度，「一、放棄『經書為聖賢作，經義皆善，違背經旨為惡』的觀點，擇善而從。二、揚棄大漢沙文主義，抱持平等宏觀的態度。三、開放故步自封的研究視角，吸收當代各學科的研究方法和成果。四、批判違反人類文明發展的經說，闡揚具有時代意義的經旨。」（見葉國良：〈經學研究的範疇〉，《經學通論》，頁34-37。）

九四九至二〇一四年禮學課程的發展與內容。該系對於不同階段的學習歷程，具有明確教學原則：大學部精讀古籍文本，培養分析能力，必修與選修課程二者相互挹注，擴充、厚實文化背景。研究所課程在大學的基礎上，以訓練、應用分析能力為主，培養學生從事學術研究、教學等工作。於是表現在大學部《禮記》、中國傳統生命禮俗、文史基礎等禮學相關課程時，一方面研讀古籍，深化學生對傳統文獻的理解；另一方面，進行古今、中外的對照，擴展文化認識、確立傳統文化的特色。研究所的三《禮》研究、三《禮》綜合研究、三《禮》專題研究等課程，精讀文本的同時，綜合引用歷代學說與出土材料進行檢視、比對，而後提出看法，具體呈現研究的方法與態度。二個不同階段的課程猶如金字塔，由廣而深，各有重心。

以研究所課程而言，孔德成先生開設三《禮》課程長達五十餘年，作育無數英才。課程講授《儀禮》經義細緻而豐富，既包含字句解釋，也俯視禮儀本身的義涵，面面俱到。名物制度為三《禮》主要內容之一，先生旁徵博引傳世文獻、新出土文物、銘文以辨其形制或器用，詳細剖析後，方下定論或云其不解，誠實地面對學問。除了講解禮書的內容外，也應用或考辨歷代學說異同、是非，形成脈絡性的禮學詮釋。此外，先生在課堂上喜歡講些故事、掌故，既調整課程節奏，也讓學生增廣見聞。作為研究所課程，孔先生三《禮》課程的講授於字句解讀、禮意掌握、文獻根據、詮釋方法及研究態度等面向，洵為研究生的典範。

大學部課程部分，葉國良教授的中國傳統生命禮俗課程，以生命禮俗、禮文和禮意的結構為基礎，講授生育、成年與成人、結婚、慶生、喪葬、祭祀等單元，最後提示研究禮俗的基本方法。各單元之中，以先秦禮俗文獻為源頭，運用史書、後世禮書、筆記等勾勒禮俗流變，對照禮俗、文學或文物，終以近代禮俗的省思作結。條理井

然，層層遞進，結合學術與社會關懷。講述過程中，運用比較民俗學的概念，對照中外差異而不從優劣論，豐富學生視野，也確立傳統文化特色。由於修課人數眾多，葉教授有意識地應用投影片、留意口語表達、提供課後「自我測試」、運用課程網功能，達到良好的教學效果。在實質的教學方法外，為增進大學部與研究所的連結，課程中明確闡述比較民俗學的研究方法、「觀察→描述→比較→分析」的步驟及其目標，並以課堂所學為例證，使學生能溫故知新。整體而言，中國傳統生命禮俗課程實乃葉教授經學觀的具體實踐。

綜觀孔先生和葉教授的禮學課程，具有一脈相承的精神。以方法言，孔先生實際運用二重據法、比較民俗學於課堂講授，而不特別討論方法本身；葉教授則闢為中國傳統生命禮俗課程單元之一，或獨立開設「古禮書與古禮儀節研究方法討論」課程（102-2、104-2、105-2）。二位先生的教學，都非常重視禮儀復原，或補經文所未言者，或當場繪圖討論行禮者的位置與面向，或請學生就地演練禮儀行止[67]，加深學習者的印象。孔先生曾指出今日研究經學的態度「是既不盲目的疑古，也不盲目的崇古，只有本著近代的科學方法，以治史的態度，利用樸學大師們在語文學上所研究的成果，參以考古學、民族學等資料，以及整理出來的一部份思想史的材料，以欣賞美術之眼光，以神會古人之心思，來了解這殘缺不完的古史之一環。這樣，在數千年後，我們來讀一部古書的時候，對於它或者能夠多少的給予一點恢復原始狀態或本來面目的工作。」[68]基於清代樸學的研究成果，與近代的考古學、思想史接軌，以藝術的眼光體悟古人心思，誠可說明先

---

67 西漢言禮，亦分為魯高堂生講解經義的「言」《士禮》、魯徐生演練儀節容態的「善為容」二脈。見司馬遷撰，劉宋・裴駰集解，司馬貞索隱，張守節正義：〈儒林列傳〉，《史記》（臺北市：鼎文書局，1981年），卷121，頁3126。

68 孔德成：〈三禮解題〉，《孔孟月刊》第22卷第12期（1984年8月），頁22。

生治學、教學的方法與理念。葉教授則進而運用考古學、人類學等觀點具體研究古漢族取字之由、異族文化交流對婚喪禮俗的影響，豐富並深化教學內容。以內容言，孔先生多年講授《儀禮》，課程內容連續講述而不重複，因其細講，「往往一學年僅講一篇（《儀禮》有十七篇），晚年更慢」[69]，學生想多學，因選修課名不能重複，只好旁聽，旁聽多年者比比皆是。孔先生去世後，葉教授承接三《禮》課程，改以學期為單位，每學期選授《儀禮》二至三篇，如朝聘禮研究（97-2、106-2）、射禮研究（98-2）、喪禮研究（101-2、104-1、106-1）、祭禮研究（103-1）、冠昏禮研究（105-1）等[70]，因應現代的選課制度，方便學生選修、培育人才。綜上所述，二位先生廣泛地運用民俗學、考古學、社會學等觀點與方法探討禮學，著重禮儀的復原，乃至關懷社會文化，不僅使禮學的內涵益形豐富，也使禮學的研究方法與應用，向前邁進一步。

---

69 黃啟書：〈禮學研究〉，頁61。
70 臺大課程網，https://nol.ntu.edu.tw/nol/guest/index.php，2018年4月16日查詢。

附表一
臺灣大學中國文學系禮學課程表（41學年至102學年）

	41-2	41-2	42-1	42-2	43-1	43-2	44-1	44-2	45-1	45-2	46-1	46-2	47-1	47-2	48-1	48-2	49-1	49-2	50-1	50-2
孔德成									禮記											
孔德成									禮記											

	51-1	51-2	52-1	52-2	53-1	53-2	54-1	54-2	55-1	55-2	56-1	56-2	57-1	57-2	58-1	58-2	59-1	59-2	60-1	60-2
孔德成	三禮專題研究																			
孔德成	三禮專題研究							儀禮研究				禮記							

	61-1	61-2	62-1	62-2	63-1	63-2	64-1	64-2	65-1	65-2	66-1	66-2	67-1	67-2	68-1	68-2	69-1	69-2	70-1	70-2
龍宇純	禮記																			
孔德成									禮記		儀禮研究		三禮研究							
孔德成									禮記		儀禮研究		三禮研究							

	71-1	71-2	72-1	72-2	73-1	73-2	74-1	74-2	75-1	75-2	76-1	76-2	77-1	77-2	78-1	78-2	79-1	79-2	80-1	80-2
章景明												禮記（76-2至79為必修課）								
章景明			禮記										禮記							

	81-1	81-2	82-1	82-2	83-1	83-2	84-1	84-2	85-1	85-2	86-1	86-2	87-1	87-2	88-1	88-2	89-1	89-2	90-1	90-2
章景明			禮記								禮記									
孔德成	三禮研究												三禮專題研究				三禮研究		三禮專題研究	
孔德成													三禮綜合研究							
葉國良			禮記								禮記								禮記選讀	

	91-1	91-2	92-1	92-2	93-1	93-2	94-1	94-2	95-1	95-2	96-1	96-2	97-1	97-2	98-1	98-2	99-1	99-2	100-1	100-2
章景明		禮記																		
葉國良			中國傳統生命禮俗								中國傳統生命禮俗		中國傳統生命禮俗		中國傳統生命禮俗		中國傳統生命禮俗			
														朝禮聘研究		射禮研究				
孔德成	三禮綜合研究		三禮研究		三禮專題研究		三禮綜合研究		三禮研究		三禮專題研究									
彭美玲							禮記													

	101-1	101-2	102-1	102-2
章景明		禮記		
葉國良				中國傳統生命禮俗
		喪禮研究		禮與禮節研究
				古書古儀研究方法討論

網框說明

	大學部課程表
	研究所課程表
	夜間部／進修學士班課程表

附表二
臺灣大學中國文學研究所與禮學相關之碩博士論文彙整

說明：

一、據國家圖書館「臺灣碩博士論文知識加值系統」資料庫、臺大中文系官網「學術成果」（檢索日期：2018年4月19日）。

二、本表以臺灣大學中國文學研究所之碩、博士論文為主，系上先生指導外校或他系者不列，以呈現該系培育禮學後進的概況。

（一）碩士學位論文

論文題目	作者	畢業年度	指導
殷禮考實	黃然偉	五十三	屈萬里
漢石經《儀禮》殘字集證	劉文獻	五十三	毛子水
春秋婚俗考	黃耀能	五十五	臺靜農
先秦喪服制度考	章景明	五十六	孔德成
〈王制〉著成之時代及其制度與周禮異同	陳瑞庚	五十七	屈萬里
五等爵說研究	邱信義	五十八	屈萬里
《禮記》中所表現的社會情況	洪乾佑	五十九	孔德成
《禮記》〈大學〉〈中庸〉兩篇中虛詞研究	崔玲愛	五十九	許世瑛
殷禮叢考	蔡哲茂	六十六	金祥恆
從甲骨卜辭來研討殷商的祭祀	孫叡徹	六十八	金祥恆
鄭玄《毛詩箋》以禮說詩研究	彭美玲	八十	張以仁
唐代婚禮研究	呂敦華	八十三	葉國良
包山楚簡所見楚官制研究	文炳淳	八十六	葉國良
先秦禮儀中「介」的研究	賈宜瑮	八十六	葉國良

論文題目	作者	畢業年度	指導
鄉飲酒禮的源流及其社會功能	曾佩芬	八十八	葉國良
清代官員丁憂制度及其在鄉活動	彭曉鈺	八十九	葉國良
歷代顧命禮之研究	張明嫄	九十一	葉國良
鄭玄《三禮注》說《詩》與引《詩》之研究	羅健蔚	九十三	葉國良
程瑤田《儀禮喪服文足徵記》研究	張秀玲	九十三	葉國良
孔子詩教的歷史淵源：試探周代禮官制度中的詩教	吳昌政	九十五	梅廣
饗禮、食禮、燕禮比較研究	狄君宏	九十九	葉國良
劉師培《周禮古注集疏》研究	陳胤豪	一〇〇	葉國良
秦惠文王禱祠華山玉版研究	顧覺民	一〇四	葉國良

（二）博士學位論文

論文題目	作者	畢業年度	指導
周代祖先祭祀制度	章景明	六十一	屈萬里 孔德成
《儀禮》、《禮記》喪禮與韓國喪禮之比較	李聖愛	七十六	孔德成
春秋戰國禮樂思索的正反諸型	李正治	七十八	王叔岷
古代禮俗左右之辨研究——以三《禮》為中心	彭美玲	八十四	葉國良
西周金文所見軍禮探微	陳高志	九十	周鳳五
先秦齋戒禮研究	張明嫄	九十八	葉國良
論《儀禮》禮例研究法——以鄭玄、賈公彥、淩廷堪為討論中心	鄭雯馨	一〇一	葉國良
鄭玄會通三《禮》研究	羅健蔚	一〇三	葉國良

伍 成功大學中文系「左傳」課程之回顧與展望

黃聖松[*]

一 前言

　　國立成功大學中國文學系創立於一九五六年，始設學士班一班，一九六七年增設學士班夜間部。一九八五年成功大學文學院設立「歷史語言研究所」，「語文組」由中文系負責。一九九一年中文系設立研究所碩士班，一九九五年增設博士班。一九九七年學士班夜間部轉型為進修推廣部，考量夜間修課人數遞減，至二〇〇四年停止招生。此外，二〇〇一年中文系增設碩士在職專班，後因報考人數滑落，亦於二〇一〇年停招。二〇〇六年中文系增設「現代文學研究所」，二〇〇八年系所合一後，目前全系有學士班、中國文學碩士班、現代文學碩士班與博士班。[1]成大中文系迄二〇一八年已歷六十一年寒暑，是國內公私立大學歷史悠久中文系之一，亦是南臺灣高等教育重鎮。經學課程係傳統中文系研究與開課主軸，成大中文系自不例外。本系課程分「古典文學」、「現代文學」、「經學與思想」、「語言文獻」與「實

---

[*] 黃聖松，成功大學中國文學系教授。
[1] 林朝成：〈南方有佳木——成大中文系的現況〉，《國文天地》第32卷第6期（2016年11月），頁6-10。

用文學」五大學群，「經學與思想」學群歷年開設課程如「周易」、「尚書」、「詩經」、「左傳」、「禮學名著選讀」與「四書」等。[2]尤其《左傳》研究三十年不輟，歷葉政欣先生、宋鼎宗先生與張高評先生三位開設課程，亦是杏壇佳話。

本系於一九六五年聘葉先生為兼任講師，翌年改任專任講師，葉先生於一九七三年升等為副教授。一九七一年聘宋先生為講師，宋先生於一九七九年升等為副教授。葉、宋二位先生於一九八四年同時升等為教授，又於二〇〇二年同年退休。二位先生於一九八〇至一九九〇年代，分別於本系學士班日間部與夜間部開設「左傳」課程，嘉惠負笈上庠之學子。本系於一九八五年聘張先生為副教授，張先生於一九九〇年升等為教授[3]，二〇一六年榮退。葉、宋二位先生二〇〇二年退休後，張先生挑起教授「左傳」之大樑，開課範圍包括學士班與碩博士課程。二〇一六年張先生自本系退休後，「左傳」課程則由筆者續貂前賢迄今。回顧本系「左傳」課程設計與教學，不唯繼踵三位教授於此領域之貢獻，希冀融入多元概念，使莘莘學子易於了解典籍內容。今不憚疏陋，以〈成功大學中文系「左傳」課程之回顧與展望〉為題，就教於方家學者。

二　葉、宋二先生《春秋》與《左傳》研究與教學

葉政欣先生於國立臺灣師大範大學取得碩士與博士學位，碩士論文《春秋左氏傳杜注釋例》由林尹先生（1910-1983）指導[4]，博士論

2　同前註。

3　成功大學中國文學系：《國立成功大學中國文學系創系50週年紀念專刊》（臺南市：成功大學中國文學系，2006年），頁3-30。

4　葉政欣：《春秋左氏傳杜注釋例》（臺北市：臺灣師範大學國文研究所碩士論文，1964年）。

文《賈逵春秋左傳遺說探究》則由林尹與高明（1909-1992）二位先生指導。[5]一九六六年葉先生碩士論文獲正式出版，[6]目前仍常為學者引用參考。葉先生一九六六年於成大中文系擔任講師後，專心致力《左傳》研究，爾後更於學士班日間部與碩博士班開設《左傳》課程，為本系《左傳》學門奠定深厚基礎。

葉先生治《左傳》集中於史實、名物與制度考證，史實考證部分，先後發表〈左傳古史證之一〉、〈左傳古史考證〉、〈左傳古史證（文公至襄公）〉、〈左傳古史證──昭公至哀公〉等[7]，系統性地整理《左傳》自魯隱公至魯哀公間相關史實而予以商兌。名物與制度考證方面，葉先生撰文〈左傳「儳動而鼓」解〉、〈春秋昭七年「暨齊平」解〉、〈關於《左傳》「以亂易整，不武」的解釋〉與〈關於《左傳》「以亂易整不武」的解釋──敬答李鍌教授「商榷」一文〉[8]，對相關詞彙與制度之釐訂咸能鞭辟入裡。此外，葉先生亦延續其碩博士論文主題，在《春秋》之義例與晉人杜預（222-285）、三國人賈逵（174-228）之《春秋》學鑽研甚深，除發表〈春秋左氏傳杜注釋例〉、〈杜預與春秋經傳集釋〉、〈賈陸與春秋左傳〉、〈釋春秋義例二

5　葉政欣：《賈逵春秋左傳遺說探究》（臺北市：臺灣師範大學國文研究所博士論文，1978年）。

6　葉政欣：《春秋左氏傳杜注釋例》（臺北市：嘉新水泥公司文化基金會，1966年）。

7　葉政欣：〈左傳古史證之一〉，《慶祝瑞安林景伊先生六秩誕辰論文集》（臺北市：政治大學中國文學研究所，1969年），頁127-140。葉政欣：〈左傳古史考證〉，《成功大學學報》第5期（1970年5月），頁125-138。葉政欣：〈左傳古史證（文公至襄公）〉，《成功大學學報》第6期（1971年6月），頁225-237。葉政欣：〈左傳古史證──昭公至哀公〉，《中國學術年刊》第1期（1976年12月），頁131-147。

8　葉政欣：〈左傳「儳動而鼓」解〉，《成功大學學報》第15期（1970年5月），頁1-4。葉政欣：〈春秋昭七年「暨齊平」解〉，《成功大學學報》第18期（1983年3月），頁1-5。葉政欣：〈關於《左傳》「以亂易整，不武」的解釋〉，《國文天地》第17卷第1期（2001年6月），頁94-95。葉政欣：〈關於《左傳》「以亂易整不武」的解釋──敬答李鍌教授「商榷」一文〉，《國文天地》第17卷第7期（2001年12月），頁91-96。

則〉等單篇論文[9]，亦集結成《漢儒賈逵之春秋左氏學》與《杜預及其春秋左氏學》二書付梓。[10]葉先生在本系服務期間僅指導胡文豐《李覯生平及其富國思想之研究》，另與黃永武先生共同指導吳萬鍾《詩經關雎篇之研究》二位碩士[11]，未將《春秋》與《左傳》研究能力薪火相傳，殊為可惜。

　　宋鼎宗先生畢業於國立臺灣師範大學國文研究所，碩士論文《春秋左氏傳賓禮嘉禮考》由程發軔先生（1894-1975）指導。[12]爾後碩士論文刊載於《國立臺灣師範大學國文研究所集刊》，二〇〇九年又由花木蘭文化公司重新出版[13]，足見宋先生大著廣受學界重視。宋先生論文集中於《春秋》宋學，有〈漢宋書經學〉、〈胡安國春秋砭宋說〉、〈宋儒春秋攘夷說〉、〈宋儒春秋之尊王說〉等篇發表於各大期刊[14]；

9　葉政欣：〈春秋左氏傳杜注釋例〉，《師大國文研究所集刊》第9期（1965年6月），頁485-614。葉政欣：〈杜預與春秋經傳集釋〉，《書和人》第110期（1969年5月），頁1-8。葉政欣：〈賈陸與春秋左傳〉，《成功大學學報》第14期（1979年5月），頁1-21。葉政欣：〈釋春秋義例二則〉，《成功大學學報》第17期（1982年3月），頁1-10。

10　葉政欣：《漢儒賈逵之春秋左氏學》（臺南市：興業圖書公司，1983年）。葉政欣：《杜預及其春秋左氏學》（臺南市：興業圖書公司，1984年）。葉政欣：《杜預及其春秋左氏學》（臺北市：文津出版社，1989年）。

11　胡文豐：《李覯生平及其富國思想之研究》（臺南市：成功大學歷史語言研究所碩士論文，1988年）。吳萬鍾：《詩經關雎篇之研究》（臺南市：成功大學歷史語言研究所碩士論文，1991年）。

12　宋鼎宗：《春秋左氏傳賓禮嘉禮考》（臺北市：臺灣師範大學國文研究所碩士論文，1971年）。

13　宋鼎宗：〈春秋左氏傳賓禮嘉禮考〉，《國立臺灣師範大學國文研究所集刊》第16集上（臺北市：臺灣師範大學，1972年），頁199-376。宋鼎宗：《春秋左氏傳賓禮嘉禮考》（臺北市：花木蘭文化公司，2009年）。

14　宋鼎宗：〈漢宋書經學〉，《中國學術年刊》第1期（1976年12月），頁107-122。宋鼎宗：〈胡安國春秋砭宋說〉，《成功大學學報》第13期（1978年5月），頁135-154。宋鼎宗：〈宋儒春秋攘夷說〉，《成功大學學報》第18期（1983年3月），頁7-29。宋鼎宗：〈宋儒春秋之尊王說〉，《成功大學學報》第19期（1984年3月），頁1-36。

此外亦有散論《春秋》文獻者〈春秋通學之先導說〉與〈四庫全書總
目經部春秋類校讀記〉二篇。[15]宋先生另有二本專書致力於宋人胡安
國（1074-1138）《春秋》學與《春秋》宋學，先後出版《春秋胡氏
學》與《春秋宋學發微》[16]，影響國內《春秋》學研究頗為深遠。宋
先生於本系執教期間，除《左傳》一經外，亦長期教授中國經學史課
程。近年宋先生將專論集結為《拙齋經義論叢》，從經學史高度撰文
〈六經形成說〉、〈談經說傳〉、〈經術與治術〉；此外亦專論斷代經
學，如〈漢宋尚書學〉、〈魏晉經學質變說〉、〈尚書蔡傳初探〉、〈宋儒
尚書學之寓作於述說〉等。[17]宋先生歷年指導十餘位碩博士論文，研
究範圍不限於《春秋》與《左傳》，其他經學與先秦思想範圍亦皆觸
及。如蕭淑惠《清儒規正杜預《春秋經傳集解》研究》與黃智群《張
洽《春秋集註》研究》集中於《春秋》學[18]，宋先生指導經部者尚有
與唐亦男教授共同指導之莊永清《熊十力平章漢宋研究──《易》為
例》、《尚書》領域之莊進宗《尚書袁氏學記》、《周禮》之黃慧芬《周
禮鄭氏學研究》、《孟子》之施輝煌《王安石與北宋孟子學》、《學》
《庸》之廖家君《川西夫子──劉沅學庸思想研究》。[19]延續宋先生治

15　宋鼎宗：〈春秋通學之先導說〉，《成功大學學報》第12期（1977年5月），頁95-111。
　　宋鼎宗：〈四庫全書總目經部春秋類校讀記〉，《中國國學》第12期（1984年10月），
　　頁67-73。

16　宋鼎宗：《春秋胡氏學》（臺南市：友寧出版社，1979年）。宋鼎宗：《春秋胡氏學》
　　（臺北市：萬卷樓圖書公司，2000年）。宋鼎宗：《春秋宋學發微》（臺南市：友寧
　　出版社，1984年）。宋鼎宗：《春秋宋學發微》（臺北市：文史哲出版社，1986年）。

17　宋鼎宗：《拙齋經義論叢》（臺北市：花木蘭文化公司，2009年）。

18　蕭淑惠：《清儒規正杜預《春秋經傳集解》研究》（臺南市：成功大學中國文學系碩
　　士論文，1998年）。黃智群：《張洽《春秋集註》研究》（臺南市：成功大學中國文
　　學系碩士論文，2001年）。

19　莊永清：《熊十力平章漢宋研究──《易》為例》（臺南市：成功大學中國文學系碩
　　士論文，1994年）。莊進宗：《尚書袁氏學記》（臺南市：成功大學中國文學系碩士
　　論文，1992年）。黃慧芬：《周禮鄭氏學研究》（臺南市：成功大學中國文學系博士

經學史弘觀角度而立論者，如戴榮冠《南朝儒經義疏之時代特色》、陳靜華《清代常州學派論語學研究——以劉逢祿、宋翔鳳、戴望為例》、黃聖旻《湘學與晚清學術思潮之轉變》[20]；且討論時代與地域亦伸展至近代臺灣，如與林朝成教授共同指導之林孟輝《清代臺灣學校教育與儒學教化研究》、川路祥代《殖民地臺灣文化統合與臺灣傳統儒學社會（1895-1919）》。[21]此外，宋先生亦指導《荀子》與《文心雕龍》碩士論文[22]，研究路徑確實廣博。

　　葉、宋二位先生在本系學士班日、夜間部開設「左傳」課程近二十年，是時學校尚未要求教師撰寫開課大綱等資料，故未能全盤得悉授課內容。本系助教邱文彬曾於一九八九年修習葉先生日間部「左傳」，同時旁聽夜間部宋先生開設「左傳」，筆者透過訪談邱助教而略知二位先生教學概況。葉先生早期曾自編《左傳講義》，分為上下二冊；上冊範圍為魯隱公至魯宣公[23]，下冊因成大圖書館未予收藏，推測斷限應是自魯成公至魯哀公。《左傳講義》係以手寫方式抄撮《春

論文，2017年）。施輝煌：《王安石與北宋孟子學》（臺南市：成功大學中國文學系碩士論文，1999年）。廖家君：《川西夫子——劉沅學庸思想研究》（臺南市：成功大學中國文學系碩士論文，2009年）。

20 戴榮冠：《南朝儒經義疏之時代特色》（臺南市：成功大學中國文學系碩士論文，2005年）。陳靜華：《清代常州學派論語學研究——以劉逢祿、宋翔鳳、戴望為例》（臺南市：成功大學中國文學系碩士論文，1994年）。黃聖旻：《湘學與晚清學術思潮之轉變》（臺南市：成功大學中國文學系博士論文，2006年）。

21 林孟輝：《清代臺灣學校教育與儒學教化研究》（臺南市：成功大學中國文學系碩士論文，1999年）。川路祥代：《殖民地臺灣文化統合與臺灣傳統儒學社會（1895-1919）》（臺南市：成功大學中國文學系博士論文，2002年）。

22 川路祥代：《荀學對日本的影響》（臺南市：成功大學中國文學系碩士論文，1995年）。薛裕民：《晚清「排荀」與「尊荀」》（臺南市：成功大學中國文學系碩士論文，2005年）。張美娟：《文心雕龍樞紐論詮釋——以「唯文章之用，實經典枝條」美學意涵為詮釋進路》（臺南市：成功大學中國文學系博士論文，2006年）。

23 葉振欣：《左傳講義》（葉振欣教授自編講義）。

秋》經傳，內容當為授課所需段落。《左傳講義》以魯國十二君為次第，每卷卷首先概述魯君身世資料，再摘錄《經》、《傳》原文。除編次原文外，葉先生亦注解字詞以供學生了解大要，注釋內容多引自杜預《春秋經傳集解》。每則引文原則上皆引《經》、《傳》，且於引錄原文後增列「釋經」一節，目的為闡明《春秋》經旨。反之，若選用無《經》之《傳》，則無「釋經」一段。縱觀葉先生所編《左傳講義》，不僅字體鈔錄工整，體例分明且井井有條，體現葉先生治學之嚴謹。再者，葉先生選擇講授內容，大體為影響春秋史事之事件或人物。邱助教表示，一九八九年修習葉先生課程時，已不使用早年所編《左傳講義》，改以近人楊伯峻（1909-1992）《春秋左傳注》為教材。[24]邱助教謂葉先生上課往往擇錄《經》、《傳》予以講述，且特重字詞訓詁與制度闡釋。上文已揭示葉先生研究側重名物與制度考證，此項特點似亦反映於教學內容。至於宋先生之《左傳》課程則採用單行本《春秋經傳集解》[25]，以「紀事本末」方式選定人物或事件，擇錄《經》、《傳》予以講述。邱助教回憶，宋先生論說偏重闡發人物內心幽微，推論其言行舉措與事件發展之關聯。因宋先生講述較關涉人情世故，與學生對話與討論甚為熱烈。

　　上述宋先生《春秋》學論著重於宋代，且學術興趣甚為多元；與葉先生致力於《春秋》經傳史學與制度考證，頗暗合中國學術史「宋學」與「漢學」之特徵。《四庫全書總目提要》卷一「經部總敘」：「自漢京以後垂二千年，儒者沿波，學凡六變。……要其歸宿，則不過漢學、宋學兩家互為勝負。」[26]又《四庫全書總目題要》於《四書

24　楊伯峻：《春秋左傳注》（臺北市：漢京文化事業公司，1987年）。

25　杜預：《春秋經傳集解》（臺北市：新興書局，1989年）。

26　永瑢、紀昀等：《四庫全書總目提要》（臺北市：臺灣商務印書館，1986年影印文淵閣四庫全書本），卷1，頁1-2。

章句集注》言：「蓋考證之學，宋儒不及漢儒；義理之學，漢儒亦不及宋儒。」[27]大抵以偏重考證或義理區分漢、宋之學。[28]學者雖認為四庫館臣於《提要》之論乃推崇漢學[29]，然與筆者概論葉、宋二位先生研究與講授課程無涉。近人鄧廣銘（1907-1998）〈略談宋學〉：「漢代的儒家學者，在其傳授經典時，都是著重在章句訓詁之學。……宋代的學者，則大部趨向於義理的探索，而視名物訓詁為破碎瑣屑。」[30]近人漆俠（1923-2001）《宋學的發展及演變》亦言：「漢儒治經，從章句訓詁方面入手，亦即從細微處入手，達到通經的目的，而宋儒則擺脫了漢儒章句之學的束縛，從經的要旨、大義、義理之所在，亦即從宏觀方面著眼，來理解經典的涵義，達到通經的目的。」[31]鄧、漆二氏言簡意賅地提點漢學與宋學之專長與差異，前者精於考證而擅長章句訓詁，後者轉趨探索義理而不拘泥字詞論證。葉、宋二先生於《春秋》、《左傳》研究與教學各有專精與特長，推而廣之則葉先生於課堂常言名物考證，宋先生則多述人物或事件之推論與關聯。雖不全符漢學、宋學之旨要，大體或尚得其梗概。

　　總上所述，葉、宋二先生於本系教授《左傳》三十餘載，不僅致力《春秋》經傳研究與教學，更指導後進厚植學術基礎，使本系經學研究得以穩定發展，二位先生生於南臺灣經學教育與傳播更是居功厥偉。

---

27 永瑢、紀昀等：《四庫全書總部提要》，卷35，頁23。

28 蔡芳鹿：〈論漢學、宋學經典詮釋之不同〉，《哲學研究》2008年第1期，頁64-69。

29 趙濤：〈《四庫全書總目》的經學思想探原──以《四庫全書總目》提要與分纂稿比較為中心〉，《圖書情報工作》2014年第3期，頁140-145。

30 鄧廣銘：〈略談宋學──附說當前國內宋史研究情況〉，《鄧廣銘全集》（石家莊市：河北教育出版社，2005年），第7卷，頁400。

31 漆俠：《宋學的發展及演變》（石家莊市：河北人民出版社，2002年），頁5。

三　張先生《春秋》與《左傳》研究

　　張高評先生一九七六年於國立高雄師範大學國文研究所取得碩士學位，一九八一年取得國立臺灣師範大學國文研究所博士學位。張先生研究範圍涉及《春秋》、《左傳》、《史記》、秦漢古文、唐宋詩、詩話學、修辭學等領域，博學洽聞且著作等身。張先生於《春秋》與《左傳》研究深入而精詳，不僅貫通古今進行縱向討論，更與其他典籍與門類觸類旁通。張先生《春秋》與《左傳》研究成果，大致可分為「《春秋》與《左傳》之解經與書法」、「《左傳》主題研究」與「《左傳》研究概況」三項主軸，以下依序說明。

（一）《春秋》與《左傳》之解經與書法

　　張先生此主軸之研究成果，發軔於討論明人高攀龍（1562-1626）《春秋孔義》以「取義」為旨趣之解經方式。[32]此後張先生陸續發表對宋人蘇轍（1039-1112）《春秋集解》[33]、元人趙汸（1319-1369）《春秋師說》[34]、清人方苞（1668-1749）[35]、清人焦循（1763-1820）《春秋左傳補疏》[36]、近人章炳麟（1869-1936）《春秋左傳讀》[37]、近

32　張高評：〈高攀龍《春秋孔義》初探──以「取義」為例〉，《明代經學國際研討會論文集》（臺北市：中央研究院中國文哲研究所籌備處，1996年），頁17-38。張高評：〈高攀龍《春秋孔義》的解經方式〉，《劉正浩教授七十壽慶榮退紀念文集》（臺北市：文史哲出版社，1999年），頁199-226。

33　張高評：〈蘇轍《春秋集解》以史傳經初探〉，《南京師範大學文學院學報》2007年第3期，頁12-25。

34　張高評：〈黃澤論《春秋》書法──《春秋師說》初探〉，《元代經學國際研討會論文集》（臺北市：中央研究院中國文哲研究所籌備處，2000年），頁579-623。

35　張高評：〈即辭觀義與方苞《春秋直解》──《春秋》書法之修辭詮釋〉，《經學研究集刊》第16期（2014年5月），頁1-34。

36　張高評：〈焦循《春秋左傳補疏》芻議〉，《清代揚州學術》（臺北市：中央研究院中國文哲研究所，2005年），頁307-351。

人錢鍾書（1910-1998）《管錐編》等[38]，針對一家一書解經觀點予以辨析。張先生亦擴及某位經師於《春秋》、《左傳》之解經與書法，如唐人劉知幾（西元661-721年）[39]、宋人胡安國（1074-1138）[40]、宋人朱熹（1130-1200）[41]；張先生於方苞即有三篇專文論其《春秋》學之書法與義法。[42]此外，張先生又著有泛論《春秋》書法之文數篇[43]，又

---

37 張高評：〈章太炎《春秋左傳讀敘錄》述評——論劉逢祿「《左氏》不傳《春秋》」說〉，《經學研究集刊》第6期（2009年5月），頁1-22。張高評：〈章太炎《春秋左傳讀敘錄》述評——論劉逢祿「《左氏》不傳《春秋》」說〉，《變動時代的經學與經學家——民國時期（1912-1949）經學研究》（臺北市：萬卷樓圖書公司，2014年），頁149-179。

38 張高評：〈《管錐編》論《左傳》之敘事與記言——錢鍾書之《左傳》學〉，《國學研究》第15卷（2005年12月），頁351-384。

39 張高評：〈劉知幾之春秋左傳學——兼論詩化之史學觀〉，《文與哲》第12期（2008年6月），頁193-232。

40 張高評：〈筆削顯義與胡安國《春秋》詮釋學——《春秋》宋學詮釋方法之一〉，《新宋學》第5輯（2016年8月），頁275-308。

41 張高評：〈朱熹之《春秋》觀——據實直書與朱子之徵實精神〉，《第八屆中國經學國際學術研討會論文選集》（臺北市：萬卷樓圖書公司，2015年），頁353-390。

42 張高評：〈方苞義法與《春秋》書法〉，《清代經學國際研討會論文集》（臺北市：中央研究院中國文哲研究所籌備處，1994年），頁215-246。張高評：〈因文取義與《春秋》筆削——方苞義法「言有序」之修辭詮釋〉，《人文與社會研究學報》第48卷第2期（2014年10月），頁1-32。張高評：〈即事顯義與以經明經——兼論張自超、方苞之《春秋》學〉，《聯藻於日月，文彩於風雨：2013年近現代中國語文國際學術研討會會論文集》（臺北市：五南圖書出版公司，2015年），頁95-111。

43 張高評：〈《春秋》書法與詩化修辭——以《左傳》之敘事藝術為例〉，《先秦兩漢古籍國際學術研討會論文集》（北京市：社會科學文獻出版社，2011年），頁301-335。張高評：〈《春秋》書法之修辭觀〉，《錢鍾書詩文叢說——錢鍾書教授百歲紀念國際學術研討會論文集》（桃園縣：中央大學人文研究中心，2011年），頁331-380。張高評：〈「貴有辭」與《春秋》大義〉，《中國學術年刊》第34期（2012年9月），頁1-30。張高評：〈《春秋》書法與「義」在言外——比事見義與《春秋》學史研究〉，《文與哲》第25期（2015年2月），頁77-130。張高評：〈文章修辭與《春秋》書法——中唐以前《春秋》詮釋法之一〉，《中國經學》第19輯（2016年10月），頁25-46。

總結為專書《春秋書法與左傳學史》[44]、《春秋書法與左傳史筆》[45]，足見其單點剖析、層層深入之治學路徑。張先生更將《春秋》、《左傳》書法延伸至其他文類，如與宋人筆記之關聯、與金聖歎《西廂記》之筆法等[46]，觸角之廣博的確令人折服。

此主軸論文最具系統論述者，當以「屬辭比事」為核心之系列闡釋。「屬辭比事」見《禮記》〈經解〉：「屬辭比事，《春秋》教也。……屬辭比事而不亂，則深於《春秋》者也。」漢人鄭玄（西元127-200年）《注》：「屬，猶合也。《春秋》多記諸侯朝聘、會同，有相接之辭，罪辯之事。」唐人孔穎達（574-648）《正義》：「屬，合也。比，近也。春秋聚合會同之辭，是屬辭。比次褒貶之事，是比事也。」[47]「屬辭比事」之意歷來頗為分歧，張素卿先生《敘事與解釋——《左傳》經解研究》立專章說明[48]，讀者即可參看。張先生謂「錢鍾書《管錐編》曾申言：『《春秋》之書法，實即文章之修辭』，深得我心之所同然。」因此張先生認為「《春秋》所屬之辭，核以《春秋》所比之事，則孔子之所『竊取』，所謂《春秋》之『義』，可因比事屬辭，考求而得。其中，『屬辭』涉及表達藝術，今所謂修辭

---

44 張高評：《春秋書法與左傳學史》（臺北市：五南圖書出版公司，2002年）。張高評：《春秋書法與左傳學史》（上海市：上海古籍出版社，2005年）。

45 張高評：《春秋書法與左傳史筆》（臺北市：里仁書局，2011年）。

46 張高評：〈春秋書法與宋代詩學——以宋人筆記為例〉，《宋代文學研究叢刊》第3期（高雄市：麗文文化公司，1997年），頁71-101。張高評：〈杜甫詩史與春秋書法——以宋代詩話筆記之詮釋為核心〉，《人文中國學報》2010年第16期，頁55-96。張高評：〈西廂記筆法通左傳——金聖歎西廂記評點學發微〉，《復旦學報》2013年第2期，頁134-143。

47 鄭玄注，孔穎達正義：《禮記注疏》（臺北市：藝文印書館，1993年據嘉慶二十年江西南昌府學版影印），頁845。

48 張素卿：《敘事與解釋——左傳經解研究》（臺北市：書林出版公司，1998年），頁109-135。

技巧，堪稱『比事』與『求義』之中介。」[49]簡言之，《春秋》之「屬辭比事」即透過文句修辭以比類諸事，從中推求《春秋》義法。張先生討論「屬辭比事」議題肇始於二〇一三年〈從屬辭比事論《公羊傳》弒君之書法──《春秋》書法之修辭觀〉[50]，爾後陸續發表多篇論文[51]，可謂見樹見林且蔚為大觀。

（二）《左傳》主題研究

相較於前述主軸，張先生於《左傳》各主題研究成果亦不遑多讓。此主軸可概分通論性質專書，如《左傳導論》縱論《左傳》各面向之議題，亦有短文〈左氏傳〉發表於《國文天地》，以言簡意賅方式介紹《左傳》。[52]張先生亦有兵學方面著作，如《左傳之武略》綜論《左傳》軍事概念，述及為將之道、兵學思想與謀略等議題，亦見多篇論文發表於期刊。[53]張先生於《左傳》文學與章法頗為用力，出版

---

49 張高評：〈從屬辭比事論《公羊傳》弒君之書法──《春秋》書法之修辭觀〉，《東華漢學》第18期（2013年12月），頁135-188。

50 同前註。

51 張高評：〈《春秋》曲筆直書與《左傳》屬辭比事──以《春秋》書薨、不手弒而書弒為例〉，《國文學報》第19期（2014年1月），頁31-71。張高評：〈《春秋》曲筆書減與《左傳》屬辭比事──以史傳經與《春秋》書法〉，《成大中文學報》第45期（2014年6月），頁1-62。張高評：〈比事屬辭與方苞之《春秋》學──「無傳而著」法門之三〉，《興大中文學報》第37期（2015年6月），頁1-42。張高評：〈比事屬辭與明清《春秋》詮釋學〉，《經學研究集刊》第20期（2016年5月），頁17-52。張高評：〈比屬觀義與宋元《春秋》詮釋學〉，《經學文獻研究集刊》第15期（2016年6月），頁81-114。張高評：〈程發軔《春秋要領》發微──以屬辭比事之《春秋》教為例〉，《高雄師大國文學報》第25期（2017年1月），頁1-44。

52 張高評：《左傳導讀》（臺北市：文史哲出版社，1982年）。張高評：〈左氏傳〉，《國文天地》第14卷第9期（1999年2月），頁12-15。

53 張高評：《左傳之武略》（高雄市：麗文文化公司，1994年）。張高評：〈左傳論為將之道〉，《國學新探》第1期（1984年1月），頁17-45。張高評：〈左傳兵學評論〉，《三軍聯合月刊》第22卷第3期（1984年5月），頁63-69。張高評：〈左傳兵學及其思

《左傳之文學價值》、《左傳文章義法撢微》、《左傳之文韜》等專書外[54]，又見多篇散論於各大期刊刊載。[55]與文學、章法關聯之敘事學[56]、史論[57]、美學與預言之探究[58]，張先生皆多所關注。張先生《左傳》研究不僅出經入史，更跨足思想與文學。無論廣度與深度，國內治《左傳》學者大概無人能出其右。

想〉，《中華文化復興月刊》第17卷第7期（1984年7月），頁18-25。張高評：〈左氏兵法評證〉，《高雄工專學報》1984年第14期，頁1-19。張高評：〈《左傳》敘戰與資鑑使命——以兵法謀略為例〉，《儒道學術國際研討會——先秦論文集》（臺北市：臺灣師範大學國文學系，2002年），頁359-370。張高評：〈《左傳》兵謀與應變策略——以經世資鑑為依歸〉，《崑山科技大學人文暨社會科學學報》第2期（2010年6月），頁187-224。張高評：〈左傳、史記之現代詮釋：以兵謀與策略規劃為例〉，《漢學研究學刊》第1期（2010年10月），頁41-81。

54　張高評：《左傳之文學價值》（臺北市：文史哲出版社，1982年）。張高評：《左傳文章義法撢微》（臺北市：文史哲出版社，1982年）。張高評：《左傳之文韜》（高雄市：麗文文化公司，1994年）。

55　張高評：〈「左氏浮誇」析論〉，《孔孟學報》第48期（1984年9月），頁193-213。張高評：〈左傳之文學理論與實際〉，《中華文化復興月刊》第11期（1984年11月），頁10-18。張高評：〈「左氏浮誇」的歷史意義——「左傳晉景公夢大厲」鑑賞〉，《國文天地》第5卷第2期（1989年7月），頁74-75。

56　張高評：〈左傳敘事語言之形象化與精煉性——史筆與詩筆研究之一〉，《林尹教授逝世十週年學術論文集》（臺北市：文史哲出版社，1993年），頁243-253。張高評〈左傳之象徵式敘事與以史傳經——兼談左傳重人輕天之二元史觀〉，《經學研究集刊》第14期（2013年5月），頁1-24。張高評：〈左傳因果式敘事與以史傳經——以戰爭之敘事為例〉，《東海中文學報》第25期（2013年5月），頁79-112。張高評：〈「于敘事中寓論斷」與藉事明義——以左傳解經為討論核心〉，《嶺南大學經學國際學術研討會論文集》（臺北市：萬卷樓圖書公司，2015年），頁505-532。

57　張高評：〈左傳史論之原始與作用〉，《高仲華先生八秩榮慶論文集》（高雄市：高雄師範學院國文研究所，1988年），頁433-455。張高評：〈左傳史論之風格與作用〉，《成功大學學報》第23期（1988年11月），頁1-57。

58　張高評：〈左傳美學的和諧理論〉，《孔孟學報》47期（1984年4月），頁175-192。張高評：〈左傳預言之基型與作用〉，《經學研究論叢》第3輯（1995年4月），頁149-164。

(三)《左傳》研究概況

　　正因張先生於《左傳》探析之深刻，深知《左傳》研究概況與不足，自一九九四年始，先後發表〈《左傳》學研究之現況與趨向〉、〈《春秋》經傳研究之未來展望〉與〈臺灣近五十年來《春秋》經傳研究綜述〉等專文，提點後進發展路徑。[59]此外，張先生亦藉中國大陸期刊發表機會，介紹臺灣《春秋》經傳研究成果[60]，積極推廣臺灣經學走向海峽對岸。張先生近年更將治學方法集為大成，「揣摩學術研究之心路歷程，提供種種創造性思維之建言」而成《論文選題與研究創新》。[61]張先生認為，「企求突破創新，就得先建立明確之問題意識，如此才有可能言之有物，具備洞察力，有利於尋找學術前沿，減少淺表層次之重複。」[62]因此張先生此主軸之論文看似總結《春秋》與《左傳》研究成果，實是繼往開來以尋求尚可開闢之場域，提點讀者集中心力予以突破。

　　張先生於本系服務期間，指導本系碩博士論文近六十部，研究主題與張先生專長大致一致，圍繞《春秋》與《左傳》、《史記》與義法、兩宋詩詞等三項主軸。關於《春秋》與《左傳》之碩博士論文又

---

59 張高評：〈左傳學研究之現況與趨向〉，《經學研究論叢》第2輯（桃園縣：聖環圖書公司，1994年），頁63-70。張高評：〈春秋經傳研究之未來展望〉，《文與哲》第3期（2003年12月），頁65-88。張高評〈臺灣近五十年來春秋經傳研究綜述（上）〉，《漢學研究通訊》第23卷第3期（2004年8月），頁1-18。張高評〈臺灣近五十年來《春秋》經傳研究綜述（下）〉，《漢學研究通訊》第23卷第4期（2004年8月），頁1-10。

60 張高評：〈春秋經傳研究選題舉例〉，《南京師範大學文學院學報》2004年第2期，頁1-10。張高評：〈臺灣春秋經傳研究之師承與論著〉，《江海學刊》2004年第4期，頁163-169。張高評：〈臺灣春秋經傳研究與博士論文〉，《文史知識》2004年第7期，頁120-127。

61 張高評：《論文選題與研究創新》（臺北市：里仁書局，2013年），頁23。

62 同前註，頁24。

可析為三類：一是與《左傳》敘事相關，如陽平南《左傳敘戰的資鑑精神研究》、陳致宏《語用學與左傳外交辭令》、陳致宏《左傳之敘事與歷史解釋》、孔珠菁《子產辭令與為政之道》。[63]二是《春秋》與《左傳》經師專著研究，如陽平南《魏禧左傳經世鈔研究》，與王次澄教授共同指導康凱淋《胡安國春秋傳研究》。[64]三是《春秋》書法延伸研究，如胡艷惠《史記之春秋書法研究》、盧奕璇：《司馬光資治通鑑之「春秋」書法研究——以中晚唐為例》、陳義彬《陳壽《三國志》〈魏書〉之春秋書法研究》、林盈翔《三國志「春秋書法」研究》、王益德《資治通鑑綱目與春秋筆削》。[65]大抵張先生指導學生《春秋》與《左傳》論文皆以自身研究為基底，關聯性頗為一致。《孟子》〈告子上〉：「羿之教人射，必志於彀；學者亦必志於彀。大匠誨人，必以規矩；學者亦必以規矩。」[66]教人射藝與木工尚須授以方法，為人師表若自身未有充足研究能量，又豈能指導學生撰寫論文與開展議題？張

---

63 陽平南：《左傳敘戰的資鑑精神研究》（臺南市：成功大學中國文學系碩士論文，1998年）。陳致宏：《語用學與左傳外交辭令》（臺南市：成功大學中國文學系碩士論文，2000年）。陳致宏：《左傳之敘事與歷史解釋》（臺南市：成功大學中國文學系博士論文，2006年）。孔珠菁：《子產辭令與為政之道》（臺南市：成功大學中國文學系碩士在職專班論文，2015年）。

64 陽平南：《魏禧左傳經世鈔研究》（臺北市：輔仁大學中國文學系博士論文，2007年）。康凱淋：《胡安國春秋傳研究》（桃園縣：中央大學中國文學系碩士論文，2012年）。

65 胡艷惠：《史記之春秋書法研究》（臺南市：成功大學中國文學系碩士論文，2004年）。盧奕璇：《司馬光資治通鑑之「春秋」書法研究——以中晚唐為例》（臺南市：成功大學中國文學系碩士論文，2009年）。陳義彬：《陳壽《三國志》〈魏書〉之春秋書法研究》（臺南市：成功大學中國文學系碩士論文，2013年）。林盈翔：《三國志「春秋書法」研究》（臺南市：成功大學中國文學系博士論文，2016年）。王益德：《資治通鑑綱目與春秋筆削》（臺南市：成功大學中國文學系碩士論文，2017年）。

66 趙岐注，題孫奭疏：《孟子注疏》（臺北市：藝文印書館，1993年據嘉慶二十年江西南昌府學版影印），頁205。

先生正是另種形式之「己立立人，己達達人」[67]，於某塊園地耕耘有成，方得授予後進培植之道，故而受張先生指導之論文皆有優異成績。

　　總上所述，張先生研究興趣廣博多元，於《春秋》與《左傳》多集中於「《春秋》與《左傳》之解經與書法」、「《左傳》主題研究」與「《左傳》研究概況」三項主軸。張先生指導碩博士論文，亦圍繞「《左傳》敘事」、「《春秋》與《左傳》經師專著研究」與「《春秋》書法延伸研究」，與其專擅領域基本重疊。張先生必待研究有成，方指導學生撰寫論文，張先生治學態度之嚴謹，於此可見一斑。

四　張先生「左傳」課程

　　張先生自一九八五年進入本系服務，此時「左傳」課程已由葉、宋二先生授課多年。張先生為敬重學術先進，直至二位先生於二○○二年退休後始開設「左傳」。張先生於學士班開設課程為「左傳」，碩博士班合開課程為「春秋經傳專題研究」，以下分述二門課程授課內容之梗概。

（一）學士班「左傳」

　　張先生學士班「左傳」開設於二年級，為二學分學年課。此課程所用教材主要為楊伯峻《春秋左傳注》與張先生所撰《左傳導論》，參考書目包括清人高士奇（1644-1703）《左傳紀事本末》、沈玉成

67　語本《論語》〈雍也〉：「子曰：『何事於仁，必也聖乎！堯、舜其猶病諸！夫仁者，己欲立而立人，己欲達而達人。能近取譬，可謂仁之方也已。』」見何晏注，邢昺疏：《論語注疏》（臺北市：藝文印書館，1993年據嘉慶二十年江西南昌府學版影印），頁55。

《春秋左傳學史稿》與《左傳譯文》[68]，及張先生著作《左傳之文學價值》、《左傳文章義法撢微》、《左傳之文韜》、《左傳之武略》、《春秋書法與左傳學史》等。此課程「教學目標」有三：（1）了解《左傳》以歷史敘事解釋《春秋》，與《公羊》、《穀梁》殊異；（2）了解《左傳》所記春秋歷史之治亂興衰、勸善懲惡、御變應變、經世致用；（3）了解《左傳》為史傳文學之祖始，文學價值極高，古文義法極妙。[69]

學士班「左傳」之「教學內容」如下：

> 本課程開授於大學部中文系，自然宜以文學美感之鑑賞為主，而以解釋《春秋》經典、徵實春秋史事為輔。本課程教材，上下學期分四大單元講授：敘事類六篇、詞令類七篇、論說類六篇、描寫類三篇；而以敘事文類為核心。此種分法，只是就文本之側重處，大概言之。其實，《左傳》或言事相兼，或藉言紀事，或以敘事為議論，或以敘事為描寫。將隨文提示《春秋》書法之大凡、述說《春秋》人物傳記之本末，概括成敗得失、治亂興亡之道，考察外交詞令、談說藝術說服之方，揣摩行軍爭戰之兵法謀略，霸業經營之策略規劃。其他，如三傳會通、《左》《國》關係、賦詩斷章、聘享會盟、取威定霸、宗法禮俗、職官地理、天文曆算、人情世態、文章義法等等，多將隨文解說，作或詳或略、或輕或重之講述。如此，將經學、史

68　高士奇：《左傳紀事本末》（臺北市：里仁書局，1981年）。沈玉成：《春秋左傳學史稿》（南京市：江蘇古籍出版社，1992年）。沈玉成：《左傳譯文》（北京市：中華書局，1982年）。

69　張高評：「文學院中國文學系98學年度上學期增設課程表」，網址：http://class-qry.acad.ncku.edu.tw/syllabus/uploads/0098/00981B122010.pdf。

學、義理、文學之體現，藉《左傳》選文指實道出，較有具體
而微之功效。[70]

張先生先點明此課程因開設於學士班，故以文學美感鑑賞為主，以解
釋《春秋》與徵實史實為輔，有別於碩博士課程以研究為導向之規
劃。為符合文學美感鑑賞之主軸，張先生擇取「敘事類」選文，計有
莊八（前686）《傳》「齊無知弒其君諸兒」、僖十五（前645）《傳》
「秦晉韓之戰」、僖二十三（前637）與僖二十四（前636）《傳》「晉
公子重耳出亡」、僖二十七（前633）與僖二十八（前632）《傳》「晉
楚城濮之戰」、宣二（前607）《傳》「晉趙盾弒其君夷皋」與成十（前
581）《傳》「晉景公夢大厲」等六篇，又「詞令類」選文有僖十五
（前645）《傳》「陰飴甥說秦伯」、僖二十六（前634）《傳》「展喜犒
師」、僖三十（前630）《傳》「燭之武退秦師」、宣三（前606）《傳》
「王孫滿對楚子問鼎」、成十三（前578）《傳》「晉侯使呂相絕秦」、
襄二十六（前547）《傳》「蔡聲子說楚復伍舉」與襄三十一（前542）
《傳》「鄭子產壞晉館垣」等七篇，又「論說類」選文為隱三（前
720）《傳》「君子論周鄭交質」、文八（前619）《傳》「君子論秦以三
良為殉」、成二（前589）《傳》「仲尼論名與器不可以假人」、襄二十
四（前549）《傳》「叔孫豹論三不朽」、襄三十一（前542）《傳》「子
產論尹何為邑」、昭二十（前522）《傳》「仲尼論政寬猛」與同年
《傳》「晏嬰論和同」等七篇，又「描寫類」選文如宣十四（前595）
《傳》「楚莊王伐宋」、昭十八（前524）《傳》「子產禦鄭火」與哀三
（前492）《傳》「魯桓宮僖宮災」等三篇。[71]

---

70 張高評：「文學院中國文學系98學年度上學期增設課程表」，課程名稱「左傳」，網
　址：http://class-qry.acad.ncku.edu.tw/syllabus/uploads/0098/00981B122010.pdf。

71 張高評：「文學院中國文學系98學年度上學期增設課程表」，課程名稱「左傳」，網

　　張先生所選段落咸為《左傳》著名篇卷，基本符合「教學內容」
後半部所言，可謂「藉《左傳》選文指實道出」《左傳》「經學、史
學、義理、文學之體現」；亦與「教學目標」第二項與第三項呼應。
以「敘事類」選文僖公十五年（前645）《傳》「秦晉韓之戰」為例，
此段記載先說明發生韓之戰之由有四[72]，再比較秦穆公與晉惠公對貞
卜態度之異[73]，《左傳》作者藉此預告勝負於此已定。《傳》文記載晉
大夫韓簡「師少於我，鬥士倍我」之言，韓簡亦藉機向晉惠公說明何
以有此判斷。渠料晉惠公剛愎自用而不知省悟，致使韓簡自謂「吾幸
而得囚」，表明晉軍此役將遭逢前所未有之敗績。至於韓之戰重頭
戲──秦、晉於韓原交鋒，《左傳》作者僅剪裁晉惠公號慶鄭而不
理，與韓簡為救晉惠公而失擒秦穆公一段。除說明慶鄭所言果然成
真，另交代晉惠公為秦所拘之由。後文重點則是晉大夫「反首拔舍從
之」，與秦穆姬攜子「登臺履薪」[74]，秦穆公因此不敢為難晉惠公，使
晉惠公得以再返晉國。因韓原戰敗之故，晉國而有「作爰田」與「作
州兵」二項制度變革，為往後晉國稱霸中原奠定基礎，足證此役於春
秋時代影響深遠。《左傳》敘事往往擇要而不繁，此段記載側重韓之

　　址：http://class-qry.acad.ncku.edu.tw/syllabus/uploads/0098/00981B122010.pdf。張高
　　評：「文學院中國文學系98學年度下學期增設課程表」，課程名稱「左傳」，網址：
　　http://class-qry.acad.ncku.edu.tw/syllabus/uploads/0098/00982B122020.pdf。

72 僖公十五年《傳》：「晉侯之入也，秦穆姬屬賈君焉，且曰：『盡納群公子。』晉侯
　　烝於賈君，又不納群公子，是以穆姬怨之。晉侯許賂中大夫，既而皆背之。賂秦伯
　　以河外列城五，東盡虢略，南及華山，內及解梁城，既而不與。晉饑，秦輸之粟；
　　秦饑，晉閉之糴，故秦伯伐晉。」見杜預集解，孔穎達正義：《春秋左傳注疏》（臺
　　北市：藝文印書館，1993年據嘉慶二十年江西南昌府學版影印），頁229-230。

73 僖公十五年《傳》：「卜徒父筮之，吉：『涉河，侯車敗。』詰之。對曰：『乃大吉
　　也。三敗，必獲晉君。其卦遇蠱曰：「千乘三去，三去之餘，獲其雄狐。」……卜
　　右，慶鄭吉，弗使。」同前註，頁230。

74 以上引文皆見杜預集解，孔穎達正義：《春秋左傳注疏》，頁231。

戰發生原因與事後影響，過程則略去枝節而僅就要緊處著墨。[75]張先生錄此為「敘事類」教材，可謂切中要點。

平心而論，從「教學內容」設計單元，似難以緊扣「教學目標」第一項所言，藉此突顯《左傳》與《公羊》、《穀梁》解釋《春秋》之殊異。然筆者認為教學大綱實難全面關照各種面向，誠如張先生於「教學內容」所陳：「三傳會通、《左》《國》關係」等內容，「多將隨文解說，作或詳或略、或輕或重之講述。」雖未於課程內容特意呈現「教學目標」第一項內容，然於講授過程當另行舉證與說明。整體而言，張先生於學士班「左傳」設計單元，既符大學部學生學力與興趣，亦能彰顯《左傳》文學表現，思慮周全可為吾人借鏡。

(二)碩博士班「春秋經傳專題研究」

筆者檢索成大選課系統資料，張先生於二〇〇九年、即九十八學年度第一學期，與二〇一五年、即一〇三學年度第二學期，於本系碩博士班開設「春秋經傳專題研究」。課程名稱雖同，然比對兩年課程內容卻頗有差異，以下依序說明。

二〇〇九年課程主要教材為《春秋左傳注疏》、《春秋公羊傳注

---

75 吳宏一先生《史傳散文》謂《左傳》「寫戰爭，常常不寫刀槍劍戟的激烈場面，而是選取一些突出的事件，從不同的角度對戰前戰後的因果經過，加以生動的鋪敘，賦予作品鮮明的主題。」(見吳宏一：《史傳散文》〔臺北市：桂冠圖書公司，1988年〕，頁26。) 袁行霈《中國文學史》：「《左傳》敘事，往往很注重完整地敘述事件的過程和因果關係。……一般來說，《左傳》寫戰爭，不局限於對交戰過程的記敘，而是深入揭示戰爭起因、醞釀過程及其後果。」(見袁行霈：《中國文學史》〔臺北市：五南圖書出版公司，2003年〕，頁108。) 潘萬木《左傳敘述模式論》直言《左傳》描寫戰爭特點有「戰爭結果的預先告知」、「戰爭原因的詳細交待」、「戰爭過成的省略簡潔」，皆可於僖十五《傳》「秦晉韓之戰」得證。(見潘萬木：《左傳敘述模式論》〔武漢市：華中師範大學出版社，2004年〕，頁277-289。)

疏》與《春秋穀梁傳注疏》[76]，輔以《四庫全書總目》、《春秋公羊學
講疏》[77]，與《春秋左傳注》、張先生著作《左傳之文學價值》及《春
秋書法與左傳學史》。該年課程「教學目標」如下：

> 孔子據魯史而作《春秋》，寄寓褒貶；於是有魯史之《春秋》，
> 有聖人之《春秋》。《孟子》〈離婁〉稱述孔子作《春秋》：「其
> 事，則齊桓晉文；其文，則史；孔子曰：其義，則丘竊取之
> 矣。」於是三傳釋經，各有異同：《左傳》側重歷史敘事，《公
> 羊》、《穀梁》崇尚歷史哲學；一則以史傳經，一則以義傳經。
> 自鄭康成以下，有識之士，多主三傳會通。《春秋》經傳之論
> 著，或主辭章，或宗義理，或尚考據，而其要歸於經世濟用。
> 今以《春秋》經傳課諸生，乃條舉《春秋》學、《左傳》學、
> 《公羊》學、《穀梁》學之研究選題，凡十八項，三百餘則。
> 藉共同研究討論，以闡發《春秋》經傳之學術價值。[78]

由「教學目標」所示，張先生希冀學生能循序漸進而達至「三《傳》
會通」，藉由課程所提供《春秋》經傳議題而指引研究路徑，「以闡發
《春秋》經傳之學術價值。」至於此課程「教學內容」，係指「教學
目標」所陳「《春秋》學、《左傳》學、《公羊》學、《穀梁》學之研究

---

76 杜預集解，孔穎達正義：《春秋左傳正義》（北京市：北京大學出版社，2000年）。
　　何休注，徐彥疏：《春秋公羊傳注疏》（北京市：北京大學出版社，2000年）。范甯
　　注，楊士勛疏：《春秋穀梁傳注疏》（北京市：北京大學出版社，2000年）。

77 紀昀等：《四庫全書總目》（臺北市：藝文印書館，1979年）。段熙仲：《春秋公羊學
　　講疏》（南京市：南京師範大學出版社，2003年）。

78 張高評：「文學院中國文學系98學年度上學期增設課程表」，課程名稱「春秋經傳專
　　題研究」，網址：http://class-qry.acad.ncku.edu.tw/syllabus/uploads/0098/00981K1845
　　00.pdf。

選題，凡十八項」，內容如下：其一，「《春秋》學研究選題舉例」，包括（1）《春秋》之書法研究、（2）學風世變與《春秋》研究、（3）傳統史學與《春秋》學、（4）學科整合與《春秋》學等四項；其二，「《左傳》學研究選題舉例」，舉凡（1）《左傳》與《春秋》經之關係、（2）歷史敘事與《左傳》研究、（3）《左傳》之文學研究、（4）《左傳》之評點學研究、（5）《左傳》之接受史研究、（6）學科整合與《左傳》學研究等六項；其三，「《公羊》學研究選題舉例」，包含（1）《春秋》書法與《公羊》學、（2）《公羊傳》之接受史研究、（3）《公羊傳》之文學研究、（4）學科整合與《公羊》學研究等四項；其四，「《穀梁》學研究選題舉例」，囊括（1）《春秋》書法與《穀梁》學、（2）《穀梁傳》之接受史研究、（3）《穀梁傳》之文學研究、（4）《穀梁傳》與文獻學研究等四項。[79]

二〇〇九年課程基本圍繞《春秋》經傳「選題」為主軸，筆者發現張先生此年課程設計，頗與二〇一三年付梓《論文選題與研究創新》相關。張先生於該書自序提及[80]，自二〇〇三年五月發表〈論文選題與學術研究〉伊始[81]，先後於《書目季刊》發表〈論文之選題與規劃〉、〈專題研究計畫之撰寫〉、〈研究視野與學術創新〉、〈多元開拓與選題創新〉、〈論文選題與成果之獨到創新〉等五篇論文[82]，又於中

---

79 張高評：「文學院中國文學系98學年度上學期增設課程表」，課程名稱「春秋經傳專題研究」，網址：http://class-qry.acad.ncku.edu.tw/syllabus/uploads/0098/00981K184500.pdf。

80 張高評：《論文選題與研究創新》，頁23。

81 張高評：〈論文選題與學術研究〉，《國文天地》第18卷第12期（2003年5月），頁81-95。

82 張高評：〈論文之選題與規劃〉，《書目季刊》第41卷第2期（2007年9月），頁1-34。張高評：〈專題研究計畫之撰寫〉，《書目季刊》第42卷第4期（2009年3月），頁1-19。張高評：〈研究視野與學術創新〉，《書目季刊》第44卷第3期（2010年12月），頁1-50。張高評：〈多元開拓與選題創新〉，《書目季刊》第45卷第1期（2011年6

國大陸《古典文學知識》期刊發表〈論文選題與治學方法〉、〈視野之
開拓與論文選題〉、〈假設、選題與學術研究〉、〈研究方法與學術創
新〉等一系列多篇論文[83]，最晚刊行論文日期為二〇一三年，與《論
文選題與研究創新》出版同年。張先生於該書自序已言，此書乃「就
以發表之八、九篇論文為基礎，再行廣搜博覽大家名家之論著，借鏡
其治學經驗，參考其研究方法，彼此激盪，轉相發明。」[84]至於《春
秋》經傳選題部分，張先生曾於二〇〇四年撰文〈春秋經傳研究選題
舉例〉，臚列一五〇餘題研究題目以饗讀者[85]，推測與二〇〇九年「春
秋經傳專題研究」有密切關聯。要之，張先生該年度課程設計，與當

月），頁1-38。張高評：〈論文選題與成果之獨到創新〉，《書目季刊》第46卷第2期
　（2012年9月），頁1-15。

83　張高評：〈論文選題與治學方法（一）──論選題來源與文獻評鑒（上）〉，《古典文
　學知識》2010年第2期，頁11-17。張高評：〈論文選題與治學方法（一）──論選題
　來源與文獻評鑒（下）〉，《古典文學知識》2010年第3期，頁22-26。張高評：〈論文
　選題與治學方法（二）──論文獻評鑒（上）〉，《古典文學知識》2010年第4期，頁
　11-16。張高評：〈論文選題與治學方法（二）──論文獻評鑒（下）〉，《古典文學知
　識》2010年第5期，頁18-25。張高評：〈論文選題與治學方法（三）──論文獻評鑒
　與學術原創（上）〉，《古典文學知識》2010年第6期，頁22-29。張高評：〈論文選題
　與治學方法（三）──論文獻評鑒與學術原創（下）〉，《古典文學知識》2011年第1
　期，頁10-13。張高評：〈視野之拓展與論文選題（一）〉，《古典文學知識》2011年第
　4期，頁12-18。張高評：〈視野之拓展與論文選題（二）〉，《古典文學知識》2011年
　第5期，頁12-18。張高評：〈視野之拓展與論文選題（三）〉，《古典文學知識》2011
　年第6期，頁12-21。張高評：〈假設、選題與學術研究〉，《古典文學知識》2012年第
　4期，頁13-22。張高評：〈研究方法與學術創新（一）〉，《古典文學知識》2012年第5
　期，頁22-29。張高評：〈研究方法與學術創新（二）〉，《古典文學知識》2012年第6
　期，頁13-19。張高評：〈研究方法與學術創新（三）〉，《古典文學知識》2013年第3
　期，頁22-29。張高評：〈研究方法與學術創新（四）〉，《古典文學知識》2013年第4
　期，頁14-18。

84　張高評：《論文選題與研究創新》，頁23。

85　張高評：〈春秋經傳研究選題舉例〉，《南京師範大學文學院學報》2004年第2期，頁
　1-10。

時研究目標「論文選題與研究創新」方向一致。然就張先生先發表
〈春秋經傳研究選題舉例〉，爾後於「春秋經傳專題研究」以「選
題」為主軸之課程內容，可知張先生不僅將研究成果融入課程，且是
已有具體成果後方授予學生，其負責且嚴謹之治學與教學態度令人
欽敬。

　　二〇一五年張先生再開設「春秋經傳專題研究」，主要教材為張
先生著作《左傳之文學價值》、《左傳之文韜》、《春秋書法與左傳學
史》、《春秋書法與左傳史筆》，參考書目為第三節正文與注腳所陳張
先生一系列與《春秋》書法、「屬辭比事」相關論文。受限於成大課
程大綱字數限制，課程「學習目標」僅列「嫻熟屬辭比事對經學、史
學、文學之影響」，「掌握《春秋》詮釋學之要領與方法」，「了解《左
傳》以史傳經之特色與價值」，「知曉《左傳》之敘事藝術與文學成
就」等四點。「課程概述」如下：

> 孔子筆削魯史而作《春秋》，寄寓褒貶；於是微辭隱義，多不
> 說破，往往見於言外。自《三傳》注疏說《春秋》，多持屬辭
> 比事之教，以考求《春秋》書法：或比事見義，或因文取義，
> 或探究終始而推求義旨，形成以經治經，無傳而著之三大法
> 門。由於唐宋變革，從章句訓詁轉化為以義理說經，於是漢學
> 宋學競秀崢嶸，蔚為《春秋》詮釋學之大觀。《春秋》經傳之
> 論著，《左傳》主以史傳經，《公》、《穀》或重以義解經。今為
> 時間所限，側重講解《左傳》之歷史敘事，或就屬辭比事以解
> 經，或就原始要終以說史，或就艷富浮誇、尚簡用晦以展現文
> 學。域外（日本）之《春秋》、《左傳》學亦順帶略及。藉研究
> 討論，以闡發《春秋》經傳之學術價值。

至於「課程單元」有：（1）《春秋》書法與經典詮釋，（2）屬辭比事與以傳明經，（3）屬辭比事與《春秋》詮釋學，（4）比事屬辭與史學、敘事、古文辭，（5）比事屬辭與《春秋》宗朱，（6）唐宋變革論與《春秋》詮釋學，（7）宋代近世說與《春秋》詮釋學，（8）傳統史學與《春秋》詮釋學，（9）《左傳》與《春秋》經之關係，（10）歷史敘事與《左傳》研究，（11）《左傳》之文學研究，（12）《左傳》評點學研究，（13）《左傳》之接受史研究，（14）學科整合與《左傳》學研究，（15）域外《春秋》、《左傳》學研究。[86]序號九至十四等六單元，係延續自二○○九年「《左傳》學研究選題舉例」內容。序號一至八等八單元則圍繞《春秋》詮釋學、《左傳》「屬辭比事」與歷史敘事，可知此年課程內容與二○○九年稍有變異。

　　第三節已將張先生《春秋》與《左傳》研究成果分為三項主軸，其一為「《春秋》與《左傳》之解經與書法」。此項主軸之文章最早發表於一九九四年，爾後陸續發表數十篇論文與專書。集中討論「屬辭比事」者則發表於二○一三年，張先生迄今仍持續開展此議題。延續自二○○九年「《左傳》學研究選題舉例」與《春秋》詮釋學相關單元，張先生本具豐碩研究成果，故將之編入課程自無疑義。至於《春秋》詮釋學主題與「屬辭比事」關聯之第二至第五單元，則與張先生發表一系列「屬辭比事」論文稍晚二年左右。或有學者認為，張先生此舉似與上文筆者所述，張先生先有研究成果，爾後融入課程教授學生之態度有異。然筆者認為「屬辭比事」議題乃張先生晚近所開展，且迄今仍不斷發表此議題論文。研究脈絡自有其延續與發展，張先生「屬辭比事」主題自首發表論文至今已歷五年，自然有更深刻與廣博

86　「學習目標」、「課程概述」、「課程單元」見張高評：課程名稱「春秋經傳專題研究」，網址：http://class-qry.acad.ncku.edu.tw/syllabus/online_display.php?syear=0103&sem=2&co_no=K184500&class_code=。

成果陸續問世。筆者認為在研究與研究兼顧下，張先生彙整「屬辭比事」初步成果而後置於課程教學，一則讓學生吸收新知，一則得以教學相長而反覆推敲，提供吾人課程設計另一角度操作概念。

　　總上所述，張先生於本系學士班開設「《左傳》」，於碩博士班開設「《春秋》經傳專題研究」，雖皆以《春秋》與《左傳》為文本，然能顧及學生學習狀況有別，設計截然不同之教學內容。學士班以文學美感鑑賞為主，解釋《春秋》與徵實史實為輔，依「敘事類」、「詞令類」、「論說類」、「描寫類」等四種類型，選擇《左傳》記載計二十三篇。碩博士班課程則以研究為導向，引介學生進入《春秋》與《左傳》之殿堂。唯張先生於二〇〇九年與二〇一五年開設同門課程時，於教學目標與內容皆有大幅修訂。二〇〇九年課程圍繞《春秋》經傳「選題」為主軸，配合張先生是時於「論文選題與研究創新」議題之創發，將研究心得融入課程。二〇一五年課程近半內容雖延續二〇〇九年，另有六成單元則將張先生《春秋》詮釋學、《左傳》「屬辭比事」與歷史敘事之成果融會於教學。由是可知張先生不僅治學嚴謹，更寓研究於教學，將課程內容配合研究成果而因革損益，使學生不斷獲取新知。

五　「左傳」課程之現況與展望

　　筆者於一〇四學年度第一學期、即二〇一五年九月始於本系學士班開設「左傳」課程，為二學分學年選修課；一〇六學年度、即二〇一七至二〇一八年第二次課設此課程。筆者又於一〇五學年度第一學期、即二〇一六年九月，於碩博士班開設「左傳專題研究」，亦為二學分學年選修課，一〇六學年度亦為第二次開課。以下依序說明二門課程使用教材與授課內容，敬請讀者指教。

（一）學士班「左傳」

　　為便於學士班學生取得教材，筆者將楊伯峻《春秋左傳注》與日本竹添光鴻（1842-1917）《左傳會箋》列為本課程主要教材[87]，再輔以筆者使用美國Microsoft微軟公司「Power Point」所製作講義。本課程選修學生多是學士班二年級至四年級學生，為符合其學力與興趣，故授課內容大致以時間先後為序，介紹春秋諸國具代表性之國君與卿大夫，輔以相關春秋時代制度。筆者於第一學期設計六項單元，依序為「春秋小霸：鄭莊公事蹟、人倫關係及相關制度」、「春秋首霸：齊桓公事蹟、用人策略及相關制度」、「晉國霸業奠基者：晉獻公事蹟、人倫關係及相關制度」、「失格霸主：宋襄公事蹟、國際關係及相關制度」、「晉國首霸：晉文公事蹟、手足關係及相關制度」、「西方霸主：秦穆公事蹟、用人策略及相關制度」；第二學期設計五項單元，依序為「楚才晉用：申公巫臣與夏姬事蹟、人才轉移及相關制度」、「鄭國賢相：子產事蹟、國際事務及相關制度」、「爭霸江南：伍員事蹟、復仇觀念及相關制度」、「君權旁落：魯國三桓事蹟及相關制度」、「吳越春秋：吳越之爭及相關制度」。[88]近年國內外學者對傳統經學於現代社會之意義有多方討論，年輕學子修習經學課程，或多或少亦抱持若干程度懷疑——二千年前之經學，於二十一世紀有何關係與影響？尤其學士班課程未必是本系學生選修，常見文學院其他科系、乃至其他學院學生修習。筆者為盡可能解答學生心中疑惑，於課程設計之初即戮

---

87 楊伯峻：《春秋左傳注（修訂本）》（臺北市：洪葉文化公司，2015年）。竹添光鴻：《左傳會箋》（臺北市：天工書局，1998年）。

88 黃聖松：「左傳（一）課程大綱」，網址：http://class-qry.acad.ncku.edu.tw/syllabus/online_display.php?syear=0104&sem=1&co_no=B122010&class_code=。黃聖松：「左傳（二）課程大綱」，網址：http://class-qry.acad.ncku.edu.tw/syllabus/online_display.php?syear=0104&sem=2&co_no=B122020&class_code=。

力構思《左傳》與現代生活結合之可能。故於上列各授課單元內，除介紹人物、事件與制度外，亦嘗試融入與現代生活相關議題。如第一學期著力於人倫關係，如鄭莊公與其母姜氏、其弟共叔段之糾葛，晉獻公及其諸子與諸公子間手足關係，說明其面對之人倫困境、選擇處理方式、後果與影響。此外，為因應目前國際情勢與人才移動等問題，筆者藉齊桓公、宋襄公、秦穆公、申公巫臣與子產等人物相關事件，說明春秋諸國遭遇景況及與現代之聯結。此課程筆者迄今已授課二次，大致能獲得多數修課學生認同與迴響。

（二）碩博士班「左傳專題研究」

本課程使用教材有三，除學士班所用楊氏與竹添氏專書外，尚包括晉人杜預集解、唐人孔穎達正義之《春秋左傳注疏》。實際授課雖多用楊氏之書，然筆者要求學生須翻檢《春秋左傳注疏》予以核對，且練習文字句讀。為引介碩博士生進入研究領域，課程致力於春秋時代背景與相關制度說明，故於第一學期排入「封建與宗法制度概論」、「軍事制度：軍事動員與後勤」、「國人與私屬」、「空間名詞分析：國與野之關係」等四單元，於第二學期接續說明「諸國官制比較」、「諸國交通路線研究」、「《左傳》量化分析舉例」、「大數據研究舉例」、「《左傳》敘事章法」等內容。[89]筆者《左傳》研究較聚焦於春秋史與制度考證，秉持葉、宋、張三位先生研究與教學理念，盡量將個人研究成果納入課程[90]，使研究生藉此了解論文撰寫體例、格式、

---

89 黃聖松：「左傳專題研究（一）」，網址：http://class-qry.acad.ncku.edu.tw/syllabus/online_display.php?syear=0105&sem=1&co_no=K188910&class_code=。黃聖松：「左傳專題研究（二）」，網址：http://class-qry.acad.ncku.edu.tw/syllabus/online_display.php?syear=0105&sem=2&co_no=K188920&class_code=。

90 針對「封建與宗法制度概論」單元，筆者曾與湯云瑋合著〈左傳「宗」、「家」、「室」家庭制度考論〉，載於《高雄師大國文學報》第19期（2014年1月），頁169-

搜集資料之方法、行文技巧等，及《左傳》領域國內外研究概況。筆者於各單元授課，一則帶領學生閱讀《左傳》原文，一則將諸家學者與筆者論文交叉參照；以期學生既能熟悉文本，亦可培養撰寫論文之問題意識。

　　展望未來，為強化本系學生學習與職涯發展需求，藉教育部「高等教育深耕計畫」之便，筆者於一○七學年度、即二○一八至二○一

203。關於「軍事制度：軍事動員與後勤」單元，筆者撰有〈左傳車右考〉，《文與哲》第9期（2006年12月），頁49-82；〈左傳「徒」、「卒」考〉，《文與哲》第11期（2007年12月），頁25-84；〈左傳「御」、「僕」考〉，《政大中文學報》第9期（2008年6月），頁101-137；〈左傳「旂車之族」考〉，《文與哲》第12期（2008年6月），頁1-20；〈童書業《春秋左傳研究》軍事類詞條考訂〉，《屏東教育大學學報（人文社會類）》第33期（2009年6月），頁67-88；〈左傳「行」、「列」考〉，《經學研究集刊》第20期（2016年5月），頁53-85等論文，與一部專書《左傳後勤制度考辨》（臺北市：臺灣學生書局，2016年）。關於「國人與私屬」單元，筆者撰有〈左傳輿人考〉，《文與哲》第6期（2005年6月），頁35-68；〈左傳「役人」考〉，《文與哲》第18期（2011年6月），頁81-103；〈左傳「役人」續考〉，《文與哲》第20期（2012年6月），頁1-40；〈左傳「私屬」考〉，《成大中文學報》第50期（2015年9月），頁1-56等篇文，與一部專書《左傳國人研究》（臺中市：天空數位圖書公司，2013年）。關於「空間名詞分析：國與野之關係」單元，筆者撰有〈左傳「郭」、「郛」考〉，《臺大中文學報》第42期（2013年10月），頁53-112；〈左傳「郊」考〉，《文與哲》第25期（2014年12月），頁131-182；〈左傳「州」芻議——兼論「作州兵」〉，《成大中文學報》第55期（2016年12月），頁1-50；〈左傳綴以「隧」字地名與「鄉遂」制度蠡測〉，《文與哲》第31期（2018年2月），頁53-100等論文。關於「諸國官制比較」，筆者撰有〈春秋晉國「中大夫」考〉，《東華漢學》第20期（2014年12月），頁47-98。關於「諸國交通路線研究」單元，筆者撰有〈春秋時代邾、郳二國城邑考述〉，《白沙歷史地理學報》第6期（2008年10月），頁1-29；〈左傳魯國交通路線考〉，《國文學報》第9期（2009年1月），頁197-227；〈左傳黃河津渡考論〉，《清華中文學報》第18期（2017年12月），頁5-49等論文。關於《左傳》量化分析舉例」與「大數據研究舉例」單元，筆者撰有〈「外事以剛日」——《春秋》經傳戰爭日期統計考論〉，《興大中文學報》第41期（2017年6月），頁1-33。關於《左傳》敘事章法」單元，筆者撰有〈左傳「著范宣子所為刑書」考〉，《廈大中文學報》第3期（2016年7月），頁39-55；〈左傳文詞釋讀五則〉，《東華漢學》第25期（2017年6月），頁1-36等論文。

九年開設學士班「左傳」課程，將融入「數位人文」與「大數據」概念設計課程。「數位人文」（digital humanities）指透過數位科技進行人文研究，近年廣受國內外學者關注與投入。許多研究機構紛紛成立相關單位或組織，如中央研究院成立「數位文化中心」、國立臺灣大學設有「數位人文研究中心」、「數位典藏研究發展中心」，另有「臺灣數位人文學會」、「中華數位人文關懷協會」等組織。[91]帶動國內研究趨勢之科技部，數年前曾以「數位人文」為研究主題徵求研究計畫，或以個人方式提出，或鼓勵學者形成研究社群，以整合型計畫為導向，希冀能帶動「數位人文」研究風潮。由此可見投入「數位人文」之能量，目前正蒸蒸日上、方興未艾，勢必造成學者研究觀念與方法之轉變。因此人文學門具備數位人文資訊與知識，進而掌握資訊工具與行動學習能力，已是重要且急迫之課題。筆者希冀透過「Story Map」軟體與「DocuSky數位人文學術研究平臺」，一則製成課程教材，一則配合業師教授學生運用二種資訊工具，以下依次概述二種工具性質與特色。

1 「Story Map」軟體

「ArcGIS Online」是美國Esri公司所開發雲端製圖與地理資訊系統，是線上協作式「Web GIS」，可讓使用者運用、建立與分享地圖、場景、應用程式、圖層、分析與資料。[92]「Web GIS」則是「網路地理信息系統」，是「Internet」與「GIS」結合之產物。[93]「Internet」為網

---

91 中央研究院數位文化中心，網址：http://ascdc.sinica.edu.tw/about.jsp。臺灣大學數位人文研究中心，網址：http://www.digital.ntu.edu.tw/。國立臺灣大學數位典藏研究發展中心，網址：http://www.digital.ntu.edu.tw/portal。臺灣數位人文學會，網址：http://tadh.org.tw/。中華數位人文關懷協會，網址：http://www.dihca.org/portal.php。

92 網址：https://doc.arcgis.com/zh-tw/arcgis-online/reference/what-is-agol.htm。

93 MBA智庫百科搜尋「網路地理信息系統」，搜尋日期2018年5月9日，網址：

際網路，其功能已為世人熟知。至於「GIS」則是「Geographic Information System」簡稱，中文譯為「地理信息系統」或「地理資訊系統」，可結合地理學與地圖學，運用於輸入、儲存、查詢、分析與顯示地理資料之軟體[94]，人文學科常見用於歷史、地理等學門。「Story Map」軟體則是「ArcGIS Online」所建立互動式網頁地圖應用程式之一[95]，中文直譯為「故事地圖」，顧名思義乃結合「故事」敘事功能，融合「地圖」影像於一處。「Story Map」基本功能類似美國Microsoft微軟公司「Power Point」軟體，其優勝處在結合「Web GIS」所提供網路地圖，可定位與標記地點，處理時間與空間同步資訊。

　　「左傳」課程講述內容泰半涉及人物與事件之時空轉換，以往利用「Power Point」軟體製作教材，僅能呈現文字、圖片或照片；涉及空間移動時，則須掃描地圖且另予標記古今地名。筆者改用「Story Map」軟體製作教材，除將原先「Power Point」檔案內容複製至「Story Map」，可立即利用網際網路截取地圖，且於地圖標示相關資訊。不僅解決掃描紙本地圖與重新標著地名等問題，更使教學節奏更為流暢便捷。以下將筆者「左傳」課程「Story Map」教材製為「圖一」與「圖二」，敬請讀者參看。

---

http://wiki.mbalib.com/zh-tw/%E7%BD%91%E7%BB%9C%E5%9C%B0%E7%90%86% E4%BF%A1%E6%81%AF%E7%B3%BB%E7%BB%9F。

94　維基百科搜尋「地理資訊系統」，搜尋日期2018年5月9日，網址：https://zh.wikipedia. org/wiki/%E5%9C%B0%E7%90%86%E4%BF%A1%E6%81%AF%E7%B3%BB%E7% BB%9F。

95　美國Esri公司臺灣代理商互動國際數位公司，搜尋日期2018年5月9日，網址：http:// www.esri.tw/index.php?option=com_content&view=category&layout=blog&id=89&Item id=117。

圖一　「左傳」課程「Story Map」教材舉例之一

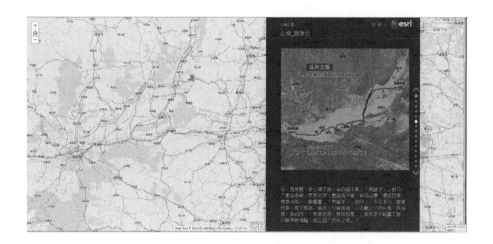

圖二　「左傳」課程「Story Map」教材舉例之二

　　「圖一」講述僖公十年（前650）《傳》晉大夫狐突適曲沃而遇太子申生之事[96]，可於網路地圖標記晉都絳城與《傳》所謂「下國」——

---

96 杜預集解，孔穎達正義：《春秋左傳注疏》，頁221-222。

即晉國舊都曲沃位置，使學生了解二地現今地望與距離。「圖二」內
容為僖公十三年（前647）《傳》秦輸粟於晉「汎舟之役」[97]，不僅可
於網路地圖標記秦、晉二國都城位置，亦可於頁面另附其他地圖，使
學生對空間轉移與過程一目了然。

　　透過課程展示「Story Map」教材功能，且利用教育部「高等教
育深耕計畫」提供業師授課鐘點費，筆者邀請「Story Map」臺灣代
理商互動國際公司工程師，至「左傳」課堂講授該軟體操作與製作過
程。此項合作目的有三：一是提供學生吸收數位工具資訊，增益其軟
體運用能力。二是藉由課程與數位工具結合，要求學生運用「Story
Map」製作學期報告與口頭簡報。三是該軟體代理商近年持續舉辦
「全國大專院校暨高中職Story Map校園競賽」[98]，待學生了解該軟體
操作功能後，可組成團隊參與競賽，提高其學習意願與效益。

2 DocuSky數位人文學術研究平臺

　　「DocuSky數位人文學術研究平臺」係國立臺灣大學數位人文研
究中心、資訊工程學系數位典藏與自動推論實驗室規劃，由國立臺灣
大學資訊工程學系項潔特聘教授主持，杜協昌博士設計開發。依該平
臺簡介，是「符合人文學者研究需要，進行個人化材料整理與分析的
網路平臺。」由於人文學科研究之特殊需求，為「兼具收納多元媒材
的標準性，滿足研究需要的多樣性，提供學者在平臺上建置符合國際
標準格式的個人雲端資料庫，並利用平臺上所提供的各種工具，進行
個人文本的格式轉換、標記與建庫、探勘與分析，以及視覺化觀察、

---

97 同前註，頁223-224。

98 「Story Map」軟體臺灣代理商互動國際公司網頁公告，搜尋日期2018年5月9日，網
　　址 http://www.esri.tw/index.php?option=com_content&view=category&layout=blog&id=
　　109&Itemid=134。

GIS整合等學術研究工作。」[99]該平臺已具備若干設置、標記與檢索功能，學者可依個人需求建置資料庫，且能彈性運用軟體工具協助檢索、分析、歸納與整合研究成果。筆者目前已利用該平臺協助《左傳》研究，並建立個人資料庫，製為「圖三」與「圖四」，敬請讀者參看。

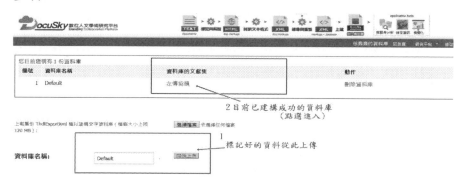

圖三　「DocuSky 數位人文學術研究平臺」建置個人資料庫之一

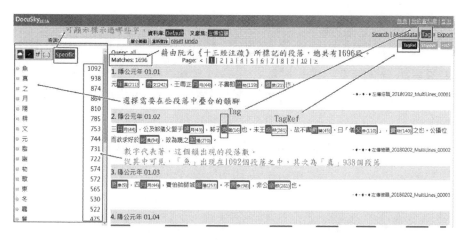

圖四　「DocuSky 數位人文學術研究平臺」建置個人資料庫之二

---

99 DocuSky數位人文學術研究平臺，網址：http://docusky.digital.ntu.edu.tw/DocuSky/ds-01.home.html。

　　「大數據」（Big Date）又稱「具量資料」，指傳統資料應用軟體不足以處理之龐大或複雜資料集。[100]從學術角度而言，由於近期電腦軟硬體技術進步，許多公私立單位於內部公布資料，使學者藉此分析相關訊息與數據，促使「大數據」成為許多學門新穎研究課題。筆者利用「高等教育深耕計畫」經費，將邀請國立臺灣大學數位人文研究中心工程師擔任業師，至課堂說明資料庫功能與建置。且以筆者所置資料庫為例，使學生了解「大數據」概念及其發揮效益。國立清華大學教授兼中央研究院院士黃一農先生以「大數據」方式，探索《紅樓夢》文本與其相關歷史考證，出版《二重奏：紅學與清史的對話》總結成果。[101]由黃一農先生成功案例，鼓勵學生無論未來是否從事研究工作，「大數據」分析已是研究與產業趨勢。多方學習與善用相關軟體及數位工具，必能增益個人研究或職涯條件。

　　總上所述，筆者於本系學士班開設「左傳」，於碩博士班開設「左傳專題研究」二門課程，迄今已歷二次授課經驗。筆者於學士班課程以人物為核心設計單元，輔以春秋時期相關制度，以符學生能力與興趣。此外，此課程亦嘗試將單元人物融入現代意義，提供學生反思議題，希冀能與當今生活有更深刻之鏈結。碩博士課程設計主要乃據筆者研究成果，帶領學生循序漸進閱讀文本，又與相關論文交互參看，培養學生問題意識與撰寫論文能力。一○七學年度因教育部「高等教育深耕計畫」資源挹注，筆者將針對學士班課程邀請業師，參與「Story Map」軟體與「DocuSky數位人文學術研究平臺」教學。不僅讓學生具備「數位人文」與「大數據」概念，更能熟悉運用相關軟體能力，增益其職涯規劃或從事學術研究工作之能力。

100　維基百科搜尋「大數據」，搜尋日期2018年5月11日，網址：https://zh.wikipedia.org/wiki/%E5%A4%A7%E6%95%B8%E6%93%9A。

101　黃一農：《二重奏：紅學與清史的對話》，北京市：中華書局，2015年。

六　結論

　　成大中文系開設「左傳」課程已有三十餘年歷史，相繼由葉政欣先生、宋鼎宗先生、張高評先生與筆者執教。葉、宋二位先生曾於本系學士班日間部與夜間部分別開設「左傳」，嘉惠不同班程學生可接觸經學之機會，且奠定本系《左傳》研究與課程基礎，亦引領南臺灣高等教育經學研究風潮，居功厥偉功不可沒。筆者發現葉、宋二位先生研究風格與「左傳」授課內容迥異，葉先生偏向名物訓詁、典章制度，宋先生則偏重闡發人物內心幽微，推論其言行舉措與事件發展之關聯，恰可類比中國學術史所謂「漢學」與「宋學」。張高評先生繼二位先生之後，於學士班與碩博士班開設「左傳」課程。為因應不同學習階斷學生之學力、興趣與教學目標，張先生於學士班課程著重文學鑑賞能力之啟發與培養，於碩博士班則以引領研究路徑為依歸。張先生治學勤篤且能觸類旁通，針對某項研究課題待有具體成果後，方置入課程教授學生，體現其嚴謹負責態度。筆者續貂三位先生開設「左傳」，於學士班課程以人物為主題，輔以解說相關制度，且導入與其相關之現代議題，旨在聯結古代典籍與當今生活，增益學生學習興趣而能借古喻今。碩博士班課程亦盡量將研究成果帶入授課單元，希冀結合閱讀原典與當代學者論文；一則引導學生熟悉文本，一則培養其問題意識與撰寫論文技巧。筆者未來將藉由教育部「高等教育深耕計畫」經費，於學士班課程加強「數位人文」與「大數據」主題，且邀請業師教授「Story Map」軟體與「DocuSky數位人文學術研究平臺」操作演練，以期增益學生軟體運用與學術研究能力。

陸　主題・脈絡・經典轉譯[*]
──臺大、政大、臺師大「四書」課程考察（2006-2016）

陳逢源[**]

一　前言

　　《四書》作為經典教育，起源久遠，一方面遠承於科舉制度，一方面因應現代學科分化之後，所形成之專業科目，於不同時代、不同階段有不同的需求；從文化傳承、社會教育、國族信念，乃至於人文素養，皆可直究於經典當中，獲得濡潤於身的智慧。其價值遠在於世俗功利之上。因此也唯有高瞻之智慧，深刻的體會，才能洞悉意義，了解聖人宏謨懿訓對於人生提升之作用。清聖祖玄燁（1654-1722）以帝王之尊，氣魄宏大，而於〈御製朱子全書序〉云：

　　　　朕一生所學者，為治天下，非書生坐觀立論之易。今集朱子之
　　　　書，恐後世以借朱子之書自為名者，所以朕敬述而不作，未敢

＊　本文為執行科技部計畫所獲致之部分成果（計畫編號：106-2410-H-004-153-MY3），宣讀於政大中文系舉辦之「傳經授業──戰後臺灣高等院校中的經學課程與經學教育」學術研討會，承與會學者以及與談人金培懿教授指正，並分享教學經驗，本文於修改後發表，在此一併致謝。
＊＊　陳逢源，政治大學中國文學系。

自有議論。往往見元明至於我朝，註作講解，總不出朱子，而
各出己見，每有駁雜，反為有玷宋儒之本意。……凡讀是書
者，諒吾志不在虛詞，而在至理；不在責人，而在責己。求之
天道而盡人事，存，吾之順；末，吾之寧。[1]

所謂「敬述而不作，未敢自有議論」，敬畏聖人也敬畏道理，乃是謙
遜又具有智慧之言。民國初年，出版名人粹芬閣主人沈知方（1883-
1939），先後參與商務印書館、中華書局出版工作，又創辦了世界書
局[2]，然而念茲在茲的是，希望以《四書》來傳承民族精神。因此商請
王緇塵講解，作《廣解四書讀本》，又敦請蔣伯潛（1892-1956）重加
譯述，作《語譯廣解四書讀本》。沈知方於〈刊行序〉言其緣起云：

當一二八滬戰發生時，炮火連天，鳥無靜枝，魚無恬波，老弱
填於溝壑，妻子散而至四方，景象之慘，亙古罕見。思彼孔、
孟二聖當春秋戰國之世，暴亂日作，欲救以仁義，而時君皆迂
視之，不得行其道，乃退而授徒著書，以遺後人，時至今日，
《四書》非救人之藥石乎？……蓋余自經營書業，出版書籍數
十萬冊，從無若此書之慎重者，以深知聖人之言，皆吾人日用
之珍，身由之而修，業由之而建，政由之而成，教由之而興。
譯得其當，理隨事解，語或乖迕，差以千里，不可不慎也。[3]

1　玄燁：〈御製朱子全書序〉，朱熹撰：《古香齋朱子全書》（臺北市：廣學社印書館，
　1977年），頁5-7。
2　沈知方，浙江紹興人。早年失學，於家鄉書店學徒，一八九九年至上海，任職於會
　文堂書局；翌年入商務印書館任營業幹事，一九二一年任改組後的世界書局總經
　理，一九三九年病逝於上海，編有《粹芬閣珍藏善本書目》。傳略參見陳玉堂：《中
　國近現代人物名號大辭典》（杭州市：浙江古籍出版社，2005年），頁412-413。
3　沈知方：〈語譯廣解四書讀本刊行序〉，蔣伯潛解：《語譯廣解四書讀本》（臺北市：
　啟明書局，1952年），頁1-2。

身處烽火連天，道德淪喪的黑暗時代，外侮日甚，國家殘破，更能深
切感受到文化薪傳的危機，「譯得其當，理隨事解，語或乖迕，差以
千里」，對於經典傳譯之重視，所以珍之重之，不敢輕忽。至於孤懸
海外的臺灣，並不自外於這個傳統。自明鄭以來，上承朱子閩學系
統，淵遠流長，甚至在日本的殖民統治之下，漢文化遭受壓迫歧視，
殖民地的特殊情境反而使得臺灣人對於傳統文化更加珍視，更具有危
機意識。[4]「臺灣文化協會」於一九二五年在臺北舉行文化講座，蔣
渭水（1890-1931）為反抗日本的監視，請王敏川（1889-1942）講
《論語》一個多月，引起諸多迴響，也就充分表現出臺灣知識分子深
厚的學養，以及認同傳統文化的強烈民族情感。[5]回顧過往，不論是
盛世之君，抑或亂世之人，甚至在異族殖民氛圍中，不同的時代、不
同的環境，只要有淑世之念，思考文化傳承之內涵，延續種性之精
神，都能體會四書所具之意義。

　　臺灣的發展是在傳統與現代化交融之下進行，加上海峽兩岸分
治，在不同意識形態下，為對應馬列思想，反制文革之反傳統訴求，
政府以加強倫理道德教育，落實文化薪傳為主軸，表彰《四書》也就
成為臺灣學術教育上強調的重點。檢討近五十年臺灣《四書》的研究
成果，內容豐富多樣，尤其對比中國大陸、香港，臺灣學界不僅有更
多的前輩投身其中，甚至也常見政府機關的提倡表彰；中學教育更列
為「中國文化基本教材」，藉以落實儒家思想的傳承。所以學術論著
數量驚人，成果斐然，即可為證。然而褪去威權時代，走向多元民主
社會，四書教育反而產生諸多懷疑。林月惠就直指戒嚴時期的《四

4　陳昭瑛：《臺灣儒學的當代課題：本土性與現代性》（北京市：中國社會科學出版
　　社，2001年），頁2。
5　葉榮鐘：《日據下臺灣政治社會運動史》（臺北市：晨星出版社，2000年），下冊，
　　頁349。

書》教學，成效是「扭曲化」；解嚴以後的《四書》教學，課程是
「邊緣化」，呼籲發展通識教育也要護持文化本源。[6]民國一百年臺灣
哲學學會舉辦「二○一一年度會員大會暨學術研討會」，設立哲學論
壇議題：「《四書》納入高中必選教材是否合宜？」邀集各方參與討
論，直抒己見，展現多元的聲音。雖然希望不同意見激盪之後，形成
可能的共識，但以設定之論題，《四書》成為相對於現代民主自由的
「他者」，是黨國威權的象徵；是帝權、霸權、父權的孑遺；是荼毒
人心、制約自由的材料；是過往壓迫思想的劊子手。批判之餘，具有
強烈宣洩情緒的作用。[7]其中的質疑，難以一一致辯，錯亂的時空，
更無法一一澄清；雖可駭怪，但並不陌生。民國初年對於傳統的批
評，大抵也有相同的說辭，只是如今更聚焦於《四書》而已。相對於
過往，學科分化之後，原就有不同的信仰，多元價值之下，無法接受
有所謂「必須」的道理；另一方面，其中也涉及政治形態、不同學術
立場的衝突，已無所謂共識可言。然而《四書》可以作為情緒的出
口，發洩不安與憤懣，恐怕也是現代化經典詮釋另類的發展。人心
「異化」產生經典的「異化」，研讀《四書》並不是用以修身養德，
而是用來攻擊《四書》的不切實用。

　　筆者曾參與「國科會人文學研究中心設置及運作計畫第三期」林
慶彰教授所負責的「臺灣地區近五十年經學研究成果報告」中有關四
書部分的撰寫，檢視臺灣近五十年來的論述成果，撰成〈臺灣近五十
年（1949-1998）四書學之研究〉一文。[8]前輩學者泯除漢、宋學差

6　林月惠：〈在解構中走向重建——師院《四書》教學的省思、建構與分享〉，《通識
　　教育季刊》第6卷第1期（1999年3月），頁55-70。

7　張忠宏：〈《四書》應該必讀嗎？——又一次爭議〉，《思想》第21期（2012年5月），
　　頁235-330。

8　陳逢源：〈臺灣近五十年（1949-1998）四書學之研究〉，《朱熹與四書章句集注》（臺
　　北市：里仁書局，2006年），頁498。

異，進而與西方哲學對話，建構出孔孟思想的恆久價值，繼承前代學術，又有深入發展，無數學人奉獻智慧；臺灣《四書》學研究具有成就，乃是無庸置疑之事。展望未來，應有長足的發展。然而時勢變化，明顯背道而馳。而相對於過往研究成果的觀察集中於學術論文專著，四書教育恐怕必須回歸於大學當中，了解目前課程操作與進行方式。尤其面對時代鉅變，意識型態對立，想法紛雜的情況，大學課程如何因勢而改，生發新義，林安梧撰〈論四書中的大學理念——兼及對當前臺灣教育的一些反省〉[9]、洪櫻芬撰〈通識課程中的經典教育——以「《大學》、《中庸》之研讀」課程為例〉[10]、林月惠撰〈在解構中走向重建——師院四書教學的省思、建構與分享〉[11]、蘇子敬撰〈文化變遷中的現代大學四書教學研議〉[12]、杜忠誥撰〈《四書》的當代閱讀價值〉等文[13]，檢討四書教學的現狀，提供諸多觀察。而事實上，《四書》教育主要來自於中文，臺大、政大、臺師大具有學術指標作用，三校中文系、國文系有相同的設計，也有不同的脈絡，藉由近十年課綱內容檢視，嘗試了解目前大學《四書》教學的樣態，分析目前經典教育的發展與困境，作為延續臺灣《四書》學研究成果觀察的參考。只是，既無法親至課堂聆聽，又難以進行教學成效訪查，單純的紙上作業，無疑是閉門造車的工作，既惶恐又無自信。而為求回應

9　林安梧：〈論四書中的大學理念——兼及對當前臺灣教育的一些反省〉，《大學通識報》第4期（2008年6月）頁13-42。

10　洪櫻芬：〈通識課程中的經典教育——以「《大學》、《中庸》之研讀」課程為例〉，《通識學刊：理念與實務》第1卷第3期（2008年1月），頁153-170。

11　林月惠：〈在解構中走向重建——師院四書教學的省思、建構與分享〉，頁49-75。

12　蘇子敬：〈文化變遷中的現代大學四書教學研議〉，《鵝湖月刊》第276期（1998年6月），頁39-43。

13　杜忠誥：〈四書的當代閱讀價值〉，《國文天地》第27卷第7期（2011年12月），頁48-55。

目前教育困境，作為經學推展的觀察，又蒙車行健教授力邀的結果，不得不勉力而為之，粗陋管見，尚祈前輩學人有以諒焉。

二 實施情況

臺灣師範大學於創校之初，大一共同必修課程，除「國文」、「國音及語音運用」外，還有「四書」課程。師範生養成教育中特別重視語文能力以及品德陶冶，「四書」課程也就肩負此一教學目標，成為師範大學學生師資養成之一大特色。[14]相同情形，臺灣大學過去也曾經在大一國文講授《孟子》，藉以培養學生氣度，至今仍讓許多學人記憶深刻。[15]《四書作為教材，原是大學可以安排的共同科目，不管是培養品德、長養氣度，抑或作為一種經典教育，使人倫日用之間有行事的準則；或是了解儒學要義所在，體認傳統文化價值，甚至可以熟悉典故語彙，進行古文閱讀訓練。不同層面皆有作用，一如劉勰《文心雕龍》所言：「義既極乎性情，辭亦匠於文理，故能開學養正，昭明有融。」[16]作為課程，提供全校學生學習經典，有其延伸文化的用意。不過就教學而言，共同必修代表學科的重要性，以及各大學對此之重視；但就教育養成而言，恐怕仍是屬於第二序的課程。「四書」課程主要還是在中文系傳授，學生的學習將成為未來各大學通識課或各中學講授文化基本教材的師資。中文系有關「四書」的課程，提供經典第一手轉譯的材料，才是後續不同年段、不同學校、不同科目講授的內容。以此而論，中文系「四書」課程才是經典講授第

---

14 邱燮友：〈序〉，臺灣師範大學國文系四書教學研討會編：《儒學與人生──《四書》解讀及教學設計》（臺北市：三民書局，1993年），頁3。

15 吳冠宏：〈大學國文何去何從：語文生命化與專業通識化的分流與交合〉，《通識在線》第75期（2018年3月），頁26。

16 劉勰撰：〈宗經〉，《文心雕龍》（臺北市：學海出版社，1988年），卷1，頁21。

一序工作；師生之間建立經典詮釋成果，提供學習者最初也最重要的認識。

　　以臺大中文系課程安排而言，自九十學年度起，「四書」改列為選修，歸屬於經學課群之中，並無疑義。但就群組必修課程架構，「四書」則是與「老子」、「莊子」、「荀子」、「史記」並列，五門必選一門，「四書」原本具備學科之重要性，已經下降；從必修變選修，在學術位列之中，也從經學領域中移轉於諸子與《史記》之列，這是縮減必修學分風潮下的結果。但學生學術養成中，經典教育重要性的退卻，其實於中文系已然如此。至於政治大學中文系大學部課程的安排，則是採取另一種策略，從分解的方式，建構《四書》講授的樣態；「四書」並非必修，但就思想類群修課程中，大一課程中有「論語」、「孟子」，大二則有「學庸」，將《四書》進行專書化講授，提供學生經典義理進程的了解。一方面銜接高中「文化基本教材」，進行專書的深化學習；另外一方面，則將較具義理思辨的課程，作為後續二年級的延伸課程。「四書」課程的拆解，固然解消《四書》原本體系的結構性[17]，也有違朱熹（1130-1200）建立《大學》、《論語》、《孟子》、《中庸》的學習進程[18]，甚至以需修足至少六學分而言，二十門課中，僅修「論語」、「孟子」兩科目，即可以滿足最低學分數，也不利於建立完整的了解。但以降低必修學分數的前提下，藉由群修的概念，提供經典學習的基礎，也提供可以繼續深入的管道，開設用意具有課程體性化的思考，由此可見。甚至為求化解經典分化之後的歧出，研究所課程則是開設「四書專題研究」課程，進行義理脈絡的講

---

17 陳逢源：〈「詳味」與「潛玩」——朱熹叮嚀語之梳理與檢討〉，《「融鑄」與「進程」：朱熹《四書章句集注》之歷史思維》（臺北市：政治大學出版社，2013年），頁237。

18 陳逢源：〈道統的建構——重論朱熹四書編次〉，《東華漢學》第3期（2005年5月），頁223-254。

授與研習，提供學術統整工作，形構經典傳授更具體系的設計。相較之下，臺灣師範大學國文系發展「四書」課程，具有建立師資培育的作用，也最具社會與教育影響力。在晚近打破課程架構，建立課程地圖的訴求中，從原本的科目安排，進而形成不同課群結構。於是在經史組、哲學組、文學組、語言文字組、教學應用組等五大課程學術分組中，「四書」列於經史組基本選修科目，屬於師培生的必選科目。至於非師培生則為基本選修，保有以往以《四書》作為教師品德陶冶課程的思考。但在學術分組之中，以及龐大科目當中，「四書」顯得單薄，也是不爭的事實，原因所在，乃是作為能力習得思考的結果。

　　臺大中文系四書課程，上下學期各二學分；政大中文系「論語」、「孟子」及「學庸」，各三學分；臺師大國文學系上下學期各二學分。三校中文系目前課程情況，乃是歷經近十年高教諸多變革之後的結果。減輕必修學分數的趨勢，如何保有中文系專業樣態，三校各有不同的考量，也有不同的思考脈絡。一方面牽涉師資結構，另一方面則是文學、義理、語言課程架構之間的均衡，乃至於經學內涵的掌握，於是就有不同的安排。「四書」課程也就從重點科目退居二線，甚至成為選修課程。而建構專業能力的訴求，形塑課程地圖過程中，則又將原本可以進行多層次、多面向素質培養的經典課程，窄化為經史科目，成為一種文獻傳授材料。就一門課程而言，提供一種能力的培養，或許合理，但對於可以培養多元能力，具有提升品德作用的經典，乃至於可以作為文化基礎的課程，恐怕就難以簡化處理。只是許多變革往往是全國性、全校性結構調整的結果，甚至是一種教育理論風潮之下的嘗試，未必可以充分辨證與思考；另一方面，對於傳統經典學習的理解缺乏信心，各種學科多元價值發展各具立場，時勢變動、心思衝突混亂的結果，經典不再具有核心地位，才是四書教育必須克服的問題。

三 課程內容

其實課程問題回到最根本，乃是課堂當中教師、學生、經典之間的相互對話過程。在不同脈絡當中，逐步形構出不同層次的體會，朱熹曾言：

> 讀書須是虛心，方得。他聖人說一字是一字，自家只平著心去秤停他，都不使得一毫杜撰，只順他去。某向時也杜撰說得，終不濟事。如今方見得分明，方見得聖人一言一字不吾欺。只今六十一歲，方理會得怎地。若或去年死，也則枉了。自今夏來，覺見得纔是聖人說話，也不少一箇字，也不多一箇字，恰恰地好，都不用一些穿鑿。[19]

朱熹以六十之齡，正式序定《大學章句》、《中庸章句》，託付一生學術心得。[20]隔年刊刻四經、四子於臨漳，撰〈刊四經成告先聖文〉以昭告先聖先賢。[21]六十一歲正是形構道統論述，四書體證有得之時，對於經典的信心，乃是反覆窮究的結果，也就無怪有「若或去年死，也則枉了」的感慨，朱熹也舉實例來說明：

> 聖人之言，雖是平說，自然周徧，亭亭當當，都有許多四方八面，不少了些子意思。若門人弟子之言，便有不能無偏處。如夫子言「文質彬彬」，自然停當恰好。子貢「文猶質也，質猶

---

19 黎靖德：《朱子語類》（臺北市：文津出版社，1986年），卷104，頁2621-2622。

20 陳逢源：〈「治統」與「道統」——朱熹道統觀之淵源考察〉，《「融鑄」與「進程」：朱熹《四書章句集注》之歷史思維》，頁64。

21 朱熹撰，陳俊民校編：〈刊四經成告先聖文〉，《朱子文集》（臺北市：德富文教基金會，2000年），卷86，頁4261。

文也」，便說得偏。夫子言「行有餘力，則以學文」，自然有先
後輕重。而子夏「雖曰未學，吾必謂之學」，便有廢學之弊。[22]

話語一偏，過高過低，終有流弊，唯有聖人義理飽滿，言語自然周
遍，無罅漏、無偏斜、無虛語，智慧充盈；要有多大歷練，要有多少
的深究，才有如此的體驗。課堂當中恐怕難以短時間就有如此的共
識，必須善於引導，啟發思想，甚至必須調伏過高、過激的心思。虛
心平靜，回歸於常道，揣摩聖人智慧，成為教師最大挑戰。近十年臺
大中文系「四書」課程，分別由林永勝教授、蔡振豐教授、徐聖心教
授三位擔任。以所列專長，林永勝教授是宋明理學、道教思想、中世
三教交涉史、中國古代的身體觀與工夫論；蔡振豐教授是魏晉玄學、
魏晉佛學、中國哲學史；徐聖心教授是莊子思想、先秦儒學、晚明佛
教史。三人各有不同專長，也有不同講授重點，因此也有不同的課程
設計。然而共同之處，則是從學術史眼光中，建構《四書》講授內
容。以一〇五學年課綱內容為例，設定學士班二年級以上修習，課程
目標是：

　　一、使學生對《四書》的意涵及歷代詮釋有所認識。二、使學生
對儒家思想的核心內涵有所掌握。三、使學生能理解中國古代與近世
思想的轉折。四、使學生對中國文化的深層結構有進一步思考空間。
從《四書》所具有之歷史意義，對於形塑現代思想之作用，乃至於對
於自身文化體認的價值，進行課程安排，檢視課程概述，將晚近東亞
儒學的研究成果，作為《四書》經典價值的證明。上學期以《論語》
為主，下學期則是以《大學》、《中庸》、《孟子》為主。對於《論語》
著力較深，反映以孔子作為《四書》義理核心的思考。就各週的主題

---

22 黎靖德：《朱子語類》，卷19，頁435。

安排，包括：「兩個孔子：從《論語》到四書」、「先秦的聖人觀與玄聖
孔子（上）、（下）」、「孔子及其政治實踐」、「聖人之死與《論語》的編
纂」、「周文之弊與孔子的政治思想（上）、（下）」、「正名論與孔子的我
觀（上）、（下）」、「相偶論與孔子的人觀（上）、（下）」、「人與仁」、
「先秦儒家有關人之本質的幾種思考（上）、（下）」；下學期則有「從
人論到仁論（一）、（二）」、「先秦儒家有關人之本質的幾種思考（一）、
（二）、（三）」，「孟子對聖人觀的重構（一）、（二）」、「儒家美學與孔
子的修身之道（一）、（二）」、「情感的對治之道與中庸已發未發之論
（一）、（二）」、「孟子的知言養氣說（一）、（二）」、「大學內聖外王之
道與朱子的詮釋（一）、（二）」、「宋明儒者對孔子形象的重構」等，
嘗試脫離宋明理學框架，還原先秦儒學思想樣態，進行《四書》義理
的重構。孔子不同形象的概念，可以溯自民初顧頡剛（1893-1980）
的問題[23]，因此特別留意聖人出於後人建構的形象，以及孔子主要觀
點包括正名、政治、仁等概念的澄清，進而梳理儒家修養工夫的內
涵，提供具有學術視野的《四書》內容，以及切己可用的思考方向。
課程不僅融進個人學術專長，更將晚近學術關注議題安排於主題當
中；相較以往章句研讀方式，發展議題，歸納主題，將《四書》義理
轉化為儒學思想，建構出課程內容；藉由當代學術視野，形構經典對
話，《四書》重新脈絡化的結果，不僅新穎，也是趨勢所在。

　　至於政大中文系則於大一安排「論語」、「孟子」，大二安排「學
庸」，研究所則有「四書專題研究」。近十年教授《論語》課程的有車
行健教授、林啟屏教授；教授《孟子》有黃偉倫教授、董金裕教授；
教授《學》、《庸》有劉又銘教授。至於研究所「四書專題研究」，則
為陳逢源教授。各經分授，於不同年段提供不同經典內容，對於《四

23　顧頡剛：〈春秋時的孔子和漢代的孔子〉，《古史辨》（臺北市：藍燈文化事業公司，
　　1987年），第二冊，頁139。

書》之重視，提供深入的學習，並且於研究所階段進行整合。就課程當中，《五經》與《四書》平衡展現，確保經學範疇的完整，乃是構思之重點。《四書》當中，《論語》、《孟子》、《大學》、《中庸》原就各具精彩，也各有不同作用。《論語》、《孟子》在前，《大學》、《中庸》在後，一方面延伸高中生「文化基本教材」，另一方面則是在義理層次當中，有效建立學生《四書》完整的脈絡。安排之學分數，乃是三校中文系中最多的學系，用意所在，正是將《論語》、《孟子》視為經學的第一科，主要在於鋪排經學課程的基礎架構。以一〇六之一「論語」課綱為例，課程目標是「希望透過經典文獻的閱讀，以及思想縱深的視野，並參考當代知識的相互印證與對話，培養學生以分析的角度，進行古典文獻的現代理解。深化學生人文精神之建立，提升自主判斷的能力」。學習成效是：一、提升文獻詮釋能力；二、培養人文反思能力。已是能力導向的課程設計。而各週安排主題有：「先秦思想與現代」、「何謂人文精神？儒家思想的特質？」、「如何讀《論語》？」、「《論語》文本研讀：孔子」、「《論語》文本研讀：孝親生命的展開與仁道」、「《論語》文本研讀：政治實踐」、「《論語》文本研讀：生命的學問」、「《論語》文本研讀：天人之際」、「《論語》文本研讀：人格境界」等，並搭配電影欣賞及分組報告。課程乃是建立在思想史架構下，融入晚近儒學相關議題，以了解儒家思想為目標的《論語》文本導讀；而關注的是儒學生命、天人之際與境界掌握。一〇六之一「孟子」課程，課程目標是：「孔孟哲學特重『主體性』與『內在道德性』，它是以生命為中心，並由此開展先哲們的智慧、學問，以及人生價值的實踐。換言之，儒家哲學並非以學問來支撐生命，而是由生命實存的經驗中，開顯出屬於『生活世界』當中『生命的學問』。本課程之教授，即希望透過對於孟子之學的解說，讓同學掌握孟學知識意涵，以及相關觀念形成的歷史背景脈絡，藉此理解孟子思

想的核心價值及相關觀念群組之意義。此外，透過孟子思想的詮釋，希冀能涵養同學之情性，啟迪生命智慧，由此提供解決問題的思辨途徑，進一步確立自我生命價值之意義，及人倫日用之處世態度。」至於學習成效則為：「本課程於課堂藉助經典之數位人文相關教材，一方面開發同學深度閱讀的可能；二方面也讓同學們在探索、熟悉新型態的數位學習模式之餘，培養經典與文化創意結合之相關核心能力。」同樣也是將課程導向能力的培養，用意更在於數位人文的發想與經典文創的推動。至於各週安排主題有：「孟子其人及其書」、「歷代孟學思想發展」、「孟子的天道性命觀念」、「孟子對於經典的思維型態及解經方法」、「孟子的『以意逆志』與『知人論世』」、「孟子的『人學』」、「孟子的論辯思維及辭令」、「孟子思想中的氣論與身體觀」、「孟子的政治思想」、「孟子與當代思潮的對話」等，其他則為課程說明與報告。對於《孟子》義理之探討外，更留意歷代《孟子》學，以及當代《孟子》氣論身體觀等研究成果。一〇六之二「學庸」課綱則是標榜翻轉以往孟學本位的思維，課程目標與成效是：

一、經由對原文的縝密閱讀，理解《大學》、《中庸》的原義。二、經由《大學章句》、《中庸章句》的閱讀，理解朱子思想及其對《大學》、《中庸》的創造的詮釋。三、經由《大學》、《中庸》的原義與宋明以來的新義，感受經典詮釋中所蘊含的思想張力與學派交鋒。四、經由上述不同詮釋理路的對比，具體體會傅偉勳「創造的詮釋學」與哈伯瑪斯「批判詮釋學」的意義與效用。五、揭示宋明時期孟學一系經典詮釋之「創造的詮釋」的性格，同時表彰荀學原義在當代社會裡該有的正當性。這種批判性、創造性的詮釋，具有重新脈絡化《學》、《庸》的作用，期待產生新的經典價值。在主題部分有：「從荀學進路研讀《禮記》〈大學〉的原文原義」、「從朱子思想研讀《大學章句》」、「從荀學進路理解《禮記》〈中庸〉的原文原義」、「從朱子

思想理解《中庸章句》」等，其他則為課程導論與考試。課程主軸乃是建立在原本與朱本的比對；所謂的原本是以荀學作為進路，與朱熹建立的孟學系統進行檢討，因此更具有義理脈絡的辯證性與顛覆性。分析近十年政大中文系課程，「論語」、「孟子」與「學庸」三門課並非年年開設。改為三學分之後，輪開機率為多，課程設計也逐漸從傳統章句習得方式，轉變為能力的培養。因此規畫主題，開展脈絡，課程為講授者經典體會之心得的分享；在學術史、思想史的架構中，反映多元的視野以及不同學術立場。

　　至於臺師大國文系「四書」課程安排，學生量體最大，以一〇六之一「四書（一）」課為例，授課老師有許華峰教授、沈維華教授、黃瑩暖教授。一〇六之二「四書（二）」任課教授有金培懿教授、沈維華教授、黃瑩暖教授。至於近十年曾講授「四書」課程者除上列之外，尚有鄭燦山教授、王基西教授、許華峰教授、江淑君教授、李幸玲教授等。九十六學年度更有大四「四書（三）」《學》、《庸》課程。九十三學年則有「四書」（特別班），教授人數之眾，投入人力之多，為三校之冠。反映師範系統尊師重道，標舉《四書》引領作用的課程設計，因此課程更為多元呈現。以一〇六之二「四書（二）」其中一門課綱為例，課程簡介為：「南宋大儒朱熹將《大學》、《論語》、《孟子》、《中庸》合編為四書，並以之作為為學入門之首要典籍；其後四書成為中國文化中影響深遠之經典。《四書》呈現了儒家立身處世之道、修養成德之方，與利己達人的人生理想，可說是儒家思想的精義所在。本課程之實施，即在透過《四書》各篇章義理之闡發，使學生了解儒家內聖外王之道，掌握儒家人文精神；進一步能與實際生活、現代文明有所對話，以為立身處世之參考。」揭示朱熹與《四書》關係，申明《四書》的價值，並且引領回歸於自身體證的訴求。課程目標為：一、能理解《四書》的名義、來源、作者與核心思維。二、能

理解《四書》的內容義理。三、能將《四書》義理付諸生活實踐。四、能將《四書》義理與現代生活對話，培養人文精神與人文關懷。相較臺大、政大而言，在強調《四書》乃是一部完整經典，從文獻知識層次、義理內涵層次、實踐運用層次，乃至於人文情懷的培養，展現《四書》多層面的意義。至於課程部分，則是在《四書》當中，建構諸多問題。《論語》部分的議題，如：「修身、齊家、治國、平天下——玩味名之為『我』的這一奇蹟」、「人能弘道，非道能弘人——開拓人生大道」、「為己、好之、學思——學問的各種陷阱」、「父母之年、三年之喪——君子三樂與sabbatical」、「君子有三戒——生老病死與秉燭之明」、「不知、不孤——我們又如何理解他者」、「任重道遠、人生如夢——現實與幻覺如何區別」、「予欲無言、溫故知新——語言是否足以表達宇宙整體」、「子不語怪、力、亂、神——魅力與恐怖的秘密」、「未知生，焉知死——是否有死後的世界」、「興詩、立禮、成樂——大自然之成規」、「逝者如斯，不捨晝夜——推移之感與天地曾不能以一瞬」、「死生有命，富貴在天——亂世英雄與隔代知音」、「苛政猛於虎、為政以德——政治這頭怪物」、「仁者無敵——文明的光與暗到中國的戰爭論」等。《孟子》部分有：「開場白：正統？異端？自我的觀點？」、「孟子其人（姓名、字號、籍貫、生卒年、先世與家屬、師承）」、「由《史記》〈六國表〉與《竹書紀年》談孟子的諸國遊歷」、「由《史記》〈孟子荀卿列傳〉、《七略》、《漢書》〈藝文志〉、〈孟子題辭〉談《孟子》其書（編纂者、篇章、篇次、經典化、註釋書、參考書）」、「趙岐的解經與企圖——《孟子》經書化的初步嘗試」、「由《孟子》的問答形式再談其編纂者與〈梁惠王〉、〈告子〉、〈公孫丑〉、〈萬章〉諸篇」、「《孟子》中所見諸『子』之尊稱（萬章、陳臻、徐辟、樂正克、屋廬子、公都子、高子）」、「孔子的後繼者（予豈好辯哉、捨我其誰）」、「孟子的心性論」、「論敵告子之性論、仁義

論」、「孟子的修養論」、「孟子的政治論」。《中庸》部分有「《中庸》解說（由來、名義、篇章、內容、作者、成書、傳承）」、「性、道、教」、「中、和」、「誠」、「慎獨」等。可能因為學期的因素，未見《大學》部分。而事實上《論語》部分的第一個議題，已經將《大學》核心精神，進行銜接與梳理。至於所列之議題，觸發感動，提醒思考，乃是將原本的學術主題，進一步進行知識、學理、生命的探詢；所列之詳細，遠超過課綱要求，提問之細膩，更是將個人經典體驗進行分享。用意在於藉由經典文字的討論，喚起生命中真實的感動，再循序進行文獻知識、義理辨證的說明，極富教學之創意。至於其他課程課綱，則是各有關注，從章句分析到歸納主題皆有。

　　各校「四書」課程從主題分析到議題思考，多元講授內容來自於經典不同的觸發經驗，黃俊傑教授認為東亞儒學文化交流活動，存在「去脈絡化」（de-contextualization）與「再脈絡化」（re-contextualization）的現象[24]，其實也反映在課程設計當中。當代的視域，乃是在於傳統與西方之間、思想與哲學之間及漢、宋學視野之中融合調整，最終回歸於個人體會的結果。相較於過往，講授經典歧見更多，挑戰更大，也就成為規畫「四書」課程最大的困難所在。

四　構思與反思

　　事實上，《四書》義理歧見之多，不僅是歷來說法不同，觀點有

---

24 黃俊傑：〈導論〉，《東亞儒家仁學史論》（臺北市：臺灣大學出版中心，2017年），頁45。另外，黃俊傑在《東亞文化交流中的儒家經典與理念：互動、轉化與融合》（臺北市：臺灣大學出版中心，2016年）中則是將其置於區域史當中，其中還有共同趨向，所以有「脈絡性轉向」問題（頁19）。

異，[25]回歸朱熹本身，也是如此。例如「格物」說法，乃是儒學核心工夫所在，朱熹〈答江德功二〉自述其歷程「不曉格物之義，往來於心，餘三十年」。[26]前後之間，思索頗久，存在許多歧異說法；然而朱

---

25 〈大學〉以「格物」為「致知」、「誠意」、「正心」的核心，為「修、齊、治、平」的起點，原本就具有詮釋的關鍵地位，鄭玄注：「格，來也；物猶事也。」僅做文義訓詁而已。李翱《李文公文集》（臺北市：臺灣商務印書館，1986年影印文淵閣《四庫全書》第1078冊）卷2〈復性書中〉承此發揮，云：「物者萬物也，格者來也，至也。物至之時，其心昭昭然明辨焉，而不應於物者，是致知也，是知之至也。」（頁109）分別主客，對於宋儒有莫大啟發。此後，宋司馬光《傳家集》（收入影印文淵閣《四庫全書》第1094冊）卷65〈致知在格物論〉云：「格猶扞也，禦也，能扞禦外物，然後能知至道矣。」（頁603）「物」成為必須克制抵禦的存在。至於二程則對「格物」有更大的發揮，既揭櫫「格物窮理」之說，又強調「積習」、「貫通」，最終可達「物我一理，才明彼，即曉此，合內外之道也」。見程顥、程頤：《二程遺書》（收入影印文淵閣《四庫全書》第698冊），卷18，頁154。「物」由內而及外，成為人生於世，必須窮究的對象。朱熹則融會北宋諸儒意見，作為訓詁內容，云：「格，至也，物，猶事也。窮極事物之理，欲其極處無不到也。」（《大學章句》，頁4）於是「格物」作為儒學核心，更具有窮究極致的意涵。然而王陽明認為理在心中，不在於物，所以「格物」乃是「正其不正以歸於正」。見王守仁：〈大學問〉，《陽明全集》（上海市：上海古籍出版社，1997年），卷26，頁972。「格物」成為致良知的工作。而陽明弟子王艮則又回歸於經文訓詁，「格」有量度之意，明王艮《王心齋全集》（臺北市：廣文書局，1987年）卷之三〈語錄下〉云：「格物之物即物有本末之物；『其本亂而末治者否矣，其所厚者薄，而其所薄者厚，未之有也。』此格物也。故即繼之曰『此謂知本，此謂知之至也。』不用增一字解釋，本義自足。」（頁1）此說既出，影響頗廣，即為「淮南格物說」。日後王夫之推究於經世致用、方以智強調推究物理，更已突破理學樊籬。參見蒙培元《理學範疇系統》（北京市：人民出版社，1989年）第十七章〈格物致知〉（頁342-369）。然而無論是申之以義理，或是回歸於經文詮釋，《大學》「格物」之解，其實已非文字訓詁問題，而是儒學工夫的釐清，歷代學者推陳出新，究析精微，其間爭議，更關乎不同時代的學術風尚，已非簡單之是非問題。不過，朱熹思考之儒學工夫，思想啟發之意義，始終引領歷代儒者思索其中，回應於世局不同的需求。

26 朱熹撰，陳俊民校編：〈答江德功二〉，《朱子文集》，卷44，頁1968。陳來《朱子書信編年考證》（北京市：生活・讀書・新知三聯書店，2007年），繫於孝宗淳熙元年（1174），朱熹四十五歲（頁128）。可以了解朱熹釐清格物之旨，也正是朱熹釐清經傳章次，編訂《大學》、《中庸》新本之時。參見陳逢源：〈從「理一分殊」到

熹《大學章句》說解「致知在格物」卻相當簡單，云：

> 致，推極也。知，猶識也。推極吾之知識，欲其所知無不盡
> 也。格，至也。物，猶事也。窮至事物之理，欲其極處無不到
> 也。[27]

「格」訓為「至」，「物」訓為「猶事也」，是將人所接觸之事物納入心知範疇之內。所謂「至」則兼有推至與極致兩層意涵，只是其中工夫說明並不明顯，如何可以「窮至事物之理」，不免讓人有所疑惑。為求訓解文字的簡潔，朱熹似乎過於簡化觀點，也就無怪乎王陽明會以「庭前格竹」，來突顯其中的徒勞，從而確立從外在之「理」回歸於心中之「理」的進路。[28] 甚或牟宗三先生將朱熹歸之於伊川屬於「橫攝系統」，混淆知識與成德進路，判定朱熹別子之為宗。[29] 但不論是否出於陽明刻意的誤解，或是對於朱熹學術的不能相應，朱熹「格物」之說，確有必須釐清之處，細節之間，才能明朗。陳來先生考究朱熹書信，遂能了解其中學術進程。朱熹「格物」其實包括「即物」、「窮理」、「至極」三個訴求。所以就朱熹言論中，不論是「窮理」、「即物窮理」、「窮極物理」，其實皆是「格物」之意，而「格

「格物窮理」：朱熹《四書章句集注》之義理思想〉，《朱熹與四書章句集注》，頁267-368。

27 朱熹撰：《大學章句》，收入《四書章句集注》（臺北市：長安出版社，1991年），頁4。

28 劉原道：《陽明先生年譜》（北京市：北京圖書館出版社，1997年），頁3：「（弘治）二年（1489），己酉，先生十八歲。十二月，以夫人諸氏歸餘姚，舟過廣信，謁婁一齋諒，語格物之學。先生甚喜，以謂聖人必可學而至也。後遍讀考亭遺書，思諸儒謂眾物有表裡精麄，一草一木皆具至理，因見竹，取而格之，沈思不得，遂被疾。」

29 牟宗三：《心體與性體》（臺北市：正中書局，1999年），第2冊，頁5-8。

物」也兼具這三層意義。[30]朱熹以「即物」代表人生於世，對於事事
物物，無可閃躲之責任；至於「窮理」則是體現人心具有推究精微，
體現大化流行線索的需求；而「至極」既補充「窮」之意，也彰顯儒
者必須推究極至，不能鬆懈怠惰；三者既相關，又具進程，深具任重
道遠，死而後已的氣魄。有趣的是，朱熹以一「至」字，就兼而有
之，融鑄淬鍊，化為真醇。金春峰先生即以為朱熹「格物致知」其實
是經歷三個不同發展階段：第一階段是「丙戌之悟」以前，既守「中
和舊說」，心性之論尚未明朗；格物乃是日用事物之間，明是非，審
可否，求取道理所在而已。第二階段由丙戌至己丑，乃是「中和新
說」之後，強調「涵養須是敬，進學則在致知」；所以窮理致知，固
然包括讀書明理，審度是非，但更應留意存養、擴充的工夫，以推究
義理之知。所以《大學》「格物致知」之前，特意安排小學階段的涵
養工夫，強化灑掃應對進退之間有其形上之價值。第三階段則是完成
《大學章句》時期，以「明明德」為中心講「格物致知」，所以是去
人欲、存天理、存心養性的過程；內容固然包括之前各段的體會，然
而堅持「心德」之「明」，更可見「理」之純粹。[31]檢覈朱熹義理思考
之進程，金氏觀察頗為敏銳，了解朱熹觀點歷經三個不同階段，重點
有所不同，說法也有差異；但其實並非今是昨非的揚棄過程，而是兼
融並進的發展，思考之複雜，歷經諸多轉折，匯整於《四書章句集
注》之中。朝鮮韓元震得見朱熹晚年說法也都還有不同，云：

　　〈答黃商伯〉曰：經文物格猶可以一事言，知至則指吾心所可
　　知處，不容更有未盡矣。〈答汪長孺〉曰：一物之理格，即一

---

30 陳來：《朱熹哲學研究》（臺北市：文津出版社，1990年），頁242-243。
31 金春峰：《朱熹哲學思想》（臺北市：東大圖書公司，1998年），頁157-159。

事之知至，無在彼、在此。按二書所論知至不同，而《章句》
釋物格知至曰：物理之極處無不到，吾心之所知無不盡。又
曰：眾物之表裡精粗無不到，吾心之全體大用無不明。據此則
當以前說為正，然後說亦通，自當備一義也。前說以格致之盡
其分而言，後說以格致之為一事而言，言各有攸當耳。[32]

朱熹撰〈答黃商伯四〉為寧宗慶元四年（1198），朱熹六十九歲[33]，而
〈答汪長孺別紙四〉則為光宗紹熙元年（1190），朱熹六十一歲。[34]前
說強調盡心知之全，乃是言其結果；後者強調以格物致其知，用意在
於澄清內外分歧。兩說皆是朱熹晚年成熟之說，角度不同，義各有
當，也就有不同說法。此外，也有兼舉其意的情形，云：

〈答曹元可〉曰：所謂格物致知，亦曰窮盡物理，使吾之知
識，無不精切而至到耳。按：先生解知至，始謂知之盡，中謂
知之切，後更從盡字說，而其〈答李堯卿書〉言盡字兼得切
意，只作盡字，須兼看得此意。此書又以精切至到為言，而上
加無不字，無不即盡之謂也。蓋以盡字包切字而解之也。書中
言頃年嘗刻古經於臨漳，臨漳到任在庚戌，而解任在辛亥，則
此書蓋在辛亥以後，《章句》定論雖只用盡字，而兼看切字
意，亦先生晚年說，則恐亦不可廢耳！[35]

---

32 韓元震：《朱子言論同異考》（首爾市：奎章閣藏朝鮮木刻本，不著刻年，據朝鮮英
　　祖十七年⋯⋯〔1741〕序刊本影印），卷2，頁22-23。

33 朱熹撰，陳俊民校編：〈答黃商伯四〉，《朱子文集》，卷46，頁2074；陳來：《朱子
　　書信編年考證》，頁468。

34 朱熹撰，陳俊民校編：〈答汪長孺別紙四〉，《朱子文集》，卷52，頁2462；陳來：
　　《朱子書信編年考證》，頁317。

35 韓元震：《朱子言論同異考》，卷2，頁23。

朱熹〈答曹元可〉云：「是以頃年嘗刻四古經於臨漳，而復刻此四書，以先後其說，又略述鄙意，以附書後，區區於此所望於當世之友朋者，蓋已切矣。」[36]朱熹於光宗紹熙元年（1190）刊四經、四書於臨漳[37]，此書撰於紹熙二年（1191）[38]，可見也是晚年說法。朱熹《大學章句》云：「推極吾之知識，欲其所知無不盡也。」[39]從知之盡、知之切，到知無不盡，融鑄而進，歷經前中後三期轉折。「盡」之一字，兼有「切」之意，心知周全圓滿，又深入精到，心體之要，於此顯豁。每一階段，思考皆具意義，朱熹說解綿密複雜由此可見。清儒呂留良言：「朱子《集註》字字秤停而下，無毫髮之憾，故雖虛字語助，念去似不著緊要者，思之奇妙無窮。憑人改換一二字，便弊病百出，乃知其已至聖處也。」[40]義理來自反覆錘鍊的結果，由此可見。清程逢儀於〈四書朱子大全序〉云：

> 朱子之書，廣大悉備，其學無所不通，而一生精力尤在四書。……余嘗博考朱子之書，見近世所詆朱子者，朱子早已解之；疑朱子者，朱子早已定之；辨駁朱子，自以為獨得之解者，朱子早已窮其弊而唾棄之。未嘗見朱子之全書，而肆其胸臆，攘臂叫囂，以狎侮程、朱。如是而曰吾以明聖人之道，吾不信也。[41]

---

36 朱熹撰，陳俊民校編：〈答曹元可〉，《朱子文集》，卷59，頁2862。

37 參見束景南：《朱熹年譜長編》（上海市：華東師範大學出版社，2001年），頁994、1008。

38 陳來：《朱子書信編年考證》，頁346。

39 朱熹撰：《大學章句》，頁4。

40 呂留良：〈呂晚村先生論文彙鈔〉，《呂留良詩文集》（杭州市：浙江古籍出版社，2011年），頁460。

41 程逢儀撰：〈四書朱子大全序〉，朱傑人等主編：《朱子全書》（上海市：上海古籍出版社；合肥市：安徽教育出版社，2002年），第27冊，頁687-688。

朱子用心斟酌，蓄積既深，以《四書章句集注》提示一條「廣大悉備」的道路，建構一條由《四書》而及《六經》，讓人可以掌握儒學精神的要徑。舉此一端，已可見朱熹思考之複雜，轉折之細密，而《四書》當中牽涉之義理多矣，尤其概念之間，環環相扣，又有細微之不同，難以一一致辯。唯有深究朱熹「融鑄」前賢意見之用心，才能了解建構《四書》所具之歷史意義；唯有了解朱熹學術之「進程」，才能得見注解當中思想之反省與超越。[42]然而於此，卻是必須深究朱熹撰作情形，融通自漢及宋學術發展的樣態，才能了解朱熹建構《四書》之苦心與用心。為避免後人「再脈絡化」時可能的支離與偏頗，筆者以為唯有透過朱熹了解《四書》，並經由《四書》了解朱熹，朱熹與《四書》相互證成，才能真正掌握《四書》要義。[43]筆者曾撰〈閱讀四書：以朱熹論孔門弟子為思考的起點〉一文，嘗試進行《四書》不同的閱讀方式[44]；也曾撰成〈瑚璉之器的子貢〉，深化《四書》中的人物形象[45]，皆是在朱熹脈絡下進行的思考。日後於研究所開設「四書專題研究」，乃是希望綰合大學部《論語》、《孟子》、《大學》、《中庸》各經分開的架構，完成義理體系的整合，並且提供研究生可以深究的議題。以一〇五之二課綱為例，課程簡介為：「朱熹標舉孔子、曾子、子思、孟子道統體系，確立《大學》、《論語》、《孟子》、《中庸》四部經典，撰成《四書章句集注》，成為明清以來重要

---

42 陳逢源：〈序論——經學與理學交融下的觀察〉，《「融鑄」與「進程」：朱熹《四書章句集注》之歷史思維》，頁19。

43 陳逢源：〈從五經到四書：儒學「典範」的轉移與改易〉，《朱熹與四書章句集注》，頁58。

44 陳逢源：〈閱讀四書：以朱熹論孔門弟子為思考的起點〉，《中文創意教學示例（續）》（高雄市：麗文文化事業公司，2010年），頁51-80。

45 陳逢源：〈瑚璉之器的子貢〉，《孔子弟子言行傳（下）》（臺北市：萬卷樓圖書公司，2010年），頁1-25。

的儒學典籍，聖人之傳遂有具體的經典內容，儒家思想傳承也從原本研習五經，轉而成為推究孔子所傳家法的《四書》，影響深遠，為求深入傳統思想核心，考察朱熹撰作緣起，檢覈歷代發展，建立儒學核心思想的了解。」乃是申明《四書》緣於朱熹綰合《大學》、《論語》、《中庸》、《孟子》，標舉孔子、曾子、子思、孟子道統體系的結果；由經典以見道統，由道統以明聖人，切斷聖人與經典關係，是否可以言經，恐怕也就要有更多的討論。課程目標與學習成效則為：一、介紹朱子建構《四書》的過程，了解《四書章句集注》的價值。二、介紹朱子建構《四書》的過程，了解《四書章句集注》的價值。三、介紹歷代《四書》學的發展與影響，培養文化思想的整體概念。四、考察學術史，檢討前人研究成果，了解歷來學者論爭焦點。五、訓練經典詮釋分析方法、治學方向，以及解答問題的能力。六、了解朱子《四書》的義理體系，建立從理學到經學的歷史史觀。希望從以往章句分析、主題的了解及議題的思考方式，進入朱熹建構《四書》的過程，從而確立其中義理之所在；又從朱熹《四書》學之思考，檢視歷代《四書》詮釋發展情形，回歸於朱熹本身，再由朱熹思想了解聖人精神。此一途徑一如《論語》〈雍也篇〉「齊一變，至於魯；魯一變，至於道」[46]，振葉尋根，觀瀾索源，得見《四書》學史之脈絡，掌握經典之意涵。以此方向，安排之主題有：「從五經到四書」、「朱熹與四書學」、「四書次序及其意義」、「四書中人性與理想人格——性、習、君子、聖人……」、「四書中的政治經濟觀點——為政、養民、王道……」、「四書中的學習工夫理論——教、學、格物……」、「四書中的人倫關係——師生、父子、君臣……」、「四書中的德目檢討——仁、禮、義、孝……」、「四書中的形上境界——聖、道、誠、

---

46 朱熹撰：《論語集注》，收入《四書章句集注》，頁90。

中庸……」、「出土文獻與四書的檢討」、「漢唐論語學」、「宋代四書學」、「元代四書學」、「明代四書學」、「清代四書學」、「民國四書學」、「新儒家四書學」等。透過講授與同學分組報告形式，建立完整四書學圖譜，以往最後一週安排單元有「新儒家與四書現代詮釋」、「民國四書學檢討」以及「四書與中學教育」等三種不同選項。然而多數同學關心新儒家《四書》詮釋成果。至於其他兩項主題，則是少有留意，原因乃是缺乏論述的引導以及可供分析的材料。民國經學多元發展，未必無可檢討，《四書》教育牽動社會風氣，也應有學理與脈絡的觀察，凡此應是課程當中可以再努力的方向。

五　結論

筆者整理民國五十年來《四書》學研究成果，無數學人投身其中，諸多議題引發力指標等，皆是以往未見之內容。課綱審視觸發課程的反省與調整，經典章句講解轉而成為學生能力的提升；課堂主體已經從教師轉換為師生共同經營。十年之中，變化已然產生，諸多發展來自於外在環境的改變，以及高教競爭所產生的結果。再者，翻轉教育以及創新教學風潮，同樣也牽動傳統《四書》教學樣態。諸多課程已經嘗試運用多元教學方式，用意在於吸引學生的注意，啟發學習的興趣。只是學生對於《四書》是否更有興趣，還是興趣缺缺；是否更具成效，還是所知更淺；是教材問題還是教法問題；是教師問題還是學生問題；是社會問題還是學校問題，恐怕已經糾纏一起，難以深究。然而相對於過往，《四書》講授更為複雜而具挑戰性，則是不爭的事實，也是教師實際而且也必須面對的問題。

事實上，需求產生態度，良好學習態度，才能確保學習成效；更重要是喚起情懷，以及對於經典真正的認識。去脈絡化與再脈絡化乃

是希望在經典與現代、經典與個人之間建立「視域融合」，進而產生
相應的了解，甚至產生新的理解。[47]當然如果能夠更深入朱熹學術進
程，自然更能契合《四書》要義所在。朱熹強調氣質之性的存在，也
有理一分殊的思考，由「分殊」以見「理一」的進程，正是揭示必須
從眾多紛雜之中、各具脈絡之中，得見「理一」的存在，而獲致心之
全體大用無不明的結果，一如《大學》〈格致補傳〉所云：

> 是以《大學》始教，必使學者即凡天下之物，莫不因其已知之
> 理而益窮之，以求至乎其極也。至於用力之久，而一旦豁然貫
> 通焉，則眾物之表裡精粗無不到，而吾心之全體大用無不明
> 矣。[48]

有些體會要有歷練，感動來自於事理的領悟，學生未必有相應的體
會，乃是自然且正常之事。課程當中吸引關注之餘，乃是深埋道理的
種子，等待日後發芽茁壯。因此要「靜」，虛心接受不同的觀念與態
度，反思內在的道理；再者要「敬」，留意處世之間，誠懇謹慎，秉
理而行。融「靜」於「敬」的工夫，正是朱熹融攝道南指訣與湖湘學
術所獲致的結果[49]，似乎也提供經典研讀應有的態度。檢視近十年臺
大、政大、臺師大中文系所推動「四書」課程，得見許多學人歸納主

---

47 高達美（H.-G. Gadamer）著，洪漢鼎、夏鎮平譯：《真理與方法：補充和索引》（臺
　　北市：時報文化出版公司，1995年），頁376：「當解釋者克服了一件文本中的疏異
　　性並由此幫助讀者理解了文本，那他本身的退隱並不意味著消極意義上的消失，而
　　是進入到交往之中，從而使文本的視域和讀者的視域之間的對峙得到解決——這就
　　是我所稱的視域融合。」
48 朱熹撰：《大學章句》，頁7。
49 陳逢源：〈「道南」與「湖湘」——朱熹義理進程之檢討〉，《「融鑄」與「進程」：朱
　　熹《四書章句集注》之歷史思維》，頁207。

題、建構脈絡，完成經典轉譯工作，薪傳文化，奉獻心力，列舉引介，讓人深致崇敬。分析其中，有如下心得：

一、臺灣標舉復興中華文化，學術有根柢，《四書》學研究成果豐碩，乃是無庸置疑之事。而相對於過往學者學術集中於論文專著，《四書》教育恐怕必須回歸於大學當中；了解目前課程操作與進行方式，檢討四書教學成效，才能確保經學薪火的延續。

二、以臺灣大學中文系課程安排而言，自九十學年度起，「四書」改列為選修，「四書」歸屬於經學課群之中。就群組必修課程架構，「四書」則是與「老子」、「莊子」、「荀子」、「史記」並列，五門必選一門，從必修變選修，反映課程結構的調整，在學術位列之中，從經學領域移於諸子與《史記》之列；經典教育重要性的退卻，由此可見。

三、政治大學中文系課程安排部分，《四書》並非必修，而是列為思想類群修課程。大一課程中有「論語」、「孟子」，大二則有「學庸」，將四書進行專書化講授，提供學生經典義理的了解；至於研究所階段，則有「四書專題研究」課程，建立整合的內容。

四、臺灣師範大學國文系發展「四書」課程，具有建立師資培育的作用。在課程地圖當中，有經史組、哲學組、文學組、語言文字組、教學應用組等五大課程學術分組，《四書》列於經史組基本選修科目，屬於師培生的必選科目，保有以往以《四書》作為教師品德陶冶課程的思考。

五、配合晚近高等教育課程變革的要求，課綱內容更為豐富詳密，經典章句的講解轉變為學生能力的提升，課堂主體已經從教師轉換為師生共同經營。課程則以歸納主題、建構脈絡，以及完成經典轉譯的工作，《四書》講授更為複雜也更具挑戰性。

明代胡廣（1369-1418）等撰《中庸章句大全》「人物各循其性之

自然」一節引饒魯云：

> 蓋世之言道者，高則入於荒唐，卑則滯於形氣。入於荒唐，則
> 以為無端倪之可測識，老、莊之論是也。滯於形氣，則以為是
> 人力之所安排，告、荀之見是也。是以子思於此，首指其名義
> 以示人，言道者非他，乃循性之謂也。[50]

儒學以「性」自「天命」，由天而及人，融通虛／實、體／用、內／
外、天／人，廣大精微，義理貫通天人，饒魯觀察十分正確。然而稍
有偏差的結果，過高則入於荒唐，過滯則入於形氣，皆有失於中道：
如今於紛擾之中，面對多元的聲音，激昂的情緒如何持中，朱熹似乎
也提醒一條思考的方向：以「不偏不倚，無過不及」行其中道[51]，乃
是吾輩使命所在。筆者簡陋，列舉管見，尚祈博雅君子有以教之。

50　胡廣等：《四書大全》〈中庸章句大全〉（濟南市：山東友誼書社，1989年），頁332。
51　朱熹撰：《中庸章句》，頁17。

柒　過去與未來的對話
——臺灣經學的教學與研究

楊晋龍[*]

一　前言

　　臺灣中文相關科系涉及傳統中國的古典學術研究，主要淵源於第二次世界大戰結束，臺灣脫離日本帝國主義殖民統治後，因為國共內戰而從大陸播遷到臺灣的第一代學者，這應該是臺灣中文學界的一般性共識。[1]中國文化的主體是儒學，儒學的根柢在經學[2]，想要確實了解或研究傳統中國文化，便無法脫離經學，因此學術研究上針對經學的詮釋利用，大致是屬於所有研究傳統中國文化者的常態，唯依循傳統中國文化思路而進行的經學研究，就臺灣的學術生態來說，確實以中國文學系或國文學系等一類相關科系的成員為最主要的研究群體，這是因為臺灣的中文相關科系，無論稱為「中國文學系」或「國文學

---

[*]　楊晋龍，中央研究院中國文哲研究所研究員。

[1]　林慶彰：〈序〉，林慶彰主編：《五十年來的經學研究》（臺北市：臺灣學生書局，2003年），頁Ⅲ-Ⅳ。龔鵬程：〈學會運作概況〉，龔鵬程主編：《五十年來的中國文學研究（1950-2000）》（臺北市：臺灣學生書局，2001年），頁363。

[2]　「經學」的內涵，這裡指的是最寬廣的「經部之學」。但就研究而論，還可以包括範圍較狹窄的「經書之學」與「經學家之學」；更可以包括探討歷史發展的「經學史之學」。

系」，實質的內涵乃是「國學系」或「中國文化系」，臺灣在二十世紀設置中文相關科系之初，主要宗旨就是「以弘揚中華文化，為往聖繼絕學為己任」。[3]中華文化的主流既然為儒學，儒學的根柢又在經學，早期中文學界自然是「以經部研究為大宗，包括《十三經》……，以及小學中之《說文》、韻書等」，成為研究的主流[4]，這種特別鍾情於經學研究的情況，在現在追求「因材施教」適性發展的教育大原則下，在越來越尊重學生學習「主體性」的教學原則下，同時缺乏類似漢朝「祿利」誘因的現實考量下，此種以往「萬科皆下品，唯有經學高」的態勢，自然不可能永遠的持續。然則經學的教學、研究，在此種大趨勢影響下到底產生了何種變化？面對此種必然的變化，關心經學者又應當如何因應？這應該是關心經學發展者值得認真思考的現實問題。

就學術本身的變化而言，臺灣在上世紀七〇年代後期，先有「臺灣鄉土文學論戰」，使得文學的曝光率與受重視的情況大大提升，於是文學的價值也跟著提高而更受重視；接著延續「鄉土文學論戰」的精神，八〇年代後期開始，強調「臺灣主體性」的「本土化」思潮接著興起[5]，於是文學的研究與臺灣本地文化的議題越來越受重視，再加上開放、多元民主思潮的影響，以及「通識教育」的引進，課程多元化的趨勢，乃成為臺灣整個高等教育學界的共識，經學課程自然受到壓縮。學生選課的範圍增廣，研究經學的需要與價值，不再是那麼

3　龔鵬程：〈序〉，龔鵬程主編：《五十年來的中國文學研究（1950-2000）》，頁IV。

4　毛文芳：〈中國文學史研究概況〉，龔鵬程主編：《五十年來的中國文學研究（1950-2000）》，頁226。

5　「鄉土文學論戰」曾經是個熱門話題，是以這方面的討論不少，或者可以參考非中文系統的藍博堂：《臺灣鄉土文學論戰及其餘波（1971-1987）》（臺北市：臺灣師範大學歷史研究所碩士論文，1992年）；林志旭：《知識遊戲場的誕生——從臺灣文學論戰到臺灣文化主體性的探討》（臺北市：輔仁大學大眾傳播研究所碩士論文，1996年）等的討論。

理所當然，是以往日中文相關科系特別鍾情於經學的盛況，當然也就無法持續。在前述總總相關因素的影響下，選修經學課程的學生，比例上自然也就跟著減少，相對於早期的盛況，經學的榮景不再。不過隨著開放大學設立的趨勢，許多為符合設立條件的學校，紛紛設立中文相關科系，於是開設經學課程的教師也隨著加多，選修或不得不修經學課程的學生，雖然沒有經過實質的統計，但可以合理的推測，在總體數量上應該不會少於未增設大學之前的情況，只是分散在許多大學而已。雖然接觸經學的學習者數量並未減少，但相對於經學榮景時代，學生投入經學研究的熱誠與比例，在實質上是否確實有大幅度的衰退，使得一度成為「經學王國」的臺灣，原本在經學研究上擁有的學術優勢，因而逐漸的減弱呢？[6]這個問題應該也是在乎臺灣經學發展者，值得關注的重要基本議題。

　　臺灣中文學界經學發展影響的動力，除第一代學者本身學術相關研究成果之外，作用功能較大的還有兩項：一是透過開課教導學生，因而起到教育傳播功能的教學傳承；一是經由指導博碩士班研究生進行研究，從而培養出第二、三代……學者的學術傳承。[7]對於臺灣現當代經學研究者教育與學術傳承的關注，一向屬於較為冷門議題，相對於現代文學研究者，主要關注現當代作品與作家的常態，臺灣中文學界的經學研究群，確實就像龔鵬程師的觀察那樣，多數學者把研究關注的重心，放在遙遠的過去和陌生的地域，很少關注臺灣本地現當代經學研究者的成就與價值，這種不自知的「考古」傾向，使得中文科系學者「缺乏對當代學術史的整理」的自覺[8]，龔鵬程師因此設計

6　林慶彰：〈序〉，林慶彰主編：《五十年來的經學研究》，頁V-VI；龔鵬程：〈序〉，龔鵬程主編：《五十年來的中國文學研究（1950-2000）》，頁IX。

7　林慶彰：〈序〉，林慶彰主編：《五十年來的經學研究》，頁IV-V。

8　龔鵬程：〈序〉，龔鵬程主編：《五十年來的中國文學研究（1950-2000）》，頁X。

主編《臺灣學生書局四十週年紀念叢書》，希望可以比較有效的彌補
此一闕漏。林慶彰先生主編的《五十年來的經學研究》即是該《叢
書》的一種，此書的重心在說明探討當代臺灣經學整體性的學術研究
表現，因此對於教學傳承與學術傳承，亦即關於第一、二代……學者
等的教學成果與指導研究生的學術影響，各大學經學課程開課的實際
情況，由於議題內容設定的限制，是以無法在書中全面性展開。[9]大
學開設經學課程的教學實情，以及指導研究生研究經學的表現，固然
與經學「質」的研究，不一定有必然的關聯性，但這類「量」的統計
分析，卻可做為觀察臺灣經學發展的一項指標，因而對經學受到關注
情況的了解，提供較為實質性的有效答案。

　　龔鵬程師針對臺灣中文科系學者，缺乏整理當代學術史認知現象
觀察說明的目的，當然是希望能引發學者的重視而有所改善，筆者也
認為當代人確實有整理當代學術史的方便性與責任。因此經常進入
《Google》、《百度》等網路和其他相關目錄學網站，以「經學教
育」、「經學課程」為關鍵詞進行搜尋[10]，用以了解臺灣中文學界關注

9　其他學科，趙飛鵬注意到「版本學」的開課教學；周彥文注意到「目錄學」的開課
　　教學。趙飛鵬：〈五十年來版本學的研究與著作〉、周彥文：〈五十年來目錄學的發
　　展與著作〉，邱炯友、周彥文主編：《五十年來的圖書文獻學研究》（臺北市：臺灣
　　學生書局，2004年），頁258-259、頁279-280。

10　搜尋的對象與結果，包括：http://find.nlc.cn/《文津搜索》：「經學教育」一六九筆、
　　「經學課程」二筆。http://www.sciinfo.cn/index.aspx《萬方學術搜尋網》：「經學教
　　育」六十四筆、「經學課程」四筆。http://search.cnki.net/default.aspx《CNKI知識搜
　　尋3.0》：「經學教育」五十九筆、「經學課程」二筆。另外，杜鋼百：〈論大學課程中
　　之經學研究〉，《民治月刊》第1卷第2期（1944年），頁37-50（1935年8月完稿）；車
　　行健：〈現代中國大學中的經學課程〉，《漢學研究通訊》第111期（2009年8月），頁
　　21-35。王應憲：〈民國時期大學經學教育檢視〉，《中國學術年刊》第35第2期（2013
　　年9月），頁109-129。http://tih.ccu.edu.tw/tih_97/research/plan/plan_95.html謝大寧：
　　〈戰後臺灣傳統經學的發展〉等等，亦有相關問題的陳述或討論。2018年5月30日
　　搜尋。

整理現當代經學發展的實情，結果發現至今（2018年5月）為止，諸如：黃沛榮師、林安梧[11]、謝大寧[12]、車行健[13]，都有針對臺灣地區大學經學課程開設實況相關內容探討的計畫與成果；至於論文中涉及這方面內容討論的則還有：陳章錫[14]、劉月卿[15]。另外，北京師範大學珠海分校甚至還召開學術會議，邀請臺灣和當地學者討論臺灣經學教育值得借鑑之處。[16]筆者也完成數篇探討臺灣經學第一、二代學者的學術研究與指導研究生等實質成果，對整體臺灣學術影響情況了解的論文。[17]這類實質回顧性的說明或討論，對臺灣經學在各方面的反思

---

11 http://www.chinesege.org.tw/geonline/html/page4/publish_pub.php?Pub_Sn=62&Sn=314：一九九五年三月二十至二十一日臺灣通識教育學會在臺灣大學思亮館舉行「傳統中國教育與現代大學通識教育學術研討會」。三月二十日黃沛榮發表〈經學教育之現代意義〉；三月二十一日林安梧發表〈儒家思想與通識教育——以師範大學四書的教學為例的省察〉。見王俊秀：〈學會「第一次系列」：第一屆學會年會〉，《通識在線》第7期（2006年11月）。2018年5月30日搜尋。

12 http://tih.ccu.edu.tw/tih_97/research/plan/plan_95.html：中正大學臺灣人文研究中心「九十五年研究計畫」：謝大寧〈戰後臺灣傳統經學的發展〉。二〇〇六年十二月二日在「臺灣人時地綜合研究學術研討會」發表〈戰後臺灣傳統經學發展之省察與展望〉。2018年5月30日搜尋。

13 車行健：〈指南山下經師業，渡船頭邊百年功——國立政治大學在臺復校初始階段（1954-1982）的經學教育〉，《中國文哲研究通訊》第106期（2017年6月），頁45-82。

14 陳章錫：〈黃永武的經學主張與貢獻〉，《文學新論》第13期（2011年6月），頁113-146。其中頁138-142：〈從《許慎之經學》體認其對當今經學研究及教育之啟示〉一節有相關討論。

15 劉月卿：《高中國文融入式經典教學研究——以九五暫綱之四十篇文言選文及相關篇章為例》（高雄市：高雄師範大學經學研究所碩士論文，2010年），其中第四章〈經典教育的潛流〉；第五章〈高中國文融入式經典教學舉例〉等兩章有相關討論。

16 https://read01.com/mJoBnm.html，二〇一六年十二月三十一日北京師範大學珠海分校文學院在其國際交流中心二樓報告廳舉辦「『借鑑臺灣傳統文化教育經驗』學術研討會」。2018年5月30日搜尋。

17 楊晉龍：〈開關引導與典律：論屈萬里與臺灣詩經學研究環境的生成〉，國家圖書館、中央研究院歷史語言研究所、臺灣大學中國文學系等主編：《屈萬里先生百歲誕辰國際學術研討會論文集》（臺北市：臺灣大學中國文學系，2006年），頁109-

與發展,都有某種程度的幫助,自然沒有也不必要有絕對性的唯一答案,因此只怕少不怕多。筆者於是在前述成果的基礎上,並以筆者探討臺灣詩經學研究表現的成果為輔[18],設計為此文,以接續探討臺灣經學界應該關注,但關注程度或者還有不足的教學、詮釋等方面,可能存在的某些問題,希望可以提供部分改進、發展等方向的建議,因而有助於臺灣經學教學與研究的良性發展,這也就是標題使用「過去與未來的對話」之故。

本文以筆者學習與研究經學的觀察、前賢相關研究成果及經驗為基礎,在回顧探討臺灣經學的開課教學與教學研究成果等的表現後,進而思考具有改善或發展可能的答案,以提供經學研究者斟酌的參考。研究文獻的來源,將透過電腦搜尋技術進入網路資料庫取得。研究的方式,主要以經由觀察篩選而描繪經學方面的總體性表現為重心,因此刻意忽略個案或特殊性的考慮。研究進行的程序,除〈前言〉外,首先,考察描繪「重點大學」(詳下)當前在經學開課與教學成果等方面表現的實況;其次,面對二十一世紀的學術,提供某些或有助於開闊經學研究與發展的私見;接著統整研究的觀察與結果,因而做出結論後結束本文。

150。楊晉龍:〈引導與典範:王叔岷先生論著在臺灣學位論文的引述及意義探論〉,《中國文哲研究通訊》第24卷第3期(2014年9月),頁117-143。楊晉龍:〈張以仁先生與臺灣傳統學術研究:以學位論文為對象的考徵〉,《中國文哲研究通訊》第25卷第4期(2015年12月),頁137-158。楊晉龍:〈臺灣研究生學術視域下的周鳳五教授:接受的考甄〉,臺北中央研究院中國文哲研究所主辦「『戰後臺灣經學研究』第四次學術研討會」論文(2016年11月10-11日)。楊晉龍:〈林尹先生和臺灣學術關係探論〉,臺北臺灣師範大學國文學系主辦「二○一七年紀念林尹教授學術研討會」論文(2017年11月25日)等。

18 楊晉龍:〈臺灣近五十年詩經學研究概述(1949-1998)〉,《漢學研究通訊》第20卷第3期(2001年8月),頁28-50;楊晉龍:〈臺灣《詩經》研究的反思:淵源與議題的研析〉,成功大學中文系編:《第三屆臺灣儒學研究國際學術研討會論文集》(臺南市:成功大學中文系,2003年),頁473-514。

二　經學課程及其成果的觀察

經學教育的發展與開發，民間「讀經」教學的相關運動，固然也能帶來某些有效的輔助力量[19]，但就學術研究的觀察而論，自當以大學本科系開設的課程較為實在；至於開設課程取得的教學成果，自以持續學習而完成的學位論文為最有效的觀察點。經由大學部開設經學課程的觀察，可以了解各大學對經學教育、教學關注的程度；透過學位論文研究的表現，可以了解學生接受經學而投入研究的熱誠度，因而可藉以判斷經學教學獲得的教育成效。

筆者一九七九年九月入臺灣大學夜間部中文系就讀，回顧當年設有中文系或國文系的大學院校，總共有十三所，此即本文界定的所謂「重點大學」。[20]選擇這些大學做為觀察開設經學課程的代表學校，當然是因為重點大學的歷史或其學術地位。更實際的理由有二：一是這些大學存在的時間較長，變化的觀察因此較為有利；二是研究所成立的時間較早，觀察教學成效的有效性較高。筆者當年除就讀的學校外，僅僅注意過臺灣師範大學和東吳大學，並沒有調查過各校經學課

---

19 就臺灣地區而言，日據時代即有民間讀經活動，筆者大舅舅黃玉柱（志成）先生，即是教讀經書的塾師，筆者小時候還沒資格讀經時，就曾被舅舅逼著用母語背誦《三字經》、《千金譜》和《昔時賢文》等書。不過這裡「讀經」指的是由王財貴兄領頭用心經營，從「華山書院」開始而引發大風潮的「兒童讀經」。「華山書院」網站：http://www.chinese-classics.com.tw/。

20 一九七九年之前設有中文系或國文系者，北部有：臺灣大學、臺灣師範大學、政治大學、中央大學、淡江文理學院、東吳大學、輔仁大學、中國文化學院。中部有：中興大學、東海大學、靜宜女子文理學院。南部有：成功大學、高雄師範學院。總共十三所大學院校。淡江文理學院、靜宜女子文理學院、高雄師範學院等，後來均升格為「大學」。高雄師範大學的「國文系」後來分出「經學研究所」；臺灣師大國文系曾設有「國際漢學研究所」，這兩個所均由國文系分出，並沒有大學部，是以下文研究生研究成果之際，將直接歸入兩校「國文系」內。

程開設的實情，但就當時學校的一般情勢而論，臺灣師大因為較早設立博士班，當時各大學中文相關科系的教師，絕大多數都是來自重視經學的「師大系統」，在此前提下，各校自不至於忽略經學教育。以筆者就讀的臺大而論，當時開設的經學課程，至少就有：「中國經學史」、「易經」、「尚書」、「詩經」、「禮記」、「左傳」、「論孟導讀」等，以相對於「師大系統」來說，並非特別重視經學的臺大尚且如此，當可以合理的推測，當時其他十二所「重點大學」開設的經學課程，至少不至於和臺大中文系相差太多，同時本文的重心是在從「現在」以思考「未來」，「回顧」在本文僅是做為討論「現在」與「未來」的基底而已，因此直接觀察「重點大學」一〇四至一〇六學年開設經學課程的實況[21]，以了解「現在」經學課程受到實質關注的情形，並做為探討「未來」可能的起點，應該不會有太大的問題。

　　重點大學中文系或國文系的相關網站，大致均會將課程表貼在各該系的「官網」內，因此可以透過網路搜尋，方便取得需要之資料。經由搜尋而取得的各校中文相關科系，針對本科系同學開設經學課程的情況如下表：

21　筆者就讀大學時，系所開課大致固定，現在各校開設課程，由於最低修課人數的限制，並不絕對穩定，因此需要多觀察幾年較可信。不過有些學校，並沒有將幾年的課程表全數放在網路，因此僅能就所見發言。

十三所重點大學開設的經學課程

大學	臺灣大學	臺灣師範大學	政治大學	東吳大學	輔仁大學	淡江大學	中國文化大學	中央大學	中興大學	東海大學	靜宜大學	成功大學	高雄師範大學
經學相關課程	易經	易經	易經	易經	易經	易經		易經	易經				易經
	書經	書經	書經	書經	書經	書經		書經					書經
	詩經	詩經	詩經	詩經	詩經	詩經	詩經	詩經	詩經	詩經	詩經	詩經	詩經
	左傳	左傳	左傳	左傳	左傳	左傳	左傳	左傳	左傳		左傳	左傳	左傳
	禮記	禮記	禮記	禮記	禮記	禮記	禮記	禮記	禮記				禮記
	四書	四書			四書	四書						四書	
	易傳												
	中國經學史	經學史		中國經學史									
	經學與文史的互動												
		經學通論	經學通論		經學通論	經學通論							
			論語	論語				論語					論語
			孟子	孟子				孟子		孟子			孟子
			學庸						學庸				學庸
			兩漢經學										
							論孟		論孟		論孟		
總計	九門	八門	十門	八門	七門	七門	四門	七門	六門	二門	三門	三門	八門

在開設經學相關課程的表現上，政大開設十門課最多，其他依次是臺大九門；師大、高師、東吳等八門；輔仁、淡江、中央等七門；中興六門；文化四門；成大、靜宜等三門；東海二門。臺大開設的「易傳」、「經學與文史的互動」，以及政大的「兩漢經學」為各該校獨有之外，「重點大學」開設「易經」、「書經」、「詩經」、「左傳」、「禮記」等《五經》者有八校，同時開設「四書」者有：臺大、師大、政大、輔仁、淡江、高師等六所。經學科目最受歡迎的是「詩經」，每所學校都有開設，若排除教師個人的魅力，可能是《詩經》具備有現代「文學性」之故，即使「懼怕」經學的學生也比較不擔心，自然不會因選修學生過少而開不成課；其次是「左傳」，只有一所沒開設，這大約也與《左傳》的「文學性」相關。以下依次是「禮記」、「易經」、「書經」等。至於《四書》系統的課程而言，除五所大學直接開「四書」課之外，還有不用《四書》名目，但實際上卻是以《四書》為依據的課程，此即：「論語」、「孟子」、「論孟」、「學庸」等一類課程。其中四所大學開設「經學通論」；三所大學開設「經學史」。這是十三所重點大學這幾年開設經學課程的實際情況。

各大學開設的課程，都有一定的歷史傳承或包袱，自也與教師研究的學術專業相關，但若不聘任經學專業的教師，實際上也已在傳達該系並不重視經學的訊息。但即使開課，若學生不選修，無法達到規定的基本修課人數，必然無法繼續開設。雖然有部分大學的經學課程，萎縮到僅剩兩、三門，但也只是課程減少而已，並非完全絕跡，若經學在「市場」上的「利祿」猶有可期，依然有復甦的可能。再者可以發現「周禮」、「儀禮」、「公羊傳」、「穀梁傳」和「爾雅」等課程，十三所大學都未單獨開設，這些科目顯然並未受到應有的關注，雖然從「經學」整體發展的角度來看，這是個很值得關注的問題，不過這在筆者就讀大學的時代，就已如此而非最近的變化，因此應關注

而不必太過擔心。至於整體性介紹經學的「經學史」或「經學通論」，僅有北部的六所大學開設，但這也是沿襲以往的成規而已，臺大的「易傳」和「經學與文史的互動」，以及政大的「兩漢經學」課程，這是後來新開設的課程。就學校開設經學課程多寡的表現而論，開設最少的僅二門，其次是開設三門或四門課程，雖然有此，但就整體表現來看，依然有多數學校開設《五經》、《四書》的課程。就經學課程的開設而言，雖然有東海那樣比較劇烈的變化，但多數學校還是保持對經學的重視，不僅持續開課也受學生選課的支持，雖已沒有「盛況當年」的榮景，但也沒有危險到出現「消失危機」的問題。因此就中文系本身的變化而論，經學課程在多數大學，依然有其穩定的「市場」，這幾十年來固然持續在變化，但變動的幅度並沒有想像中那麼劇烈。這是從課程等方面觀察到的實況。

　　各大學開設經學課程，自然有其教學的目標，其中「人文素養」培養的成效，無法計量且無法馬上見到效果；至於另一項「學術素養」培養的成效，大致可以透過觀察研究生的學位論文，選擇研究經學者數量多寡的變化，因而獲得部分的了解。以下即以《五經》和《四書》等相關的三十個詞彙為關鍵詞（詳表格及腳註），進入國家圖書館《臺灣博碩士論文知識加值系統》搜尋，統計一〇五學年（2017年6月）為止，重點大學研究生學位論文產出的成果，以及觀察歸納不同年代產出的論文數量，用以協助了解經學課程產生的成效與變化的部分實況。重點大學各校中文本科系產出的學位論文數量如下表：

十三所重點大學中文科系經學議題學位論文數量表

學校＼名詞	臺灣大學	臺灣師範大學	政治大學	東吳大學	輔仁大學	淡江大學	中國文化大學	中央大學	中興大學	東海大學	靜宜大學	成功大學	高雄師範大學	總計
易經 [22]	7	50	7	5	10	3	7	3	9	3	0	0	38	142
書經 [23]	13	13	7	6	1	2	4	2	1	0	0	0	12	61
詩經 [24]	20	24	11	15	4	4	9	6	8	23	1	7	16	148
左傳 [25]	8	24	16	2	3	2	5	2	8	4	0	3	11	88
公羊	4	5	1	1	6	1	1	2	2	0	0	1	4	28
穀梁	0	2	0	0	1	0	1	0	1	0	0	0	0	5
春秋 [26]	5	9	7	5	8	1	3	7	2	1	0	7	18	73
禮記	4	14	2	4	3	1	5	2	2	1	0	0	7	45
周禮 [27]	2	4	1	2	0	1	1	1	1	0	0	1	4	18

22 包括以「易經」、「周易」、「易傳」為「標題」與「關鍵詞」者。
23 包括以「書經」、「尚書」為「標題」與「關鍵詞」者。
24 包括以「詩經」、「毛詩」為「標題」與「關鍵詞」者。
25 包括以「左傳」、「左氏」為「標題」與「關鍵詞」者。
26 包括以「春秋」、「三傳」為「標題」與「關鍵詞」者。
27 包括以「周禮」、「周官」為「標題」與「關鍵詞」者。

學校＼名詞	臺灣大學	臺灣師範大學	政治大學	東吳大學	輔仁大學	淡江大學	中國文化大學	中央大學	中興大學	東海大學	靜宜大學	成功大學	高雄師範大學	總計
儀禮	4	7	2	3	1	0	1	1	1	0	0	0	8	28
禮學[28]	2	7	5	1	1	0	2	0	1	1	0	0	8	28
論語	9	9	9	2	2	8	0	4	2	3	0	1	24	73
孝經	2	2	3	0	1	2	0	1	0	0	0	0	3	14
爾雅	0	2	4	0	1	4	0	2	0	0	0	1	1	15
孟子	6	15	9	3	4	8	0	5	1	2	0	3	10	69
學庸	0	1	0	0	0	0	0	0	0	0	0	1	0	2
大學	0	0	1	0	0	0	0	1	0	0	0	0	0	2
中庸	1	1	2	0	0	1	1	0	0	0	0	0	2	8
四書	0	3	11	5	1	0	0	2	0	2	0	1	7	32
讀經	0	2	0	0	0	0	0	0	0	0	0	0	2	4
經學[29]	11	10	22	7	5	2	4	3	2	2	0	1	7	76
總計	98	204	120	61	52	40	47	44	41	42	1	27	182	959

就學位論文產出的數量而論，最多者二○四篇，最少者一篇。產出最多經學相關內容學位論文的學校是：師大（204篇）。其他十二校的產出量，依次是：高師（182篇）、政大（120篇）、臺大（98篇）、東吳

28　包括以「三禮」、「禮學」為「標題」與「關鍵詞」者。

29　包括以「經學」、「五經」為「標題」與「關鍵詞」者。

（61篇）、輔仁（52篇）、文化（47篇）、中央（44篇）、東海（42篇）、中興（41篇）、淡江（40篇）、成大（27篇）、靜宜（1篇）。若以各校開設經學課程的情況比較觀察，就可以發現論文產出數量，即使扣除較早設立研究所因素的影響，各校論文產出的數量，大致與開課的內容具有「正相關」的關係。例如東海僅開設《詩經》和《孟子》等二門課，學位論文以《詩經》為議題者二十三篇，占東海全數論文篇數的百分之五十四點七六。成大僅開設《詩經》、《左傳》和《四書》等三門課，學位論文與《詩經》相關者七篇、《春秋》相關者十一篇、《四書》相關者七篇，總共占成大經學學位論文的百分之八十八點八九。可見經學課程的開設，再加上開課教師的雙重影響，確實是影響研究生學術走向的一項重要因素。

　　經學專業在學位論文中的表現，若排除相關而直接以經書為範圍觀察，則以《詩經》（148篇）和《易經》（142篇）的篇數最多，其他依次是：《左傳》（88篇）、《論語》（73篇）、《孟子》（69篇）、《書經》（61篇）、《禮記》（45篇）、《四書》（32篇）；若將相關研究納入，則《春秋》類為一九四篇、《三禮》類為一一九篇、《四書》類為一八六篇。這個論文多寡的次序，大致與諸經在各校開設的普及性相關，亦即經學科目開設的學校越多，產出的論文數量也較多，例如《詩經》的表現最為明顯。可見經學課程的開設，確實會影響到研究生學位論文研究內容選擇的走向。

　　就各校學位論文各自的經學專業表現比較而論：臺大以《詩經》（20篇）、《書經》（13篇）較多；師大以《易經》（50篇）、《詩經》（24篇）、《左傳》（24篇）較多；政大以《左傳》（16篇）、《詩經》（11篇）、《四書》（11篇）居多；東吳以《詩經》（15篇）較多；輔仁以《易經》（10）、《春秋》（8篇）最多；淡江以《論語》（8篇）、《孟子》（8篇）較多；文化以《詩經》（9篇）、《易經》（7篇）最多；中央

則《詩經》（6篇）較多；中興以《易經》（9篇）、《詩經》（8篇）、《左傳》（8篇）為多；東海以《詩經》（23篇）最多；靜宜僅《詩經》1篇；成大以《詩經》（7篇）最多；高師以《易經》（38篇）、《論語》（24篇）為多。透過學位論文這類研究內容「偏差性」的觀察，可以了解重點大學在經學專業研究上，若排除授課教師個人魅力的影響因素，這些科目當是該校較受學生喜好或接受的科目，是以研究生遂選擇該經的內容為論文的主題。

　　除經學課程的開設與研究生選擇研究議題相關性的探討之外，前文還曾追問臺灣各大學的經學研究，是否因著強調「臺灣主體性」的「本土化」思潮興起，遭受打擊而越形衰退？雖然無法全面性進行「質」的研究，確定「本土化」思潮興起後，相對於之前在研究品質上表現的高低。但應該可以經由不同時間點學位論文產出數量的變化，觀察確定臺灣經學研究市場，是否越來越被忽視導致無研究生理睬而萎縮？或者並沒有根本性的變化？或者越來越多研究生投入研究？以下即透過網路搜尋和歸納統計的整理功夫，針對十三所重點大學自五十一學年開始至一〇五學年為止的五十五個學年，研究生經學相關學位論文每年產出的數量，製成下列五表：

十三所重點大學中文本科系經學議題學位論文分年產出數量表

學年度	105	104	103	102	101	100	99	98	97	96	95	94
易經	5	6	3	16	6	12	6	8	5	7	4	5
書經	1	5	2	3	4	5	2	0	2	1	1	1
詩經	3	4	3	5	8	7	9	3	7	9	7	2
左傳	0	1	4	2	3	4	3	3	4	5	6	3
公羊	2	1	1	0	1	0	1	1	1	1	0	1
穀梁	0	0	0	0	0	1	0	0	0	0	0	0

春秋	2	2	4	3	5	4	3	4	5	4	2	3
禮記	0	1	0	3	0	3	3	3	2	4	0	0
周禮	1	1	0	0	0	1	1	1	0	0	1	2
儀禮	1	2	3	1	3	0	0	0	2	0	0	1
禮學	1	2	1	0	1	3	1	1	2	1	2	0
四書	1	1	3	3	2	4	4	2	1	2	3	0
論語	1	0	6	3	5	6	6	2	3	2	3	0
孝經	1	1	0	0	1	1	0	1	1	1	0	0
爾雅	0	0	0	1	0	2	1	1	0	0	1	1
孟子	2	2	6	2	1	4	4	4	5	2	4	3
學庸	0	0	0	0	0	0	0	0	1	0	0	0
大學	0	0	0	1	0	0	0	0	0	0	0	0
中庸	0	1	0	1	0	0	1	1	0	0	0	0
讀經	0	0	0	1	0	0	1	1	0	0	0	1
經學	0	1	0	0	3	1	2	3	4	0	1	1
總計	21	31	36	45	43	58	48	39	45	39	35	24

學年度	93	92	91	90	89	88	87	86	85	84	83	82
易經	8	4	5	1	1	6	2	1	1	4	1	2
書經	0	1	2	1	0	1	0	0	2	0	0	1
詩經	6	7	1	0	5	5	1	5	3	1	4	0
左傳	3	2	5	0	1	3	3	1	2	1	0	1
公羊	0	0	2	0	3	0	0	1	1	1	1	0
穀梁	0	0	1	0	0	0	0	0	0	1	1	0
春秋	2	1	0	1	5	4	1	3	0	1	2	0

禮記	0	1	2	3	2	0	2	0	1	1	0	0
周禮	0	0	0	1	0	1	0	1	0	0	0	0
儀禮	1	2	0	0	1	0	0	1	0	1	0	0
禮學	1	0	0	0	1	4	1	1	0	0	0	0
四書	1	0	2	0	0	0	0	0	1	1	1	0
論語	1	4	3	4	0	2	0	1	3	2	1	2
孝經	1	0	0	0	0	0	1	0	0	0	0	0
爾雅	0	0	2	1	0	0	0	1	0	0	1	0
孟子	2	1	1	0	1	1	2	1	0	2	1	0
學庸	0	0	0	0	0	0	0	0	0	0	1	0
大學	0	0	0	0	0	0	0	0	0	0	0	0
中庸	0	0	0	0	0	1	0	1	0	0	0	0
讀經	0	0	0	0	0	0	0	0	0	0	0	0
經學	4	1	1	1	4	3	2	2	0	4	1	2
總計	30	24	27	13	24	31	15	20	14	20	15	8

學年度	81	80	79	78	77	76	75	74	73	72	71	70
易經	2	0	3	1	1	1	3	3	2	0	1	0
書經	1	0	0	1	3	3	0	3	1	0	1	0
詩經	4	5	3	3	3	2	1	5	3	1	3	1
左傳	1	1	1	3	1	2	2	2	1	1	3	2
公羊	2	0	0	3	1	0	0	1	0	1	0	0
穀梁	0	0	0	0	0	0	0	0	0	0	0	0
春秋	1	0	4	0	0	1	0	1	1	0	0	0
禮記	1	0	1	1	1	2	0	2	0	0	0	1
周禮	0	0	1	0	0	0	0	1	0	0	0	0

儀禮	0	2	1	0	1	2	0	0	1	0	0	0
禮學	1	0	0	0	0	0	0	1	0	0	0	0
四書	0	0	0	0	0	0	0	0	0	0	0	0
論語	1	0	2	3	1	1	0	3	0	0	0	0
孝經	0	0	0	0	1	0	0	2	0	0	0	0
爾雅	1	0	0	0	0	1	0	0	0	0	0	0
孟子	3	0	0	3	1	0	1	6	1	0	1	0
學庸	0	0	0	0	0	0	0	0	0	0	0	0
大學	0	1	0	0	0	0	0	0	0	0	0	0
中庸	0	0	0	0	0	0	0	1	0	0	0	0
讀經	0	0	0	0	0	0	0	0	0	0	0	0
經學	1	5	4	1	2	3	0	3	1	1	1	2
總計	19	14	20	19	16	18	7	34	11	4	10	6

學年度	69	68	67	66	65	64	63	62	61	60	59	58
易經	0	1	0	0	0	0	2	0	1	0	1	0
書經	4	0	0	1	1	1	0	1	0	1	1	1
詩經	2	0	0	1	2	1	0	0	1	0	0	2
左傳	2	0	2	0	0	0	0	0	0	0	1	0
公羊	0	1	0	0	0	0	0	0	0	0	0	0
穀梁	0	0	0	0	0	0	0	0	0	0	1	0
春秋	2	2	0	0	0	0	0	0	0	0	0	0
禮記	2	0	0	0	0	0	0	0	0	0	3	0
周禮	2	0	0	1	0	0	0	0	0	0	0	0

儀禮	1	1	0	0	0	0	0	0	0	0	0	0
禮學	1	0	0	0	0	0	0	0	0	0	0	0
四書	0	0	0	0	0	0	0	0	0	0	0	0
論語	0	0	0	0	0	0	0	0	0	0	0	1
孝經	0	0	0	0	0	0	0	0	1	0	0	0
爾雅	0	0	0	0	0	0	0	0	0	1	0	0
孟子	0	0	0	0	0	0	0	0	0	1	0	0
學庸	0	0	0	0	0	0	0	0	0	0	0	0
大學	0	0	0	0	0	0	0	0	0	0	0	0
中庸	0	0	0	0	0	0	0	0	0	1	0	0
讀經	0	0	0	0	0	0	0	0	0	0	0	0
經學	2	1	1	1	1	2	0	1	0	0	2	0
總計	18	6	3	4	4	4	2	2	3	4	9	4

學年度	57	56	55	54	53	52	51	
易經	0	0	1	0	0	0	0	
書經	0	0	0	1	0	0	1	
詩經	0	0	0	0	0	0	0	
左傳	0	0	2	1	0	0	0	
公羊	0	0	0	0	0	0	0	
穀梁	0	0	0	0	0	0	0	
春秋	0	0	0	0	0	0	0	
禮記	0	0	0	0	0	0	0	
周禮	0	0	0	1	0	0	0	

儀禮	0	0	0	0	0	0	0	
禮學	0	1	0	0	1	0	0	
四書	0	0	0	0	0	0	0	
論語	0	0	1	0	0	0	0	
孝經	0	0	0	0	0	0	0	
爾雅	0	0	0	0	0	0	0	
孟子	1	0	0	0	0	0	0	
學庸	0	0	0	0	0	0	0	
大學	0	0	0	0	0	0	0	
中庸	0	0	0	0	0	0	0	
讀經	0	0	0	0	0	0	0	
經學	0	0	0	0	0	0	0	
總計	1	1	4	3	1	0	1	

觀察各學年產出的學位論文數量，五十五個學年之中，除五十二學年未有論文外，其他五十四個學年產出論文最高者五十八篇（100學年），最低者一篇（51、53、56、57等學年）。每年產出超出四十篇者有四個學年（99學年48篇、97和102學年各45篇、101學年43篇）。超出三十篇者八個學年（96和98學年各39篇、103學年36篇、95學年35篇、74學年34篇、88和104學年各31篇、93學年30篇）。超過二十篇者八個學年（91學年27篇；89、92、94等學年各24篇；105學年21篇；79、84、86等學年各20篇）。每年學位論文產出數量超過二十篇者有二十一個學年（74、79、84、86、88、89、91、92、93、94、95、96、97、98、99、100、101、102、103、104、105）。至於當年論文僅有個位數的學年，除未產出論文的五十二學年外，有二十一個學年（51、53-68、70、72、75、82）。根據實際論文產出數量的觀察，可

知就經學論文展現的實際而論，臺灣經學表現的乃是一種越往後越上升的趨勢，並未因著「本土化」而向下沉淪。

臺灣重點大學研究生各學年論文產出的數量，大致以八十四學年為分界往上提升，雖然之前也有七十四、七十九等二個學年的論文產出數超出二十篇，但就總體的表現而言，八十四學年以後二十二個學年的論文產出總數為六八二篇，占全數九五九的百分之七十一以上，遠高於之前三十三個學年的論文總產出量二七七篇，甚至接近二點五倍。透過八十四學年以後論文產出量高於之前的量化呈現，進而可以確定即使受到強調臺灣「主體性」的「本土化」思潮洗禮之後，經學在學生群體內的接受度，並未受到嚴重的衝擊，因此依然有不少研究生選擇經學議題為論文研究主題的內容。

經由本節歸納十三所重點大學開設經學課程及其與學位論文研究內容的相關性，接著統計重點大學各學年產出的經學論文數量，通過學位論文數量變化的比較，了解學生接受經學而研究經學議題的表現，並沒有因為臺灣的「民主化」與「本土化」等開放、多元因素的影響而衰退。此一研究成果雖僅能證明臺灣學生接受經學的熱誠度如何，並無法證明臺灣研究生研究經學的水準如何？但至少可以說明臺灣經學的教學與研究，到目前為止，並未被學生棄如敝屣般的藐視不理。雖然「量化」的探討，無法證明「質」的表現，但追求「質」的提升，必然是經學研究者重視的重心，因此在探討經學被接受的實際狀況後，下一節乃根據筆者的經驗，提出某些或者可以有助於提升經學研究「質」的私見，以供有興趣者斟酌參考。

三 新研究詮釋的嘗試

臺灣民主化和本土化的潮流，帶動整體社會環境的變化，在此種

多元而充滿各種不同聲音的環境中，學術研究自然也無法脫身世外，經學研究者同樣要面對學數多元的衝擊與競爭。因此必須透過合法恰當的競爭方式，例如：教學方式的改變、研究成果的展現、經學文本的詮釋、經學義理的實踐等等，有效的證明經學的學術意義與價值，爭取更多的認同及獲得更大的發言權，進而鞏固甚至提升經學的價值與學術地位，這應該是每位關懷經學發展的研究者，必然要面對且思考如何應對的現實。基於前述的基本認識，筆者因此以自身的經驗與觀察，提出下述五點建議的淺見以供參考。

首先，利用電腦科技的建議。電腦網路資料庫的建置，以及搜尋系統的發明，對學術界而言，應該是影響特別重大的發明。這些發明使得以往的「引得」失去作用，使得「目錄」的搜尋與編纂更為方便，使得研究資訊的取得更加容易，使得必須閱讀的文獻「海量」增加。經學研究者面對此種影響，自也有必要思考如何更方便、更有效的利用這類新科技，用以增強或協助經學的研究，因而可以獲得更好的發展。例如：以往研究者討論說明學者的學術之際，當面對前人已有共識性答案的議題之際，由於缺乏重新驗證的可能性，僅能或者無條件接受前人之論的「順著說」，或者以前人之說為前提的「接著說」，很難有經由重新驗證而出現「創新性」異說的機會。這自然不是理想的研究方式，但受限於相關文獻無法全面性閱讀的限制，因此也僅能如此的接受。但隨著電腦網路資料庫的設置，以及搜尋系統的發明，因而可以比前人獲得更多的資訊，於是也就有可能發現前人疏漏之處。筆者從博士班開始，在先師張以仁教授（1930-2009）的影響指導下，在那個「手工業」研究的時代，就特別重視「量化」研究的價值，因此乃透過「量化」的研究方式，證明顧炎武（1613-1682）、朱彝尊（1629-1709）以來，譴責《詩傳大全》「全抄」元代

劉瑾《詩傳通釋》之論，確實有不夠周延之處。[30]筆者更因此而設計一種透過「量化」形式，以論證「學術影響」的研究方式。這種「外部研究」獲得的成果，因為具備可驗證性，是以可用來補充協助一般以詮釋為主流的「內部研究」無法提供的客觀資訊。除前文提及的數篇論證臺灣經學第一、二代學者，對臺灣學術整體影響的論文之外，筆者近幾年發表的論文，大致都是此一研究方法的實踐；本文前一節也是此種研究方法的運用，有興趣的學者不妨參看。

　　其次，文本詞彙詮解的建議。訓詁學是中文學者必備的基本功，但文字的內涵隨著文化的交流，必然帶來詮釋多元化的種種可能性，面對這種趨勢的中文研究者，應該設避免必然會遇到的二方面的問題：一是避免用現代人的常用概念解讀經學文獻，面對經典文獻必須有效區分同一詞彙，現代與古代意義內涵的不同，以便可以更細緻的了解或詮解經學文本。例如：「無所不用其極」之類。一是借用現代概念更有效的解讀經學文本。一般論文常常會出現「特色」一詞，但很少人確實注意構成「特色」的要件，亦即不太關心如何有效界定「特色」的問題，因此常常誤把「表現」當成「特色」。「特色」的評量條件，實際上可借用現代語言學所謂「共時性」與「歷時性」的概念說明，「特色」指的就是那類在過去的「歷史時空」和在現在的「身處時空」等兩個空間都不曾出現過的內涵。例如現代人幾乎都會操作電腦，相對於民國初年的人士，現代人能操作電腦構成「特色」，但相對於同世代的人，操作電腦卻是「常態」，並不符合「特色」的基本要求。再如《孟子・告子上》載有告子「食、色，性也」的說法，針對此一詞彙的解讀甚多。如果借用現代的概念來看，告子所謂「食」與「色」，指的顯然是生物因「繁衍」與「生存」需要，

---

30 楊晉龍：〈論《詩傳大全》與《詩傳通釋》的差異〉，《中國文哲研究集刊》第8期（1996年3月），頁105-146。

天生擁有的「本能」,可知告子的「性」,指的是「生物本能」。孟子不同意告子此一見解,因而提出不同於告子的「性」觀,歷來對孟子「性」觀的解說也相當多,然若順著前述「生物本能」的解釋方向,似乎也可以說孟子重視的「性」,指的是人類有別於其他生物的「人類潛能」,這種人類特有的「潛能」,就一般的觀察而言,至少有「發明創造」與「積極向善」等兩項,孟子所謂「性」指涉的顯然是「人類積極向善」的「潛能」,甚至可因此而了解現代教育比較重視「發明創造」的「人類潛能」,因而有忽視「積極向善」的「人類潛能」的潛在性問題。經由此種現代普遍性概念的解讀,或者較某些天馬行空的解讀,更貼近人間,或者還可能更符合告子和孟子辯論之際的原意。

其三,培養批判反思精神的建議。「尊師重道」、「敬老尊賢」是中文系學者必然存在的基本素質,這在為人處世的要求上很值得尊崇的人格表現,如果不當地帶進學術研究的領域,很可能就無法出現正當批判的精神,因而很容易把某些長期認定的學術「成見」,當成絕不可更改的「真理」,於是「成見」就很難被打破。例如前文舉證的顧炎武和朱彝尊謾罵《詩傳大全》之類,筆者不相信四百年來無人注意到此問題,但卻沒有人願意公開指正,這應該與傳統學者過度強調「尊師重道」、「敬老尊賢」的影響之故,導致即使發現問題,也不敢公然質疑,更別說寫論文反駁了。

其四,細緻閱讀文本的建議。許多經常性閱讀的文本,由於自認為很熟悉,很容易因此就粗略的閱看,導致連文本提供的基本訊息,很可能都無法確實的認知。例如《孟子‧公孫丑上》孟子回答公孫丑「不動心有道」的提問時,有一段話提到:「昔者曾子謂子襄曰:『子好勇乎?吾嘗聞大勇於夫子矣:「自反而不縮,雖褐寬博,吾不惴焉;自反而縮,雖千萬人吾往矣。」』孟施舍之守氣,又不如曾子之守約也。」從整個行文的口氣,可以確認「自反而不縮,雖褐寬博,

吾不惴焉；自反而縮，雖千萬人吾往矣。」這一段發言，顯然是曾子「聞大勇於夫子」的內容，但許多中文系的同學，卻直接把著作權歸給孟子，此種閱讀的態度，顯然太過粗略。

其五，積極面對競爭的建議。經學在清代滅亡之前的傳統中國，確實擁有過獨一無二的重要地位；在臺灣也曾經有過輝煌的歷史，但那都是已消失遠離的過去。現在的經學研究者面對的是多元平等競爭的學術環境，經學和其他學科一樣，對學生而言都僅是科系規定的選修課程，並不具備任何先天上的優勢，更沒有理所當然必須學習的重要價值。面對此種現況，經學研究者因此有義務證明經學對學習者而言，確實具有學習和遵循的重要價值。這就如同所有產品的價值，從來就不是按著「賣方」認定那樣理所當然的存在，「賣方」若無法證明自己產品的價值，「買方」自然就有排斥、拒絕而不接受的權力。在市場經濟的前導下，「學術競爭」是必然存在的常態，以往那種「自行束脩以上」的理想期待，已經一去不復返了，這是現代經學研究者必須認清的現實：學習經學的意義與價值，必須適當且有效的證明，絕不是理所當然的存在。

筆者以為這五點卑之無甚高論的經驗之談、芻蕘之見，雖然僅是個缺乏細緻論證的粗淺建議，但若放在臺灣經學發展的道路上，或者也可以做為站在「現代」迎向「未來」過程中，值得斟酌考慮的有效建議。

四　結論

本文旨在探討了解臺灣二十世紀以來，經學研究發展的情況，並根據筆者所見提出有助於未來臺灣經學正向發展的建議，以供相關研究者參考。經由上述的論證及必要的歸納分析，大致可以獲得以下幾

點結果。

首先，二十世紀以來受惠於大陸來臺學者教育培養的臺灣經學界，面臨著多元化與本土化衝擊的社會環境，經學研究是否受此影響，因此而越來越萎縮，導致經學研究的大退步。這應該是關心臺灣經學研究發展學者注意的問題，這也就是設計本文進行研究的內在原因。

其次，本文以十三所歷史較為悠久的重點大學為對象，考察這些學校開設經學課程的實際狀況，發現最少開設二門，最多開設十門。其中「五經」課程全開者有八校，開設「四書」者六校。十三校均開設的課程僅有「詩經」一門，其他各經開課的情況，雖然多少不同，但並沒有完全不開經學課程的學校。觀察各校開設的經學課程，開設《左傳》者十二校、「禮記」十校、「易經」九校、「書經」八校、「四書」五校。至於「周禮」、「儀禮」、「公羊傳」、「穀梁傳」和「爾雅」等課程，未見開課傳授者。

其三，考察十三所重點大學研究生產出的經學相關學位論文總共九五九篇，就學校而論，產出數量最多者係師大的二〇四篇，最低者係靜宜的一篇。諸經中以研究《詩經》相關內容的學位論文一四八篇最多，《易經》一四二篇次之，《左傳》八十八篇再次之。總體而言，各校論文產出的數量，基本上與開課的表現相吻合，亦即經學課程開設越多者，研究生以經學議題為學位論文的趨向就越明顯。

其四，觀察自五十一到一〇五學年，每年論文的產出數量，發現五十二學年沒有論文，在出產論文的五十四個年代內，以一百學年產出的五十八篇居冠。觀察每學年產出論文數量變化的情況，大致以八十四學年為分界線，之前的三十三個學年僅產出二七七篇，之後的二十二個學年產出卻高達六八二篇，可見經學研究的學位論文越來越盛的情況，顯見臺灣的經學研究，並沒有因為強調「主體性」的「本土化」遭受影響。

其五，進入二十一世紀的經學研究者，既然認知到經學研究並沒有因為「本土化」而受影響，應該面對的當是學術多元化的衝擊，經學研究者因此必須和其他學科進行學術競爭，可能因此而引發部分經學研究者的憂慮。筆者因此提出：利用電腦科技輔助、文本詞彙重新詮解、培養反思批判精神、細緻閱讀文本和積極面對競爭等五項建議，以為落實此五點，或將有利於臺灣經學的未來發展。

本文透過吸收前賢研究成果，並結合筆者自身的研究經驗，再經由電腦搜尋系統的協助，證明臺灣經學的研究發展，並未受到上世紀「本土化」思潮影響而有所萎縮，有效的證明經學強韌的生命力。研究獲得的結果，有助於對二十世紀以來臺灣經學發展實際狀況的了解，因而對臺灣經學研究者或臺灣學術研究者，都有提供有效研究答案的積極功能。

捌　戰後臺灣高等院校的經學史教育

陳恆嵩[*]

一　前言

　　經學是中國文化的核心所在，也是一切傳統學術文化的淵源所自，更是先民從實際生活經驗中所累積得來的智慧結晶。徐復觀先生（1904-1982）說：

> 經學是由《詩》、《書》、《禮》、《樂》、《易》、《春秋》所構成的。它的基本性格，是由古代長期政治、社會人生教育的經驗積累，並經過整理、選擇、解釋，用作政治、社會人生教育的基本材料。因而自漢以後兩千年來，成為中國學術的骨幹。[1]

經學既是過去兩千多年中，「古代長期政治、社會人生教育的經驗積累」，經過古代聖賢「整理、選擇、解釋」，經學既與歷代的政治、經濟、文化都有極密切的聯繫，若要深入研究中國古代的歷史與文化，

---

[*]　陳恆嵩，東吳大學中國文學系教授。
[1]　徐復觀撰：《中國經學史的基礎》（上海市：上海書店出版社，2002年），頁6。

就不能忽視對經學的研究。因此，想要了解中國文化最直接而有效的方法即是研究經學。

自秦、漢以降，兩千多年來經學在大陸的發展，藉著歷朝歷代儒者的傳衍流布，經學已遍及各省。進而擴及周邊的鄰國，如韓國、日本、越南等均深受儒家文化薰陶影響，經學典籍在異國也代代傳衍不斷。

臺灣的地理位置，毗臨大陸，先民很早就渡海來臺，開墾拓荒，林慶彰先生說：「儒家經學是何時傳入臺灣？雖不一定可以得到確切的答案，但鄭成功遷臺時，隨行的官員不少是讀經典的儒士，已為臺灣撒下傳播經典的種子。」[2]可惜後來清廷在甲午戰爭戰敗，將臺灣割讓給日本，日本統治時期，經學的發展受到種種限制，無法順利傳播。等到二次世界大戰，日本戰敗，臺灣光復，由於人才、物力及環境的因素，經學的教育薪火仍難以延續，有待國民政府遷臺，將各種人才帶入始得以快速發展。林慶彰先生說：

> 一九四五年日本戰敗投降，國民政府接收臺灣，隨後國民政府又播遷來臺。……中國大陸淪入共產黨之手，是件大不幸的事。但保住臺灣，播遷來的學者成了宣揚經學的新種子，使臺灣成為發揚經學的唯一聖地，則是不幸中的大幸。當時來臺灣的經學家有陳槃、屈萬里、戴君仁、高明、陳大齊、王夢鷗等，如以對後來臺灣研究經學的影響來說，以屈萬里、高明兩位最為重要。當時屈萬里在臺灣大學任教，後來他的弟子除在臺灣大學外，分布在中央研究院、東吳大學等。高明先生本在省立師範學院（今臺灣師範大學）任教，後來創立政治大學中研所，他的弟子除在臺灣師範大學、政治大學外，分布全臺灣

---

2 林慶彰主編：〈序〉，《五十年的經學研究（1950-2000）》（臺北市：臺灣學生書局，2003年），頁3。

　　各大專院校，這些弟子把老師種下的經學幼苗，灌溉成綠蔭濃密的大樹。[3]

　　綜觀今天在各大學中文系從事經學教育與研究者，可說都與陳槃（1905-1999）、屈萬里（1907-1979）、戴君仁（1901-1978）、高明（1909-1992）、陳大齊（1886-1983）、王夢鷗（1907-2002）等先生有師承的關係。正當大陸發起空前的「文化大革命」時，對中國傳統文化與典籍進行毀滅性的摧殘之際，臺灣恰好透過屈、高、戴諸位先生傳授，使經學教育在臺灣獲得維護，六十幾年來得以蓬勃發展。林慶彰先生在二〇〇二年曾應臺灣學生書局之邀，就《周易》、《尚書》、《詩經》、《三禮》、《春秋》經傳、《四書》、經學史、經學文獻整理等八個領域類，分別邀請國內專研各經的青年學者撰文，總結從一九五〇到二〇〇〇年臺灣在這五十年間各經研究的成果，並進而歸納分析其特色與貢獻，成為海內外學者了解臺灣學界對經學發展及學術演變情況的最佳入門書籍。唯獨與臺灣經學學術發展關係密切的在這五十年間高等院校的經學教育的情況，付之闕如。筆者本擬藉此次會議對臺灣光復以來的高等院校「經學史」教育作詳細的考察論述，唯人身在私校，教學研究與學術服務工作較為繁重，以致無法充分且詳細掌握全國各大學院校的經學史教育課程內容，以作深入的分析，期待學界先進加以匡補闕遺。

二　臺灣高等院校「經學史」課程的師資傳承

　　由於臺灣政治環境與大陸受共產黨專制統治，兩者體制並不相

3　林慶彰主編：〈序〉，《五十年的經學研究（1950-2000）》，頁3-4。

同，臺灣對學術界較少干預，研究環境自由開放，較不受政治社會情勢影響，學者得以專心的依照自己的興趣與理想，去從事學術研究工作，經學研究與傳承得以充份發展。

臺灣光復以後，屈萬里、王夢鷗、戴君仁、高明、王靜芝等知名學者自大陸移居臺灣，連帶的將研究經學的風氣帶來臺灣。屈、王、高等人相繼在各公私立大學講授經籍課程，指導學生研究經學，由是《十三經》及經學史的研究人才及風氣，由此培養出來。屈萬里、王夢鷗、高明等最早來臺的第一代學人，將民國傳統經學課程與理念，完整帶來臺灣，奠定往後五十幾年的基礎與規模。

目前國內各公私大學有開設「經學史」課程的學校，講授者大都是第一代學人所培養的學生，或誼屬第三代學人。近年來，時勢變遷，傳統經典學科逐漸為現當代文學及應用學科所取代，以《漢學研究通訊》所刊登一〇五學年度「臺灣各大學漢學課程彙目」所標列，開設有「經學史」課程的學校僅有：臺灣大學中文系的「經學史專題」課程，由張素卿講授。成功大學中文系「中國經學史研究」，由宋鼎宗講授。東吳大學中文系「中國經學史專題研究」，由林慶彰講授。高雄師範大學經學研究所「經學史選題研究」，由陳韋銓講授。綜觀所列課程彙目，雖尚有不少學校開設各經書專題研究，而有開設「經學史」課程者卻僅有四校，相較以往，可見學風逐漸轉變之趨勢。

以臺灣大學中文系的「中國經學史」課程為例，根據《國立臺灣大學中國文學系系史稿》所記：

> 「中國經學史」，通論中國經學的發展流變。早期「經學史」，為研究所兼大學部課程，四十七學年至七十學年期間，多由戴君仁先生授課，其餘則由馮承基、屈萬里、程元敏先生授課。七十五學年以後，「中國經學史」，仍為研究所兼大學部課程；

　　八十四學年始，改為研究所選修課程，先後由程元敏、何澤恆
先生授課。[4]

　　據臺灣大學中文系所編的系史記載，八十四學年度以前的「中國經學
史」課程，被規劃在研究所與大學部合開課程裡面，八十四學年度以
後才將該課程劃歸為研究所選修課程，七十五學年至八十九學年該課
程均由程元敏先生擔任授課。九十一學年度以後才由何澤恆先生接續
授課，近年的「經學史專題」課程，則由張素卿教授接續講授。

　　臺灣大學中文系的「中國經學史」課程，以戴君仁、程元敏兩位
先生授課最久，影響最深遠。程元敏先生，為臺灣大學中國文學系專
任教授，早年讀書期間，師從國內著名經學大師、《尚書》學專家屈
萬里先生，勤勉研讀，奠定深厚的經學根柢。爾後長期從事於《尚
書》、《詩經》及中國經學史的鑽研工作數十年，著述弘富，計撰有
《王柏之詩經學》、《王柏之生平與學術》、《三經新義輯考彙評——尚
書》、《三經新義輯考彙評——詩經》、《三經新義輯考彙評——周
禮》、《春秋左氏經傳集解序疏證》、《三國蜀經學》、《書序通考》、《詩
序新考》、《尚書學史》等書。程先生自年輕時即皓首窮經，埋首中國
經學史及《尚書》學的鑽研工作，幾十年來孜孜不倦，筆耕不輟，老
而彌堅，近年退休後，專心致志於名山事業，著述不輟，又相繼出版
《先秦經學史》、《漢經學史》兩書，將多年苦心探討研究經學發展歷
史的心得，博采群言，斟酌權衡，詳加考辨，董理撰述成書，造福學
林，其熱衷於學術的精神與毅力，實非常人可比，令人敬佩。

　　政治大學中文系的「中國經學史」課程，歷年來均由李威熊教授
講授，李威熊係高明先生的學生，多年來沉浸於中國經學史的研究，

4　臺灣大學中國文學系編：《國立臺灣大學中國文學系系史稿》（臺北市：臺灣大學中
　　國文學系，2014年），頁319。

講授經學史留心歷代經學變遷的趨勢，先後出版有關經學的著作：
《馬融之經學》、《董仲舒與西漢學術》、《中國經學發展史論》（上
冊）等書，及相關經學單篇論文數十篇。就其歷年撰寫的學術論文來
看，可知其研究重點用力較多於兩漢和明清經學發展問題。李威熊教
授離開政治大學後，政治大學中國文學研究所「中國經學史」課程即
常因師資而停開。

　　成功大學中文系的「中國經學史研究」課程，多年來即由宋鼎宗
教授講授。宋鼎宗係臺灣師範大學國文所畢業，程發軔先生（1894-
1975）所指導的學生，先後出版有《春秋宋學發微》、《春秋胡氏學》
等書。

　　東吳大學中研所的「中國經學史」課程，創所初期聘請臺大屈萬
里先生擔任，屈萬里先生於民國六十八年逝世後，停開多年。林慶彰
先生自東吳大學中國文學研究所博士班畢業後，即接續「中國經學史
專題研究」課程的講授。林慶彰先生，受教於臺灣著名經學家屈萬里
教授，自六十四年進入研究所就讀以來，四十年來孜孜矻矻的投入中
國經學史的研究，立志發揚其師弘揚經學的志向，潛心鑽研，多年來
累積相當豐碩研究成果，先後出版有《明代考據學研究》、《明代經學
研究論集》、《清初的群經辨偽學》等專著，與經學相關的單篇論文有
百餘篇，可說相當豐碩。他也相當注重經學文獻目錄的編輯，主編出
版《經學研究論著目錄（1912-1987）》、《經學研究論著目錄（1988-
1992）》、《朱子學研究書目》、《乾嘉學術研究論著目錄（1900-
1993）》、《日本經學研究論著目錄》、《日本儒學研究書目》等二十餘
種。這種基礎的經學文獻整理工作，一般人做不好，專家學者又不屑
為，這種默默為學術犧牲奉獻的精神，實在值得學界所敬佩。

三　臺灣高等院校「經學史」課程的教材與教法

　　從事教育工作，影響學生學習成效的因素，除授課老師的個人人格特質與教學態度是否循循善誘能誘導學生的興趣外，尚需要特別注重課程所採用的教材與教法。若選用的教材得當，採用的教學方法合宜，學習效果可有事半功倍的效果。反之，則會徒勞無功。〈學記〉說：「善教者使人繼其志」，不善教者，則會使學者會「勤苦而難成」，「扞格而不勝」，最後造成「隱其學而疾其師，苦其難而不知其益」的結果。

　　經學雖為國家文化的根源，影響學術文化的發展至鉅，然而專門敘述中國經學發展歷史的著作，卻遲至清末劉師培的《經學教科書》才開始，稍後皮錫瑞的《經學歷史》、馬宗霍的《中國經學史》繼之，寥寥無幾，爾後便沉寂數十年之久。誠如程元敏先生說：「中國經學，自孔子創首以來，迄今二百六百年，為中國學術主幹。顧中國經學史之專著甚少，有之或病簡陋，或傷蕪漫，尤以溯其本源——先秦經學專史竟付闕若。」[5]程先生致嘆諸書「或病簡陋，或傷蕪漫」，「學不考其源流，莫能通古今之變」，足見教材的選擇對經學的學習會造成相當重要的影響。

　　國內高等院校中文系所設有「經學史」課程的學校雖然不少，唯大都無對外的課程介紹，非本校的修業學生，外人很難了解其教學情形，以成功大學中文系的「中國經學史研究」為例，由宋鼎宗講授，然上網只有課程介紹說明：『所謂經學，即詩、書、禮、樂、易、春秋等六部經典。其內容集宗教、哲學、道德學、政治學、藝術等於一爐，係為廣義之人生教育學。故為中國學術之母，舉凡史學、諸子、

5　程元敏撰：〈自序〉，《先秦經學史》（臺北市：臺灣商務印書館，2013年），頁1。

集部之學等，無不根源於經學。本課程規畫以時間為經，以空間為緯。由孔、孟、荀始，歷漢、唐、宋、元、明、清之變化，舉凡經學家、經學著述，逐一介紹、檢討與批判。」也可看到其學課程基本素養要求：「傳統學術領域與現代學術領域之獨立研究」、「探討傳統學術思想的現代意義與發展」。而核心能力在：「培養獨立研究傳統與現代學術之能力」，除此之外，都無法清楚了解。因此在此筆者只能就個人知見所及略述一二。

　　以臺灣最早從事「經學史」課程教育的臺灣大學中文系來說，早年由第一代來臺的學者戴君仁先生講授。當時戴先生講授中國經學史的教材與教法，係自編講義，或採用某經學史課本，因筆者既非出身臺大，又出生也晚，無法知其詳情。之後接續戴先生講授「中國經學史」的程元敏先生，筆者曾於七十四學年度蒙程先生不棄，允許與當年一同編輯《經學研究論著目錄》（1912-1987）的李光筠旁聽。授課時，程先生課堂上未採用教材，而是發放自編的「中國經學史」講義。由於課程係大學部與研究所合開，兩部學生混合上課，程先生全部親自講授，未有如現在研究所課程常指定學生報告而後進行討論的情形。

　　程先生整年全依照講義資料進行講授。講義內容以時代為經，專家為緯，上溯夏商，下迄為隋唐，彙聚經史典籍的資料，「釋經名義、記歷代經數、考經時代、明經板本、辨經本真贗、析各經重要指恉。」舉凡「於經學攸關之政教要事，隨機論述，如公私教育、學術公案、典籍真偽，或闡發或辯證，用彰顯經學之時代意義。」[6]

　　以往學術史專著寫作，大都採行以人物為章節的敘述體例，以突顯學者在學術上的成就與地位，進而闡述他的主要學說思想。程先生改變這種體例，講授採依朝代先後為經的方式，描述經學的源流，針

6　程元敏撰：〈自序〉，《先秦經學史》，頁1。

對相關議題蒐集相關文獻，博采群言，折衷裁斷，詳細解說個人的研究心得。歷周、秦、漢、三國、晉、南北朝、隋、唐五代十國，舉凡各個朝代中央政府之政教措施，「設學校、立學官、選人材，集書、校書、刻書（石刻、板刻）」都詳細加以說明討論，以期能有學術傳授歷史的傳承，又闡明時代的變遷與學術思潮演進的影響，彰顯出學術主流的脈絡所在。退後後將幾十年孜孜不倦蒐集積累的「中國經學史」講義資料，纂輯成編，相繼出版《三國蜀經學》、《先秦經學史》、《漢經學史》等書，從書籍內容可見其治學特重文獻的觀念。凡事必待文獻資料蒐羅完備，幾無遺漏，辨析清楚，再動筆撰寫成文章。顯見其老而彌堅，筆不停耕，專心致志於經學名山事業的述作，其治學精神實值得後學感佩。

　　而筆者所在的東吳大學中國文學系，其「經學史」課程開設在研究所，民國六十四年設立研究所時，學校並無精通「中國經學史」課程的師資，遂禮聘當時國內外知名的經學及板本目錄學大家的臺灣大學中文系屈萬里教授擔任。屈教授在東吳講授「中國經學史」課程時，採用馬宗霍的《中國經學史》作為教材。馬宗霍的《中國經學史》，素來有難讀之評語，打開書本翻閱，只見一大堆古代學者姓名及書名的介紹，至於各朝代間學術思潮的演變原因與過程，幾乎不加討論，讓人無從了解各代學術思潮演變及風氣轉移變化的緣由何在。林慶彰先生曾講述他當年上課情形說：

　　　　一九七五年筆者進入東吳大學中國文學研究所碩士班，「經學史」一課由屈翼鵬師講授。翼鵬師授課特別嚴格，上課時要我們作口頭報告，期末時既要考試，也要期末報告。我們每天忙得團團轉；一年下來，大家精疲力竭。也慢慢體會出這一課程

「困難」的所在。此後，我一直在翼鵬師的指導下，作「經學
史」的研判。[7]

屈教授講授的「中國經學史」課程，既要「口頭報告」、「期末考
試」，最後還要「期末報告」，可見授課的要求特別嚴格。在這種嚴格
的訓練下，林慶彰先生的中國經學史學習的相當紮實。

　　畢業後留校教書，林先生將這種嚴格訓練同樣運用在學生身上。
他不採用馬宗霍的《中國經學史》作為教材，而是針對經學史上的議
題，選錄歷年來研究中國經學史較具有代表性的九十四篇論文，編成
《中國經學史論文選輯》，作為上課的輔助教材。上課先由林先生講
授「中國經學史」二千年發展演變的大概情形，及課程進行的要求。
平時要「口頭報告」、學期末也要繳交「期末報告」。林先生在東吳中
文系的「經學史專題研究」課程，每年都會預先擬定當年度想要讓學
生學期中練習討論的題目。根據筆者當年上課時，手上尚留存的一份
「經學史專題研究」的討論題目，詳列於下：

《論語》引《詩》、《書》	《墨子》引《詩》、《書》
孔子弟子傳經	《左傳》引《易》
《左傳》引《詩》	《國語》引《易》、《詩》、《書》
孟子與《易》、《詩》、《書》	荀子與《詩》、《書》
陰陽五行說與經書	《呂氏春秋》與經書
董仲舒	司馬遷
《漢書》〈藝文志·六藝略〉	石渠閣會議
博士與經書	兩漢師法家法問題

7　林慶彰編：〈序〉，《中國經學史論文選集》（臺北市：文史哲出版社，1992年），上
　　冊，頁1。

今古文爭論	劉歆〈責讓太常博士書〉
白虎觀會議	讖緯學
賈逵	許慎《說文解字序》
許慎《五經異義》	馬融
何休《公羊春秋解詁》	鄭玄《毛詩箋》
鄭玄《詩譜》	鄭玄三《禮》學
漢熹平石經	荊州學派
魏石經	王學與鄭學之爭
王弼《周易注》	何晏《論語集解》
杜預《春秋經傳集解》	東晉偽《古文尚書》
范寧《穀梁春秋集解》	六朝士人對喪服之研究
六朝經學與佛學	南北朝經學之異同
皇侃之《論語義疏》	劉焯、劉炫之經學
陸德明《經典釋文》	孔穎達與《五經正義》
楊士勛與《春秋穀梁傳注疏》	賈公彥與《周禮注疏》、《儀禮注疏》
劉知幾《史通》與經書	唐開成石經
古文運動與經學之關係	啖助、趙匡、陸淳之《春秋》學
韓愈《論語筆解》	孫郃〈春秋無賢臣論〉
徐彥與《春秋公羊傳注疏》	五代之經學
宋初經學的新趨向	歐陽修在經學上之貢獻
《易》圖書學的來源與發展	周敦頤及其《太極圖說》
劉敞之經學	王安石及其《三經新義》
程頤之《易》學	蘇轍之經學
胡安國之《春秋》學	鄭樵之經學
朱熹之《易》學	朱熹之《詩》學

朱熹之《禮》學	朱熹之《四書》學
呂祖謙之經學	蔡沈之《尚書》學
王柏之經學思想	金履祥之經學
吳澄之經學	趙汸之《春秋》學
董鼎之《尚書》學	劉三吾之《書傳會選》
《四書五經大全》修纂之意義	湛若水之《春秋》學
王陽明之經學思想	楊慎在經學研究上之貢獻
梅鷟之《古文尚書》辨偽	陳第之《詩經》古音學
晚明之《詩經》名物學	《四書》學與佛道之關係
明末清初研究〈禹貢〉之意義	錢謙益之經學思想
閻若璩之《古文尚書》辨偽	吳派之經學思想
皖派之經學思想	民國初年的讀經運動

詳細審視這份所擬的經學報告題目，可知林慶彰先生是試圖透過經學報告議題將二千多年中國經學史發展的重要問題，讓學生在蒐集經學文獻資料、閱讀文獻資料的過程中，對蒐集來意見雜亂紛陳的論文資料，進行歸納分析，自行尋找出議題的主旨頭緒，再下筆寫成報告於課堂上講述。每位學生在整學期大致上會輪流四至五次做期中報告，學生報告完議題內容後，彼此發問討論，而後再由林老師進行最後的綜合講評與總結補充。訓練過程可說相當嚴格，然而學生經過這樣的訓練，不僅對中國經學史二千多年的發展有一較全面而清晰完整的了解，也讓學生學會如何蒐集文獻、運用資料以完成一篇形式全面而完整的論文，教學的成效頗為顯著。

四　臺灣高等院校「經學史」教育的發展困境與未來展望

　　近十幾年來，大陸拜經濟改革開放之賜，思想控制稍稍放鬆，經學教育開始從封建遺毒的口號下解禁，又受到臺灣研究傳統經學風氣的影響，大學的經學課程逐漸增加，研究經學的人數也逐年增多。近幾年由於政府提倡國學，各高等院校紛紛響應，爭取設立經學研究所或國學院，連帶興起一股經學史、學術史的寫作熱潮，就現有的成果來看，在經學史著作方面，有吳雁南主編《中國經學史》[8]，許道勛、徐洪興撰寫的《中國經學史》[9]、姜廣輝主編《中國經學思想史》（四卷）[10]等數種相繼出版。至於各經的專史，也先後皆有著作出版，計有《周易》有朱伯崑的《易學哲學史》[11]、楊慶中《二十世紀中國易學史》[12]，《尚書》則有馬雍的《尚書史話》，劉起釪的《尚書學史》[13]、《尚書源流及傳本考》[14]等書。《詩經》則有洪湛侯的《詩經學史》[15]、戴維的《詩經研究史》[16]，《春秋》則有沈玉成、劉寧的《春秋左傳學史稿》[17]、戴維的《春秋學史》[18]、趙伯雄的《春秋學史》[19]，曾

8　吳雁南、秦學頎、李禹階主編：《中國經學史》，福州市：福建人民出版社，2001年。

9　許道勛、徐洪興撰：《中國經學史》，上海市：上海人民出版社，2006年。

10　姜廣輝主編：《中國經學思想史》，北京市：中國社會科學出版社，2003年。

11　朱伯崑撰：《易學哲學史》，北京市：崑崙出版社，2005年。

12　楊慶中撰：《二十世紀中國易學史》，北京市：人民出版社，2000年。

13　劉起釪撰：《尚書學史》，北京市：中華書局，1989年。

14　劉起釪撰：《尚書源流及傳本考》，北京市：遼寧大學出版社，1997年。

15　洪湛侯撰：《詩經學史》，北京市：中華書局，2002年。

16　戴維的《詩經研究史》，長沙市：湖南教育出版社，2001年。

17　沈玉成、劉寧撰：《春秋左傳學史稿》，南京市：江蘇古籍出版社，1992年。

18　戴維撰：《春秋學史》，長沙市：湖南教育出版社，2004年。

19　趙伯雄撰：《春秋學史》，濟南市：山東教育出版社，2004年。

亦、郭曉東的《春秋公羊學史》。[20]《孝經》則有舒大剛《中國孝經學史》[21]，陳壁生《孝經學史》。[22]《論語》有唐明貴的《論語學史》。[23]《爾雅》有竇秀豔的《中國雅學史》[24]，短短十幾年間，有關經學史的專門著作竟達十幾種之多，經學史著作的寫作，可謂相當蓬勃發展。

　　相較之下，臺灣在經學史的撰寫方面，相當不受學界重視，也較為沉寂，至今僅有徐復觀《中國經學史的基礎》、李威熊《中國經學發的展史論》上冊及程元敏《三國蜀經學》、《先秦經學史》、《漢經學史》五本經學史著作出版。除此之外，以各單經史來說，《周易》僅有賴貴三《臺灣易學史》。[25]《尚書》多年來僅有古國順《清代尚書學》、蔡根祥《宋代尚書學案》、程元敏《尚書學史》三種，《孝經》僅有陳鐵凡《孝經學源流》[26]，數量相當少，對於有心想了解各經發展歷史的愛好者來說，可說相當困難。

　　近年來隨著經濟景氣的低迷，社會形態的改變，學術風氣逐漸開始轉變，此種學術、人心的轉變也開始顯現在臺灣高等院校教育上面，以「經學史」課程的教學為例，根據《漢學研究通訊》「臺灣各大學漢學課程彙目──一〇六學年度第一、二學期」的課程來看，第一學期有開設的學校僅有高師大經學所、臺師大國文學系兩個系所，第二學期有中正大學中文系、高師大經學所及東吳大學中文系三個系所。雖說有些學校「經學史」課程是與其他課程輪流開設，然與以往

20 曾亦、郭曉東撰：《春秋公羊學史》，上海市：華東師範大學出版社，2017年。

21 舒大剛撰：《中國孝經學史》，福州市：福建人民出版社，2013年。

22 陳壁生撰：《孝經學史》，上海市：華東師範大學出版社，2015年。

23 唐明貴撰：《論語學史》，北京市：中國社會科學出版社，2009年。

24 竇秀豔撰：《中國雅學史》，濟南市：齊魯書社，2004年。

25 賴貴三主編：《臺灣易學史》，臺北市：里仁書局，2005年。

26 陳鐵凡撰：《孝經學源流》，臺北市：國立編譯館，1986年。

相比，也顯示「經學史」課程逐漸被其他專題課程所取代。其他經學課程也縮減的相當嚴重，所增設的課程，大都是一些文學、現當代文學及注重實用的課程，足見社會變動之劇烈所造成的影響。

臺灣高等院校「經學史」教育的發展，何以逐漸萎縮，造成今天困難的局面？原因甚多，筆者僅就多年來研究經學的經驗提出個人粗淺的看法。首先是歷代的經學典籍缺乏整理。經書的典籍，大都簡潔古奧，艱深難讀，加以歷代為數眾多的注釋繁雜，再加上各經板本眾多，且大都重要典籍都未經整理點校，初學者不知如何選擇，望而生畏。

其次，未有合適的經學史書籍。中國經學雖為文化的基礎核心，但因問題複雜凌亂，既有文字不同造成今、古文問題，也有典籍真偽篇目多寡的紛擾，更有理解詮釋的問題，長久以來糾纏不清，致使學者徒然耗費時間精力於外圍形式的考辨工作，而無暇於致力於經文中所蘊涵義理的闡發。林慶彰先生即曾試圖重新撰寫新中國經學史，運用新的方法重新詮釋經學史的發展，他說：

> 我自從研究明代經學以來，發覺明末清初的經學研究有回歸原典的現象，回歸原典的目的是要探索儒學的本質，所以在撰寫《清初的群經辨偽學》一書時，特別將此種現象加以分析研究。此後，陸續發現唐末宋初、清末民初也都有回歸原典的現象。可見中國經學史的發展，每經過數百年，通常會有一次的回歸原典運動。最近完成的〈中國經學史上的回歸原典運動〉一文，對此一現象有相當深入的闡述，是近年研究經學比較新的觀點。此外，對漢代章句之學，唐代古文運動與經學的關係、朱熹對詩序的看法、民國時期的反詩序運動，都有與前人不同的看法，足供研究經學史的學者參考。

林先生長年研究中國經學史，為求讓初學者更容易了解經學發展規律
與軌跡，發表〈中國經學史上簡繁更替的詮釋形式〉及〈中國經學史
上的回歸原典運動〉兩篇文章[27]，提出中國經學史的發展過程有「簡
繁更替的詮釋形式」及「回歸原典運動」兩種研究經學比較新的理解
觀點，供研究經學史的學者參考，以幫助學者更容易掌握經學學術思
潮發展的歷史軌跡，增進對它的理解。

---

27 參見林慶彰撰：《中國經學研究的新視野》（臺北市：萬卷樓圖書公司，2012年），
頁65-81及頁83-102。

玖　戰後臺灣古代經學史書寫的回溯
——以二十世紀前半葉為觀察中心

劉柏宏[*]

一　臺灣通行五部古代經學史專書概述

　　近來中央研究院中國文哲研究所推動「重寫經學史」計畫，試圖自目前著墨在學派師承（傳經）、治經方法（解經）的經學史書寫之外，另找尋其他的可能。如此嘗試，除了可以仰賴新的文獻材料、研究方法外，回顧既有古代經學史著述，歸納分析其內容特點、書寫進路、歷史進程劃分及依據標準，皆能為重寫經學史帶來不同的觸發。古代文獻雖無經學史之名，但涉及經學史的討論，早已見於歷代考鏡源流的圖書目錄。若舉專論經書沿革的著述為例，最遲在唐陸德明〈經典釋文序錄〉便已論及各經源流、注解傳述情形。一九二七年周予同（1898-1981）就過去經學史性質文獻進行分類，包括有一、以經師為中心，二、以書籍為中心，三、以制度典章為中心。唯周氏認為這些文獻僅能提供材料，卻無法替經學變遷的成因提出解釋。[1]傳統寬泛意義下的經學史文獻，著重在經說師法的傳承，鮮少觸及解經

---

* 　劉柏宏，中央研究院中國文哲研究所助研究員。

1 　周予同：〈經學史與經學之派別——皮錫瑞《經學歷史》序〉，《民鐸雜誌》第9卷1期（1927年），頁1-13。

治經方法的流變，遑論經學興衰現象的解釋、經與他者的交流互動，更是少有處理。

經學史書寫的發展，是如何從強調經說傳承的傳統模式，過渡到現代學界熟悉的經學史著作，是值得深究的問題。一九三九年齊思和（1907-1980）對此有所論及：「（歷代儒術）演變之過程，惜尚無人為系統之董理。朱彝尊（1629-1769）之《經義考》僅列目錄，洪亮吉（1746-1809）之《通經表》專表人物，俱未能說經學消長變化之經過。至陳澧（1810-1882）著《東塾讀書記》，始擬將此問題為一有系統之研究。其書先述群經源流，次敘各代經學盛衰。其持論既不囿於漢宋之見，亦不蔽於古今之爭。……清季善化皮錫瑞（1850-1908）繼陳氏遺志著《經學通論》及《經學歷史》兩書，前者分論各經，後者綜述沿革。元元本本，頗稱賅洽。」[2] 皮錫瑞《經學歷史》、《經學通論》最早是一九○七年由湖南思賢書局刊行。在此之前劉師培（1884-1919）《經學教科書》也於一九○六年出版。換言之，這些今人熟知的經學史專著，在進入二十世紀後便陸續出版、通行。以下將以戰後臺灣的經學史專著為對象，就內容體例進行說明。至於二十世紀經學史專書的整體沿革發展，在此先暫不討論。

戰後臺灣的古代經學史書寫，除了散見於國學概論類著作外，經學通論類著作亦有論及。本節選擇下列五部著作進行討論，依成書時間先後分別是：一、王靜芝（1916-2002）《經學通論》（1972年初版）；二、錢穆（1895-1990）《經學大要》（據1974-1975年課堂錄音整理）；三、徐復觀（1903-1982）《中國經學史的基礎》（作於1980-1981年）；四、李威熊（1941-）《中國經學發展史論（上冊）》（成書於1988年）；五、葉國良（1949-）、夏長樸（1947-）、李隆獻（1953-）

---

2 齊思和：〈書評：經學源流考〉，《史學年報》第3卷1期（1939年），頁158-160。

合著《經學通論》之〈第三篇經學簡史〉（據1994-2002年授課課本而成）。

　　分析戰後臺灣五部經學史專著，首先是一九七〇年代王靜芝的《經學通論》。此書分章討論各部經書及其傳授與源流，而在第一篇〈緒論〉有對古代經學史進行綜合說明，包括「經的來源」（春秋時代為主）、「經的名稱」（戰國、西漢）、「六經與十三經」（漢代以降）、「經今古文及有關問題」（秦、漢、六朝唐、清）。而在「經學的流傳」該節，依序論及孟荀傳經、西漢立博士官、東漢古文興起、鄭學出現、南北學分合、唐代經學統一與明經取士、宋代疑經、朱熹經學集大成、元延祐科舉以朱學為主、清朝漢學取代宋學、晚清今文家康有為。錢穆《經學大要》是根據上課錄音整理而成，全書分為三十二講，大致按歷史時間依序講述，但未標主題。各講主旨大致如下：第一講論清末民初經學處境。第二講論孔子與六經，兼及戰國時代經學概況。第三講漢武帝表彰五經。第四、五講戰國秦代思想概況。第六、七講漢代經學。第八至十講論漢代今古文。第十一講東漢經學。第十二至十五講魏晉南北朝經學。第十六、十七講唐代經學。第十八、十九講述宋代理學興起前的經學發展。第二十至二十二講宋代後期經學。第二十三至二十六講朱子經學。第二十七講元代經學。第二十八、二十九講明代、清初經學。第三十、三十一講乾嘉經學。第三十二講乾嘉、晚清經學。總結來看，歷代經學所占比例——先秦經學三講次，兩漢經學七講次，六朝經學四講次，隋唐經學二講次，兩宋經學九講次，元代經學一講次，明代經學二講次，清代經學三講次。由於兩部著作體例、性質不同，對於歷代經學史的解說偏重有別，王靜芝《經學通論》重在經學發展特徵的描述，對於歷代經學發展平均介紹；錢穆《經學大要》雖也提及歷代經學特徵，但更著意闡發個人的歷史解釋。

　　八〇年代有徐復觀《中國經學史的基礎》、李威熊《中國經學發展史（上冊）》兩部經學史專書。徐復觀著重在梳理周秦、西漢的經學發展。全書分為「先漢經學的形成」與「西漢經學史」兩部分。徐復觀於〈自序〉提及經學史，是透過「經學的傳承」、「經學在歷史中的意義」（經學思想）共同構成。「先漢經學的形成」討論周代經學的雛形，春秋時期孔子與孔門對經學形成的貢獻，戰國時期荀子傳經與經學形式的固定，戰國、秦代諸子受到經學的影響，秦代五經六藝的確立。側重在經學傳承的說明。其中強調秦代在經學形成過程的重要，鮮見於前人經學史著述。「西漢經學史」探討博士制度的演變、西漢各經的傳承、西漢的經學思想，綜合經學傳承與經學思想的探討。李威熊《中國經學發展史論（上冊）》探討周秦至兩宋的經學發展。全書共分七章，除去第一章「經學與經書」屬於觀念介紹之外，自第二章起依序探討周公孔子時期經學的形成，戰國、兩漢、三國魏晉南北朝、隋唐、兩宋等階段的經學發展概況。全書章節安排以朝代更替為依據。與在此之前的經學史專書相比，《中國經學發展史論（上冊）》大量吸收運用相關研究成果，有意匯整各方意見，例如論及群經形成的背景，從自然地理、家族社會結構、政治、宗教等層面歸結六項因素。探討漢末魏晉經學中衰的原因，則從經學內部、政治環境、學術文化、藝術美學各方面列舉五項理由。但對於既有說法，作者也並非照單全收，而仍留意辨析。例如探討經學形成時，藉由分析經學與先秦魯學的關係，以修正歷來「六經皆史」、本田成之（1882-1945）「六經皆巫」、皮錫瑞「孔子以前不得有經」等說法。反對梁啟超（1873-1929）、顧頡剛（1893-1980）等人主張漢武帝獨尊儒術旨在箝制思想的說法，主張武帝此舉期使「全國上下有一正確的思想指標」，要人「由明明德、修身做起，進而還要齊家、治國、平天下，最後止於至善之境，並沒有讓人忘了自己、忘了國家。」略

舉二例說明作者在大量參考前人成果之際，仍有獨到創見。

　　九〇年代舉葉國良、夏長樸、李隆獻合著《經學通論》為代表。書中第十八至二十四章屬於「經學簡史」。章節安排循朝代為分期，依序論及先秦、兩漢、魏晉南北朝、隋唐、宋代、元明、清代七階段的經學發展。和前期的《中國經學發展史論（上冊）》相比，彼此體例相近而詳略有別。例如魏晉南北朝經學發展，《經學通論》共設三節，討論鄭學王學之爭、經學玄理化趨勢、南學與北學。《發展史論》關注漢末三國荊州經學、王肅經學、魏晉經學特色、南朝經學、北朝經學、北朝經學與異族華化、南北經學比較。此外還專立「三國兩晉經學的重要著述」，從文獻層面說明經學發展景況。二者相較，《經學通論》對經學玄理化現象分析深入，具有學術思想史的關懷；《發展史論》則較側重文獻、經學致用（經學的華化效應）層面，史學色彩較濃。對於唐代經學的討論，也反映出類似的傾向，《發展史論》設有專論科舉制度對唐人治經帶來的六項影響，其一是開啟中唐的義理解經風氣；《經學通論》僅約略提及科舉制度對唐代經學的負面影響，但更關注中唐新春秋學對宋代經學的啟發。《經學通論》強調中唐經學與宋代經學在思想層面的連續性，較不著墨在科舉制度對經學發展帶來的影響。

　　誠然，從這兩部經學史——《中國經學發展史論（上冊）》、《經學通論》的書寫差異，尚無法直接證明八〇年代至九〇年代的經學史書寫，存在著由「歷史」轉向「思想史」的趨勢。不過就在十年之後，亦即二十一世紀初期，大陸學者姜廣輝（1948-）主編的《中國經學思想史》第一、二卷於二〇〇三年正式問世。從這條發展線索視之，《中國經學思想史》的出現實非偶然，徐復觀提出「經學傳承」、「經學思想」不偏廢的書寫建議，也宛如預言般逐漸實現。

二　二十世紀前半葉的古代經學史書寫特徵

　　在綜述二十世紀後半、戰後臺灣的經學史專書後，本節回溯二十世紀前半葉，觀察民國初年至一九四九年之間，報章雜誌討論古代經學史的情形。這些文章往往即時針對具體事件而作，和以學術教學為導向的經學史專著不同。這類文章或許帶有特定立場，卻能為今時重寫經學史的工作，提供不同且多元的啟發。以下從歷時發展的角度，介紹各階段經學史的書寫特色，說明二十世紀前半葉的古代經學史書寫發展。

　　進入二十世紀之前，經學史的討論早已是晚清士人對抗西化、面對廢經浪潮的反制措施。廣東鄒慶時（1882-1968）記載一八三〇年經學所面對的挑戰，「其時西學東漸，甫露萌芽，舉國若狂，醉心歐化。廢經之說，多有倡者。即或倡言國粹，亦子史之學已耳，罔以經為念」[3]，既面對激進西化者的質疑，更無法受到文化保守勢力的支持。一八九八年葉瀚（1861-1933）於《蒙學報》發表〈經學問答敘例〉，提到當時「廢去八股，改試策論，竟欲使人人勵學脩教為事」，然而六經是「聖門大學專家之書，而非小學入德之初階所可造而語也。然中學者，小學之進境，而大學之階梯。故六經之宗傳源流，皆中學所宜知」[4]，經學內容深奧，學習事倍功半難有所成，如何與教學實務嫁接成為難題。為了避免完全棄守經學，故而提出以學習經學史，做為維繫傳統文化的權宜之計。在經學面對普遍質疑之際，經學史之所以成為固有文化的象徵，應與其書寫模式有關。經學史每每論及「經為何物」──經書在中國文化的地位，及「經由何來」──經書的歷史發生淵源，這對讀者而言，通過固有歷史文化的再現，能強

3　鄒慶時：〈經學導言〉，《昌明孔教經世報》第1卷3期（1922年）。

4　葉瀚：〈經學問答敘例〉，《蒙學報》第26期（1898年），頁44-46。

化自我的民族認同。而就知識學習效率來說，在經學主導學術知識的傳統文化結構之下，學習經學史等同於認識古代學術發展梗概。這對推廣、維繫固有文化，具有實質助益。

二十世紀前二十年，通過經學史對於「經為何物」、「經由何來」的論述，一來回應政治社會對經學的挑戰，一來確立維繫經學的主體性。所採取的進路，或主張六經出於孔子手筆，帶有殊勝的神聖色彩；或訴諸周代官學傳統做為經書權威的來源。此一分別似承襲今古文之爭而來，但仍有開展創新之處。以下擇要介紹。

陳黻宸於一九〇二年針對當時「人之痛恨厭棄於六經之言者，懼其為新學之敵，懼其阻文明之進步耳」的時代風氣，賦予六經兩重積極意義：一是從經的性質來說，認為經是「非一人之私言，天下萬世之公言」，故而能「啟萬世天下之人之智」。一是借鏡日本變法的歷史經驗，以為「日本變法之始，首重歐化主義，而繼以國粹」，六經是有助於追求西化進步的目標。在他撰寫的〈經術大同說〉將古代經學發展分為四階段──「經術排外之世界」（漢武帝罷黜百家，立五經博士）、「經術封建之世界」（西漢專經之士，奉家法師說）、「經術統一之世界」（東漢折衷眾家說法以降）、「經術專制之世界」（宋儒言虛理忘至道，後學襲其說而弱天下）。在漸趨轄制的經學發展中，習經反倒成為「古人奴隸」、「古人弟子」、「古人功臣」，悖離六經是萬世公言、啟眾人之智的本質。陳黻宸主張以平等立場取代傳統菁英主義，講求經學的普及，使「春秋戰國時之經術之灌輸於學士大夫之智腦中者，轉而灌輸於群天下之民之智腦中，而後大同可望矣」，以期「天下之民之盡能為經說也」、「天下之民盡能為聖人也」。[5]一九〇五年劉師培所發表之〈南北經學不同論〉，該文開宗明義說道：「經術萌

5　陳黻宸：〈經術大同說〉，《新世界學報》第1期（1902年），頁8-33。

芽於西漢，諸儒各守遺經。用則施世，舍則傳徒」，此文專由「傳
徒」的角度觀察，從師說傳承說明六朝時期，南北兩地經學之特色及
淵源。[6]一九〇六年鄧實（1877-1951）〈國學講習記〉雖約略言及《周
易》流傳，但除了該文提及「六經皆史」、「通今」、「致用」、「師說」
在當時頗受重視的治經觀念；更值得注意的是，在「正名」當中，鄧
實從宗教信仰的角度將經書與國教聯繫而論，以為經之名實出於國
教。經又可分為「有教主以前之經，有教主以後之經」、「若教主之言
行，有紀述以成書者，則亦謂之經」。認為「中國古代之有六經，猶
印度之有四韋馱，猶太之有舊約」，「守教者曰祭司，守經者曰經師，
其義一也。」[7]但基於比較宗教意識的經典觀，並未落實在所建構的
《周易》學史。對於這類賦予儒家經書宗教色彩的看法，在當時受到
抨擊，例如一九一〇年筆名獨角所發表〈群經學〉，是根據章學誠
（1738-1801）六經皆史的說法，主張經書從古代官書而來，反駁
「把經典當作替漢朝立法的書，就是看經典作《推背圖》」、「把孔子
看成耶穌、摩罕默德」的說法。

　　一九一一年民國成立，經學史的討論延續前朝。一九一三年所登
載王葆心（1864-1944）之〈歷朝經學變遷史〉[8]，應是一九〇七年任教
於北京優級師範學堂的授課講義內容。王氏認為「六經在孔子前皆掌
於官，其用屬政。六經在孔子後，……其用多屬教與學」，基本上仍是
贊同六經皆史的說法。文中劃分歷代經學發展為四階段：周秦兩漢、
三國至唐、宋元明、清代。王氏經學史觀主張經學產生今古文、漢宋
學的流派差異，其分化動力早在戰國時期儒學分為孟、荀兩派時便已

6　劉光漢：〈南北經學不同論〉，《國粹學報》第1卷2期、4期（1905年），頁83-85、42-
　　44。

7　鄧實：〈國學講習記〉，《國粹學報》第2卷第7期（1906年），頁12-17。

8　王葆心：〈歷朝經學變遷史〉，《文史雜誌》第1期（1913年），頁17-26。

確立。以曾子、思、孟為「五經並立」派，是後世今文經、宋學之先
聲。子夏、荀子是「五經離析」派，是後世古文經、漢學之淵源。[9]
一九一四年吳承洛（1892-1955）以為「經學者，代表我國民之特性
者也……而必為中國之中國人，為五帝三代之中國人，則非習經學莫
由。……而必為世界強國民，為天下主人翁，則非習經學莫由。……
今者民國成立已近三載，而經見違甚於清末，非好現象也」[10]，所撰
〈經學源流變遷考〉旨在「救現在之難，使人人於經學知其門、識其
境，不致霧迷，不致中阻，則莫如光明經學之源，及其派別變遷之沿
革。」吳氏評價經學發展，以漢、宋、清三代為盛。漢代因去古未
遠，經說尚明。宋代空談性理，聖人大義微言湮沒。清代崇尚漢學斥
宋學，經學轉而為明。吳承洛不以經書為儒家學說專利，而是「源出
於太古」，是「我國文化之源，諸子百家之所從出，國治身修之所倚
寄」，習讀經學是使民族不淪為「歐洲之中國人、為美洲之中國人，
或為日本之中國人」，是維繫民族主體性的方式。一九一五年曾純陽
於推廣孔教代表刊物《宗聖匯志》陸續發表〈經學通論〉[11]，分析六
經得以流傳不絕之因，一來是官方以「獻書」、「取士」、「刊刻石經」
三種方式提倡之，二是士人以「傳授」、「解釋」、「論著」三種方式推
崇之。曾氏討論經學史，跳脫歷史政權分期模式，強調官方與民間對
於六經的尊崇態度，影響歷代經學發展。

　　二〇年代的經學史書寫，雖然有如一九二五年連載於《國學周

9　根據葉賢恩考察，王葆心《歷朝經學變遷史》共五卷。曾在北京優級師範學堂、京
　　華書局、武昌高等師範刊印部分。另於武昌《文史雜誌》上發表部分。文中的「經
　　學九變圖」後來為日人北村澤吉引用至《儒學通論》，並陸續轉譯成韓、英、法文
　　等版本，通行於海外漢學界。葉賢恩：《王葆心傳》（武漢市：崇文書局，2009
　　年），頁263。

10　吳承洛：〈經學源流變遷考〉，《國學叢刊》第1期（1914年），頁11、13-21。

11　曾純陽：〈經學通論〉，《宗聖滙志》第2卷第1期（1915年）頁10-16。

刊》由王純甫、朱勤補合編的〈群經概要〉，二六年王力（1900-
1986）根據〈經典釋文敘錄〉所編製的〈經學傳統表〉這類傳統色彩
較強的經學史文章；同時另有部分受到科學主義影響，除了行文多強
調「科學方法」、「科學之眼光」，具體特徵之一是傾向主張經書的形
成是源自周代官方典籍，後經孔子刪定。這種說法淡化孔子稟天道作
聖經的神秘性。除此之外，將各經與新式知識學門結合，鬆動群經具
有同質性的觀念。例如胡樸安（1978-1946），於一九二四年陸續發表
〈經學講義序〉、〈歷代研究群經學者之派別〉。[12]胡氏根據自己對中國
學術的七種分類法，主張六經應分別隸屬哲理類、史地類、文章類、
理教類、藝術類、語言文字類及博物類，經書只是「古代思想制度之
所匯萃」。研究者應「不以經為古代聖賢之常道，而以經為古代學術
之史料。」他認為推動經學歷史發展變化的動力，在於治經方法的轉
變。歸結歷代治經方法，可粗分為漢學、宋學。漢學尚可析分今文、
古文學兩支。胡氏進一步針砭歷代治經方法，以為「以今日研究學術
之方法論之，今文學最不適用。……宋人之思想，當分別觀之。古文
學之考證，最合於今日治學之方法。（古文）學之所以能成為科學
者，以其收集各種證據，歸納以得公例。」一九二五年陸懋德
（1885-1961）於《清華學報》發表之〈中國經書之分析〉[13]，旨在考
察儒家經書之起源，及周秦兩漢的經學傳承。他主張六經的內容源於
周代書籍，而通過孔子所定。六經之名則始於周末、通行於漢初，以
期矯正「古代確有多數人尊六經為天書，並奉孔子為代天制作」的觀
念。對於顧炎武（1613-1682）「經學即理學」說、章學誠「六經皆
史」說，陸氏以為《易》、《詩》、《禮》不類史書，《詩》、《書》、《春

---

12 胡樸安：〈經學講義序〉，《國學周刊》第73期（1924年），頁3。〈歷代研究群經者之
   派別〉，《國學周刊》第74、75期（1924年）。
13 陸懋德：〈中國經書之分析〉，《清華學報》第2卷2期（1925年），頁555-572。

秋》與理學有別，章、顧說法皆有誤。他說：「余用近世科學方法，將諸經分為三類，曰哲學，曰史學，曰文學。現存之五經，固皆可歸納於此三類」，如此「經之稱謂，與經學之名詞，雖廢去可也。」

　　縱觀二〇年代對於經學史的討論，已與前期維護傳統文化的立場有別。周予同於一九二七年《民鐸雜誌》發表為皮錫瑞《經學歷史》所寫序文〈經學史與經學之派別〉，交代他對研治經學史的看法。

> 所以我說，在現在，經學之繼承的研究大可不必，而經學史的研究當立即開始。因為牠是一方面使二千年的經學得以結束整理，他方面為中國其他學術闢一條便利的途徑。
>
> 現代時髦的口號是「打倒孔子」「廢棄經學」；但是我所不解的，是他們之無理由的打倒與廢棄，不足以服頑舊者之心。我自是贊成「打倒」與「廢棄」的，但我自以為是站在歷史的研究上的。[14]

周氏所謂「為中國學術闢便利的途徑」，是主張各經皆有助於現代學術研究，比如古史學研究必須借助《尚書》、《左傳》、《周禮》；哲學思想史研究與《周易》、《春秋》關係密切；古代大眾文學研究與《詩經》相關；比較宗教學、文化人類學研究必須將《周易》、三《禮》、讖緯納入視野。然而在講究學術分工的目標下，「經學」不再具有意義，「經學史」的目的是基於工具性、功利的考量，為研究者提綱挈領掌握傳統文獻材料。

　　三〇年代的經學史著作，就發表量來說遠較前期為多，唯通史的內容趨於穩定重複。與前階段不同之處，對於經書地位的宣揚、經書

---

14 周予同：〈經學史與經學之派別〉，《民鐸雜誌》第9卷1期（1927年），頁1-13。

淵源的回溯，已不再爭議不休，一九三六年馬宗霍（1897-1976）以
調和今古文為基調，先連載於《制言》九至十六期，後由上海商務印
書館出版之《中國經學史》可為代表。王成德發表〈經學之淵源及兩
漢流傳之概況〉明白說道：「即此二說（今古文）均信而有徵。惟經
傳之名，數千年來，已成儒家之傳統觀念，此種爭執已成過去。」[15]
從撰寫的體例來看，本階段除了維持過去通史式的著述外，同時也聚
焦經學斷代史的討論，比如一九三一年馮友蘭（1895-1990）〈中國中
古近古哲學與經學之關係〉，一九三二年陸香初連載於《國立四川大
學周刊》的〈清代經學〉；一九三五年胡坤達〈兩漢經學源流〉、張西
堂（1901-1960）〈三國六朝經學上的幾個問題〉、陳子展（1898-
1990）〈六朝之孝經學〉；一九三六年廖谷神的〈宋儒變亂經書評
議〉、王成德〈經學之淵源及兩漢流傳之概況〉；一九三七年李廉真
〈兩漢經學特盛之原因〉；胡樸安〈宋元明易經學之派別〉等。體裁
發生變化之外，對經學史的討論則加入共時性的視角，關注到經學與
其他部門的互動。除了如前述馮友蘭處理古代經學與哲學的關聯性之
外，一九三三年曉東討論〈經學與文學〉，一九三五年李兆民〈論群
經諸子與文學之關係〉，一九三六年沈驥〈經學的傳統和讖緯學的影
響〉，一九三七年趙貧〈經學與歷代政教〉、馬宗霍〈通經致用說〉，
三八年衡廬〈經學講話（一）〉設有專節說明經學與子、史、文學的
關係。這都是在此之前較少納入經學史書寫的面向。

　　三〇年代是經學史書寫轉向建構自我主體的階段。理由之一是這
階段的經學史書寫較少受到意識形態的攪擾，回歸到以討論經學史自
身為目的。雖然這讓經學史內容千篇一律，但在穩定的共識上，有助
於深化、開展經學史的書寫面向。舉凡上述斷代經學史的建構、經學

15 王成德：〈經學之淵源及兩漢流傳之概況〉，《蜀鐸》第2卷2期（1936年），頁39-44。

影響史的探討，都印證此一轉變。其二是建構主體，必須藉由有意識地反思，檢視成果現況而來。關於這點，反映在本階段針對經學史著作的書評，與前期相比有明顯增加，例如一九三一年張季同評江俠庵（1875-1951）編譯《先秦經籍考》[16]，一九三四年「一之」評本田成之《經學史論》。[17]一九三七年潘重規（1908-2003）〈書評：經學歷史注釋〉，三九年齊思和〈書評：經學源流考〉，楊家興〈讀周予同群經通論之我見〉。理由之三是有效運用既有成果，強化內部連結，有助建立學科主體性。其中，普遍引述皮錫瑞《經學歷史》是值得留意的現象，例如一九三五年湔禽〈歷代儒道經典傳述概表〉[18]，及前段提及胡坤達、張西堂、沈驥、廖谷神等文都明確徵引皮錫瑞《經學歷史》的說法。衡廬連載於《近代雜誌》的《經學講話》[19]，更是直接借用皮錫瑞的經學史分期。皮錫瑞《經學歷史》先於一九〇七年刊行於世，後又在一九二六年由周予同標讀註解，收入商務印書館彙編「學生國學叢書」。自三〇年代起，皮錫瑞的經學史觀便正式大量進入經學史書寫，影響至今。

四〇年代的經學史書寫特徵之一是有意抬升宋儒治經、宋學的地位。在此之前，古文學受到重視。一來是因古文學主張經書源於周代政典，能回應經學史學化的時代氛圍；二來古文家治經重訓詁考據，帶有方法論意識，較能合乎追求科學的學術標準。四〇年代有意闡發宋代經學的價值，如一九四三年張德鈞〈經術與經學〉論及周秦兩漢經學發展。他主張西漢時期治經不限於章句講說，貫通經術、經學而為一，達到經世致用的境界。東漢、清代經學只能專守考證，無法兼

16 張季同：〈評先秦經籍考〉，《大公報（天津版）》1931年8月17日，第10版。

17 一之：〈書評：經學史論〉，《大公報》1934年9月8日，第11版。

18 湔禽：〈歷代儒道經典傳述概表〉，《新民》第1卷44、45期（1935年），頁86-107。

19 衡廬：〈經學講話〉，《近代雜誌》第1卷1期-10期（1938-1939年）。

顧經術,「蓋失於過存門戶之見,以經術與經學,歧而二之,而其所謂經學者,又非漢師之所謂經學也。」[20]從通經致用的角度來說,唯有宋儒治經(宋學)能與西漢經學相比擬,所謂「經術經學,西漢儒者未嘗分而為二,其亦大略與宋儒同。惟宋儒彌急於內修,洞澈本原,斯為獨特殊勝也」,差別唯宋儒所致之用重在自我修養。類似的意見可見於一九四三年周通旦(1916-1979)〈先秦經學論〉。[21]周氏首先批評清儒治經「以矜奇炫博拾零綴碎之學,興漢宋學無謂之爭」,主張研究經學應取法先秦。理由在於六經乃孔子手訂,明白孔子微言大義,可知六經要旨。理解孔門弟子讀經修身而準於道,可知如何「通經」。學習孟荀發明經義而羽翼六經,可知「說經」法則。先秦諸子如墨、莊者對六經之認識,可為「認識六經」之門徑。先秦經學實為後世治經典範。依此為準,清儒專注名物度數,無法會心古人;宋學家則是「以求聖人之意,明道德性命之歸,為其治經之要。本章句訓詁而越乎章句訓詁之外,即名物度數而超乎名物度數之表」、「與先秦時人治經獨為接近」。張、周二人高舉宋學成就,是有鑑於宋學既能貫通經與術,亦能溝通今人與聖人之心。

　　除此之外,四〇年代談論經學史的發展,強調外在條件對經學發展的制約。著名代表是一九四〇年《中國文化》刊載范文瀾(1893-1969)延安新哲學年會演講的〈中國經學史的演變〉。范氏首先將古代經書與社會的經濟型態連結,主張「經是封建社會的產物,原始封建社會產生原始的經,封建社會發展,經也跟著發展;封建社會衰落,經也跟著衰落;封建社會滅亡,經也跟著滅亡。」在論及「經學發展的規律」時,主張鬥爭做為推動發展的力量,「一部經學史,就是一部經學鬥爭史。它有內部鬥爭(漢宋鬥爭、今古文鬥爭、程朱陸

---

20 張德鈞:〈經術與經學〉,《中國學報(重慶)》第1卷1期(1943年),頁18-19。
21 周通旦〈先秦經學論〉,《孔學》創刊號(1943年),頁139-154。

王鬥爭等等）」，有對外鬥爭（儒與楊墨鬥爭、儒道鬥爭、儒佛鬥爭等等）」，並且歸納鬥爭的兩種方式：一、迎合統治階級，發揮適合君長利益的理論；二、採取對方的長處，改造自己的短處。[22]一九四四年李偉〈兩漢學術思想：經學（上）〉論及漢代今古文學派的產生原因，對於今文學的成因，作者總結四種意見，分別是：司馬遷、班固所主張「利祿的原因」、錢穆所主張「學術的原因」、夏曾佑（1863-1924）主張「政治的原因」及陶希聖（1899-1988）主張「社會經濟的原因」。陶氏的社會經濟說，指的是「因在西漢新興地主抬頭，在社會上有地位，握有經濟權。孔子是新興地主所崇拜的典型人物，也隨著新興地主的盛衰而升降的。所以孔子的學術在那時很盛行。」李偉選擇接受陶氏的社會經濟說。[23]

　　綜觀二十世界前半葉，經學史書寫與外在環境的關係密切，隨著社會文化發展動盪，經學史書寫在各個階段呈現不同特徵。二十世紀初期，受到外來的文化衝擊，清末民初的經學史書寫特別關注在「經為何物」、「經由何來」問題。即使今古文學派對這些問題的主張大相逕庭，但卻有著共同目標──凝聚民族認同、推廣固有文化。陳黻宸、鄧實等人書寫經學史，也部分引入新式觀念與視野，如平等解放、宗教比較，使這時期的經學史書寫具有實驗性。二〇年代的經學史書寫特徵，重視科學方法，鬆動群經整體一致的觀念，將各經與新式知識學科嫁接，以達到保留經書（史料），解消經學的目的。三〇年代經學史書寫回歸到學科的主體建構，一方面深化、開展經學史不同面向的討論；另方面藉著評論、引用他人成果，強化內部的聯繫。四〇年代的經學史書寫特色，一是強調通經致用的價值，宣揚宋儒

---

22 范文瀾：〈中國經學史的演變〉，《中國文化》第2卷2期（1940年），頁20-27。

23 李偉：〈兩漢學術思想：經學（上）〉，《新知識月刊》第1卷第2期（1944年），頁18-20。

（宋學）治經修身並重，展現致用的精神。另外本時期受到唯物史觀與階級鬥爭思想的影響，強調社會經濟型態發展、階級身分對立，對古代經學發展產生的影響。

三 分期、解釋、經學史觀

史觀，牽涉到對於歷史的現象說明、成因解釋。經學史觀的討論，首先涉及經學發展演變現象的建構。這點反映在書寫者對於經學歷史派系分期的架構。其次，如何替發展演變的動力做出解釋──源於外在影響，或本質決定？這是書寫者對於歷史的解釋，屬經學史觀的第二層面。綜觀前揭著作，第一層次的說明自然是經學史的主要內容，雖然各家無不論及，然重複因襲者實屬多數。至於書寫者有無意識到，能否清楚陳明對於第二層次的看法，則鮮有論及。以下由「發展分期」、「解釋規律」兩部分介紹。

（一）發展分期

有關經學史訴諸分派分期的書寫方式，歷來多有討論。晚清龔自珍（1792-1841）曾就以學派分類方式描述學術發展提出商榷，在〈附與江子屏牋〉對於四庫館臣迄江藩（1761-1831）以來，學界慣以漢、宋兩派對峙的說法提出質疑，所謂「若以漢與宋為對峙，尤非大方之言。漢人何嘗不談性道」、「宋人何嘗不談名物訓詁」。[24]一九四四年李偉〈兩漢學術思想：經學〉，回顧清代以來對於經學史分派分系說的代表說法，列舉有《四庫全書總目提要》「經部總敘」的漢、宋「兩派六變說」；康有為（1858-1927）《新學偽經考》的「三派說」

---

24 龔自珍：〈附與江子屏牋〉，《龔定庵全集類編》（北京：中國書店，1994年），卷7，頁212。

（西漢今文學「漢學」、東漢古文學「新學」、宋學）；周予同「四派說」（漢學下分今文古文、宋學、超漢宋學）。一九八八年張志哲除《四庫全書總目提要》之外，另外舉出江藩《漢學師承記》的十期說，劉師培四期說，皮錫瑞十期說進行討論。[25]經學史分派分期之所以看法分歧，原因之一在於分期屬於歷時性描述，將具有類似特徵的時間視為同期，並借助朝代名稱命名。分派則是傾向自歷史脈絡抽離，關注該派系的治經方式、精神觀念的傳承。然而派系的分類必須奠基在歷史的基礎上纔能成立，因此派系分類又難脫歷史分期。隨著分類標準的不確定，造成內涵的混淆。且派系劃分所依據的原則為何？差異要到多大程度可分屬不同派系？都是莫衷一是的問題。前揭重要大家的派系分期為人熟知，除此之外，在二十世紀前半葉的經學史討論中，尚有些許較不為人知的看法值得留意。以下略舉數家為說。

　　一、三階段說。諸多學者皆主張三階段說，而三階段說是根據晚清龔自珍曾提出「漢學」、「宋學」、「清學〔國朝學〕」。范文瀾亦將經學史分為三階段：

（1）漢學系——從孔子到唐人九經正義。其中包含孔子、孟荀、今文學、古文學、南學與北學。兩漢是極盛時代。

（2）宋學系——從唐韓愈到清代經學。其中包括韓愈、濂洛關閩、陸王。兩宋是極盛時代。

（3）新漢學系——從清初到五四運動，其中包括顧炎武、黃宗羲、戴震、康有為。乾嘉是極盛時代。[26]

范氏說明三階段各自的特徵分別是，漢學系講求名物訓詁與五行讖

---

25 張志哲：〈中國經學史分期意見述評〉，《史學月刊》1988年第3期，頁1-6。
26 范文瀾：〈中國經學史的演變〉，頁22。

緯；宋學系重心性哲學與綱常倫理；新漢學系雖也講求訓詁名物，但與漢學系不同處在於，漢學系發展古史為經學，目的追求致用，新漢學系不講致用，將經學還原為古史。而其間發展的動力在於優勝劣敗，去蕪存菁，他稱之為「否定」。范氏特別強調，他的經學史觀不是循環而是「前進的發展」。

二、四階段說。主張四階段說的有葉德輝（1864-1927）主張今文學、古文學、鄭學、朱學。劉師培提出兩漢、三國隋唐、宋元明、近代四期說。其他主張四階段歷程者，尚有前文提到陳黻宸，他著重在經學重大變化對現實知識界帶來的影響，舉漢武帝獨尊儒術、西漢重視家法、東漢破除門戶、明代承宋儒虛理行八股，歸結出——經術排外之世界、經術封建之世界、經術統一之世界、經術專制之世界。

王鳳喈（1896-1965）所持經學發展四階段說，主張「兩漢初期漢學→六朝隋唐初期理學→宋元明全盛宋學（理學）→清代全盛漢學」。王氏的四階段說取法自漢、宋分立的傳統說法，然王氏更重視漢、宋學的連續性。此連續性反映在魏晉時期的玄理解經風氣。此風氣至南北朝時蔚為南學，唐代沿襲南學為官學。王氏以為：「南學者，即富於玄理性質之經學也。為當時思想之中心。為宋代理學之先導」，「宋承隋唐之後，經學之研究，以哲學為中心，蓋仍以南學為主也。」[27]

易戈〈經學之派別及其與史學之關係〉文中，以簡短篇幅描寫歷代經史關係：

> （1）史屬於經。〈六藝略〉為經，即所謂經學。經中之「春秋」，以太史公書附屬於其內，足見那時史書是屬於經書的。所以春秋至兩漢為史屬於經的時代。

---

27 王鳳喈：〈經學與哲學〉，《政治季刊（南京）》第3卷第4期（1940年），頁55-62。

（2）史次於經。魏晉以後隋唐之時，四部之名經子史集，改為經史子集，至明清而無改。可見魏晉隋唐至明清，為史次於經的時代。

（3）經等於史。明清之時，有許多學者多主張經學即史學，……因此明清至民國九年「五四」以前，實是經等於史。

（4）經屬於史。五四以後，懷疑經典之風盛行，經學從此動搖，不但不再高於史學，而且也不再確認其完全真實。周予同有「六經皆史料」之語，可見經典僅被認為一種文獻。則五四以後，當是經屬於史的時代。亦即是史學發展的時代。[28]

這屬於經學外部的演變歷程，能說明經學在整體文化體系地位的變遷。

　　三、五階段說。著名的五階段說，如本田成之《中國經學史》依照時代劃分為秦漢經學、後漢經學、三國六朝經學、唐宋元明經學、清朝經學。但在此之前，一九二五年署名「匡厂止水」所發表〈歷代經學源流及其派別概論〉，文中先分述經學起原，兩漢經學、魏晉南北朝隋唐經學、宋元明經學、清代經學。但在結論處提到：

統觀經學歷史全局，有一奇觀在焉。則自宋元明經學風氣丕變之後，清代經學繼之，節節復古，與宋以前成一循環相對之局是也。蓋自顧炎武、惠士奇等提倡注疏，經學已漸復於六朝唐。自閻若璩作《古文尚書疏證》，考定《尚書》之偽，由於王肅，學者重提鄭王之爭，黜王申鄭，經學又復於東漢。今文

28　易戈：〈經學之派別及其與史學之關係〉，《自修》第219期（1942年），頁13。

說起，學者重提今古文之爭。今文獲勝，經學又復於西漢。秦
人一炬，有似於清末之廢置不講。今日之儕之於子史百家之
間，廢其名、存其實，則又返於戰國諸子爭鳴之時矣。自周秦
而下，正等於自今日而上，而以宋元明三朝為其樞。[29]

上述內容應如下圖所示：

先秦諸子學→西漢今文→東漢古文→魏晉鄭王之爭→六朝隋唐
注疏→ 宋元明（為其樞） →清初顧炎武提倡注疏→閻若璩考
尚書王肅偽作→晚清今文→今日子史百家雜學

作者認為宋元明宛若一面鏡子，清代以降的經學發展，正好對稱於唐
代向秦漢的回溯。這裡明顯帶有復古的思維，使人聯想一九二〇年梁
啟超《清代學術概論》提到的「以復古為解放」清代學術發展圖像。

（二）解釋規律

歸納目前所見經學史著述，對於經學整體發展提出分析解釋，可
區分為三大類主張：「影響說」、「鬥爭說」、「循環說」。「影響說」強
調經學的發展變化，是歷史影響所致。舉凡政治、學術、文化皆可能
是成因。前述范文瀾、李偉持經濟發展決定論者，認為社會經濟狀態
決定經學發展，也可納入影響說的範圍。伴隨馬克思主義的盛行，鬥
爭說也是被用來解釋經學變遷的原因。湯志鈞（1924-）以為「經學
基本上是歷代統治階級內部各階層隨著中國社會、經濟、政治情況的
發展而展開思想鬥爭的一種形式，是歷代地主階級知識分子和官僚，

---

29 匡廠止水：〈歷代經學源流及其派別概論〉，《崇實季刊》第2期（1925年），頁9-10。

披著經學外衣發揮自己思想進行思想鬥爭的一種表現」[30]，簡言之，經學是各種意識形態權充為表達、鞏固自身的工具。經學發展同樣是被外部因素所決定，可算廣義的影響論。「循環說」主張經學是依特定規律重複發生，匡厂止水的復古循環說即屬此類。更有部分學者認為經學史的發展，在經學形成時便已決定，例如楊向奎（1910-2000）討論今古文問題時提到真正對經學史產生影響的，不在今古文之別，而在於孟荀差異。[31]這類說法強調的是，經學發展受到經學本質決定，而非外在條件可以左右。

四　結論

本文以二十世紀古代經學史書寫為對象，區分為二十世紀前半葉、戰後臺灣兩個部分進行觀察。關於戰後臺灣經學史書寫的探討，是以五部戰後臺灣的經學史專書進行考察，分別是七〇年代王靜芝《經學通論》、錢穆《經學大要》。八〇年代徐復觀《中國經學史的基礎》、李威熊《中國經學發展史論（上冊）》。九〇年代葉國良、夏長樸、李隆獻合著《經學通論》。通過觀察比較得知七〇年代的經學史書寫已有兩大面向——王靜芝《經學通論》重視歷史現象的鋪陳，錢穆《經學大要》側重歷史現象的解釋。當八〇年代徐復觀撰寫《中國經學史的基礎》，有意識地承繼這兩種書寫面向，進而提出「經學傳承」與「經學思想」是經學史書寫不可偏廢的兩部分。八〇年代至九〇年代的經學史書寫變化正好回應徐復觀的呼籲，從《中國經學發展史論（上冊）》到《經學通論》，展現出從「歷史」到「思想史」的變遷。

---

30 湯志鈞：〈關於中國經學史中的學派問題〉，《經學史論集》（臺北市：大安出版社，1995年），頁281。

31 楊向奎：〈西漢經學與政治自序〉，《讀書通訊》第69期（1943年），頁11。

回顧二十世紀前半葉的經學史書寫，也可發現其中的變化。在二
〇年代之前，經學史書寫的重心環繞在「經為何物」、「經由何來」兩
大問題。其用意是強化民族認同、推廣認識傳統文化。二〇年代受到
科學主義影響，經學史書寫刻意淡化經書出於孔子的說法，也挑戰群
經具有一致性的觀念，將各經與新式知識學門結合。這時期談論經學
史的目的是基於工具性、功利的考量，藉由經學史幫助研究者能快速
掌握古代文獻資料。三〇年代的經學史書寫特色，無論是斷代經學
史、經學對外影響的探討；或是撰寫經學史專書書評，普遍引述皮錫
瑞的《經學歷史》等現象，目的都是指向經學史學科主體的建構。四
〇年代經學史書寫強調通經致用的意義，故而重視宋儒治經（宋
學），能明道德性命之歸，落實到自身修養。受到馬克思主義的影
響，四〇年代的經學史觀，部分傾向經濟、階級的外在決定論。

歸結二十世紀前半葉的經學史書寫，可以發現不少尚未被注意的
說法。無論是在經學史發展分期上，如陳黻宸、王鳳喈、易戈等人提
出的四階段說，或是「匡厂止水」所說的復古對稱發展說，都深具創
意。然而對於經學史觀的建構，仍尚有努力空間。這也正是未來經學
史研究者必須留意之處。

拾　「述而有作──經學教育與經學史的書寫」講談會紀錄

車行健、詹秉叡整理[1]

議題一　經學如何教育？經書如何傳授？
議題二　經學如何「概論」？經學史如何書寫？
議題三　經學教育中的經學史

主持人　陳逢源、車行健
與談人　李威熊、林慶彰、葉國良、李隆獻

陳逢源教授

四位與談人，車行健教授以及各位學界先進，各位學術同道，各位先生、女士，各位同學午安，非常榮幸參與盛會，也感謝大家與會，這一場由我與車教授擔任主持工作。一整天密集議程，休息時間非常短暫，在此致歉，實在是可以探討的議題很多，相關論題具有開創的意義，主辦單位想要呈現完整的內容，因此安排十分豐富，實在是不得已。請容我先補充會議背景說明，前年是政大中文系建系六十

1　講談會紀錄先由政大中文系博士生詹秉叡根據當日會議錄音做出逐字稿，復經本人統稿，交由會中發言人士修改確認。惟經過事後的修改內容，勢必會與當日發言討論的實況不相一致，請讀者諒察。（車行健謹識）

週年系慶，指南山下一甲子，許多前輩老師薪傳學術香火，才有現在
的我們。回顧過往，感謝許多前輩老師無私奉獻，教育無數莘莘學
子；另一方面也思考未來，如何持續深耕茁壯，擴大文學教育的影
響，政大中文系一代一代師生，共同創造了歷史，然而檢視之後，許
多老師的資料卻是如此有限，課堂中的精彩身影，點燃知識的火炬，
讓我們充滿感動，甚至許下一生追尋的誓願，然而在五年之後，十年
之後，卻是了無痕跡，難以追繼，教學當中保留的線索，非常有限，
除了學術研究之外，回到教學本位，如何記錄教學的情況，留下珍貴
的資料，成為最大的難題。除了課表，以及後來提及課堂追憶片斷文
字之外，其他一切無從掌握。因此，我們有了這個研討會的構想，這
樣前提之下，它是一種回到教師與學生本身，回到課堂，重建教學現
場的工作，嘗試完成某一科目、某一階段學科教學的觀察，甚至擴大
而言，讓我們可以檢視一門學科的發展與變化，以及個人於知識傳授
當中的思考，這是一個全新的視角，背後有宏大的企圖心，可以說創
造了一個全新書寫的角度。我想包括我在內，參與這場會議的發表人
來說，都是一個很大的挑戰，因為相對於以往選定議題，蒐輯資料，
歸納論點，學術論文的書寫方式，我們必須改變書寫策略，對於課程
進行深切的反省與脈絡的觀察。

　　經學作為傳統學術的核心，此次會議選定經學主題，一方面反映
臺大、政大、臺師大傳統中文系以經學建構學科基礎的樣態，另一方
面也突顯海峽兩岸，臺灣保有過往學術傳統的特質。只是二〇〇〇年
之後，面對學科分化，知識形態變化快速的時代，臺灣少子化造成的
高等教育危機，以及去中國化政策危機等，過往重要的學術基礎，備
受挑戰，如何在教學當中，重新尋求學生的肯定，重燃學術的熱情，
延續過往經學傳授的精彩，成為思考的第二個問題，回顧過往，是幫
助我們找到未來的方向，經學研究能夠不萎縮，來自於課堂當中，有

效、有能量的引導，讓更多的學生可以理解欣賞經學，了解經學的價值，經學如何成為新時代、新詮釋的重要文本，經學如何形構新的史觀，如何產生新的論述，對於學生具有知識的吸引力，這是我們思考的重點，延續過往開啟未來，車老師從一年前構思的時候，所想像到的不是過往學術的種種，而是未來如何發展的問題，所以在最後有這場論壇，分享經學歷史撰寫的經驗，非常感謝所有與會的老師，願意改變以往寫作論文的框架、想法與習慣，回歸教學內容的反省與思考，也願意分享教學的經驗，以及對於經學的想法，提供未來進入職場年輕的學者，一個新的構想跟期待，以及可以觸發想像的方向。最後更要感謝，四位令人尊仰的前輩，以往引領我們學習，而在這個時刻，願意提供經學史的思考，分享史觀的建立，以及過往教學的心得，指引我們思考，非常開心學界當中一直有著推動前進的力量，在會議開始之初，我們設想所遇到的問題，藉此說明，深致感謝，感謝與會的發表人，也感謝參與的學術同道，謝謝。

車行健教授

謝謝陳逢源老師的一個開場，我再稍微做一些補充，然後就正式進入這場講談會的討論。大會的議程安排主要是針對高等院校中跟經學相關的課程及其如何教育的探討，所以我們希望把這些相關的課程，包括每一部經書，和經學史、經學概論或經學通論，在戰後七〇年臺灣高校當中的設置以及實際講授的情況，做一個整體的回顧。之前陳逢源老師還說這其實是一個很大的題目，可以討論的議題很多，我們這麼辦是有點大題小作。但因為在不到十萬塊經費的限制下，也就只能辦個一天的研討會，希望將來中文學界的其他領域也可以舉辦類似的活動，學者們可以去對中文系既有的課程、教學和研究的情況去做一些整體的回顧和反思。我們今天只是做一個比較小的嘗試，希

望將來如果有機會的話，也不一定是我們政大中文系，其他的學校都可以來辦，或者是幾個學校聯合起來舉辦一些相關的研討會。下午的最後一場議程是聚焦到經學史和經學概論、經學通論的課程跟教科書編纂的問題，所以我們就延續上一場的思路，設計這一場「述而有作：經學教育與經學史的書寫」講談會。一共三個議題，第一個「經學如何教育？經書如何傳授？」是跟整天的議程是有關的。第二個議題「經學如何『概論』？經學史如何書寫？」也是跟上一場的討論經學史的書寫、經學概論怎樣去教育有關的。第三個議題「經學教育中的經學史」，我們的想法是這樣的：以往經學史的研究比較從純學術性的角度來思考經學史，比如在講漢代的經學脫離不了五經博士、太學、博士弟子員等等，然而漢代的經學史的實際運作不就是有許多的成分在這種經學教育當中進行的嗎？因此太過強調純學術性的作法會不會把對經學史的研究脫離其本來實存的場域當中，將其抽象獨立出來，變成一個好像非常學術性的、非常思辨性的議題？我們嘗試是不是可以拉回到教學的現場、教學的實際場域當中去思考經學的一些相關的發展狀況，這是我們設計三個議題的整體思路。我們議場中有展示戰後七十年來的老中青三代學者，第一代、第二代、第三代學人編纂的經學通論、經學史等經學教科書，像第一代的王靜芝教授的《經學通論》、裴普賢的《經學概述》、錢穆的《經學大要》（雖然是根據上課錄音整理而成的），第二代有程元敏的《先秦經學史》、《漢經學史》，李威熊老師的《中國經學發展史》，葉國良、李隆獻、夏長樸三位老師所編纂的《經學通論》，還有林慶彰老師所編的《中國經學史論文選集》，以及與連清吉一同翻譯日本人安井小太郎等人的《經學史》。等一下可以請諸位老師分享一下他們怎麼樣去教授經學、怎麼樣去編纂經學教科書的心路歷程，這樣展示出來的成果也會給我們後輩、晚輩，第三代、第四代的學者比較大的刺激。距離最近一次的撰

寫經學通論、經學史的時間點仍停留在臺大三位老師所撰寫的《經學通論》這部書，之後就沒有了，這是很值得我們去檢討的。但這不是只有經學領域的問題，文學領域、小學領域都面臨一樣的問題，現今的學者們為何不再時興編寫教科書了？中文學門為什麼很久沒有新的教科書出版了？在課堂上仍然繼續沿用之前的權威教科書，雖然這些權威著作都還是非常有參考價值，但是學術總是要傳承發展的，不能一直停留在皮錫瑞、劉大杰、董同龢的年代，所以這個時代的經學史、經學概論、經學通論之類的著作還有沒有可能再繼續編寫下去，是現在的學者所面臨到的一個比較大的考驗。下面就把時間交給四位引言人，先請李威熊老師發言。

李威熊教授

　　林慶彰老師、葉國良老師、在座各位老師、同學，大家午安。政大中文系所舉辦這一次有關經學史的教育研討活動，我個人非常喜歡，因為自己讀經、教經學課程或者撰寫經學論文，都跟經學教育有關。大會擬訂的幾個主題都很重要，但是我沒辦法全部講完。等一下我先就針對自己尚未出版的《中國經學發展史論》下冊做個說明。很多朋友問，民國七十七年出版上冊，今年是一〇七年，超過三十年，時間隔太久了。實在慚愧。主要理由是：一個人能力有限，經學史這麼大的學問，自己進入經學史領域以後，發現真的自己所不知道的比知道的要多很多，不敢再貿然下筆，其實我是邊寫下冊也邊在改上冊，因為上冊出書以後，第一版很快就售完，文史哲出版社老闆，問是否印第二版，因錯漏很多，希望修訂定完整後再與下冊一起出書，沒想到一擱就是三十多年。第二，是自六十四年取得博士學位後，在大學任教一直擔任行政工作，外面事務也多，無法專心研究寫作。三是中央研究院文哲所成立以後，新的經學著作和資料一直出版，又大

陸文革結束，經學文獻取得較為容易，我讀不完。因為新的經學論述日漸增多，其中很多論點都可以豐富經學史的內容，於是下冊一改再改，最後發現連要找出文獻出處加以注解，都成問題，多年前曾經請黃忠慎、彭維杰、林素珍等幾位教授幫忙核校，他們都很用心慎重，為了負責，也就不急著出版。

談到經學研究，或撰寫經學教科書，當然你要考慮到傳統經學的本色和特質，我剛才聽了素卿教授談論文學問題，其實文學早期就不離開經學，經學的本質是什麼？日本本田成之的《中國經學史》說：經學是人生教育學。所以我們寫經學通論、群經要義、寫經學史，或經學其他著作，首先要考慮經學的特質，它是在形塑一個正正當當的人。今天我們談文學教育、談經學教育，不應偏離做人的道理，我們從這個角度來看經學教科書的編寫，或經學相關的研究論著，是很重要的面向。但自從清末民國以來，大家對傳統文化由懷疑到破壞，經學是首當其衝，大陸早期的文革變本加厲，文革後經學被等同一般的學術。今天我們談經學史的書寫，或者談經學通論、經學相關著作，當然可以採用這種角度，但如何寫出合乎原來經學的精神的經學，應是經學論著重要的課題。讀劉向、劉歆的《七略》、班固〈藝文志〉所講六藝，到民國的馬一浮，他們都用六經統涉了一切，我寫中國經學發展的史觀深受其影響。讀馬一浮〈六藝論〉，他講國學是什麼學？直言國學就是六藝之學。我們不能含混的把傳統的學問稱為國學，如日本傳統學術稱為日本國學，英國傳統學術稱英國國學，顯不出我們國學的特色，馬一浮為何把國學叫六藝之學，就是這個道理，很多人不能接受馬氏的說法。馬氏又進一步說六藝是統涉一切，不但統涉經史子集，也統涉西方的學術，大家會不會覺得太誇大，但如果要從如何型塑一個人做人的原則來看，只有經學談得最徹底，當然可以統涉諸子、史部、集部，因此要是寫思想史如沒有經學做基礎，那

就不是中國的思想史。同樣的道理，寫中國史學史，沒以經學為根據就看不到傳統歷史的真相，甚至在座很多喜歡文學的，你沒有經學素養所看的文學可能也非傳統文學的本色，這是我寫經學史，很同意馬一浮在那個思想混亂的時代提出這樣的觀點，大家不一定贊同但要注意。剛才我講了今天可以把經學當作一般學術來研究，我們寫經學史可以就經學資料貫串起來，客觀的敘述它的發展脈絡，與一般思想史、文學史的寫法沒二樣，當然可以，但如從經學要型塑一個人的本色來看經學，而對它有指責或懷疑或者破壞，就值得斟酌。又稱國學就是六藝學，也未必能得到學界認同，因此我寫《中國經學發展史》為什麼加「論」字，就是要把這個觀點用來批判歷朝代經學發展，像太史公寫《史記》也有論贊，這是我要說明的第一點。

第二點怎麼樣來寫經學史，我受徐復觀跟錢穆二位先生影響很大，他們認為以史寫經學史，以史注經，要有根有據，史要保留其「真」絕對沒有錯，錢穆先生的國學素養令人敬佩，我接受了他的史觀；所以我寫經學史是要還原經學的特色。文化是多元的，人類為了適應各種不同時空背景的環境，而發展各種不同類型的文明，我們都應該尊重。錢穆先生把世界文化概略區分為二大類，西方偏重於「物的人生」的外傾文化，有人把它稱為剛性（野性）的文明，經濟、科學、宗教是其所長。中國是偏於「心的人生」的內傾文化，重視道德、文學、藝術，有人稱它為柔性（仁心）的文明。印度文明則屬於內外傾之間，重視文學、藝術、宗教。十六世紀以來，充滿野性、剛性的西方文明，成為世界文化的主流，民主、自由、科學被政治野心家作為爭奪權力的口號和工具。仁心文化的價值隱而不見，經學是這種文化的主體，今天談經學研究，或編纂中國經學史，應該在仁心文化的大視野下，來看中國歷代經學發展的真相。

以前跟黃忠慎教授一直在討論：經學詩經跟文學詩經要怎麼區

別？如就經學觀點來說，《詩經》它其實是在宣揚人文義理之教，孔子經學主要在教導我們做人的義理。如果讀書人不懂人情、義理，書是白念了。經學也會涉及到思想，但思想絕對要透過你的言行來展現，《禮記‧禮器》解釋義理說：「忠信是禮之本，義理是禮之文」，一般常把「義理」視為形上思維，形上思維也好，義理也好，一定要透過你的言行，才知道你的思維內涵，因此我們可以了解《毛傳》、《鄭箋》、《詩序》它們對《詩》的解釋，我用大家最熟悉如「興詩立禮成以樂」，來加以說明。何謂興詩？後人有很多解釋，馬一浮認為興詩就是要認識全新的人，所以「興詩」是要把人內在的愛心加以感發，讀了詩以後，活活潑潑的仁心讓它能被激發出來，那叫興詩，所以它是本乎仁，如此詩當然是言志，要做到仁人；既然做到仁人，它自然無邪，所以言志跟無邪就變成《詩經》的義理所在。馬一浮有一思維邏輯，他提出「義理名相」，何叫義理名相？就是把心中的做人的道理講出來或寫成文字，就是名；名要正，所以所有經書的文字都是義理的名，我們要詮釋、訓詁也好，講義理也好，都是《詩經》文本道理的再文飾，那才叫名要正。所以不學詩無以言，大家從這個角度去體會一定會有不同的理解，為什麼「不學詩無以言」？因為它會涉及到你無邪的本心、你的志向、你的仁心，你沒有這樣真誠的仁心跟人家談話、能感動人嗎？這樣還不夠，進一步要詮釋詩必須透過外在的具體的行為，接著要立禮成樂，所以不學詩無以言，不學禮無以立，最後用樂完成真正具有有仁心的人。所以解釋《詩經》是用禮樂外在的形式反饋詩內心的仁，達成詩學溫柔敦厚的教育目標。什麼是溫柔？不是仁嗎？敦厚是言行，多識草木鳥獸之名，近之事父，遠之事君，常識豐富，凡事看得深遠，便於興仁。有人把《詩經》溫柔敦厚當成是說教，人不要溫柔敦厚嗎？根據大腦行為科學的研究，你的行為會影響到你的思考，它叫回饋，我們用回饋的理論，有溫柔敦厚

的行為，讓你誠摯的仁心開展出來，將仁心化成行動，展現真誠無邪的志向，形成一個良性的循環，這不是我們所需要的詩教嗎？我就用馬一浮的「名相義理」思維，讀通了《詩經》。那麼經學史要怎麼寫？第一個當然要合乎實證的事實，經學史能夠不考慮到它的實證嗎？歷史就是社會行為演變的紀錄，經學反映真實的社會，我們不能忽略。第二個行為的背後有更深的內在的義理，所以義理義涵更是經學史的重點。有人會問，經學對歷史的正面影響是什麼？就是做人的義理。史學沒有經學可能會走偏，其他如諸子、文學……等也是如此。所以實證史學是現今大家都贊同的，那義理史學呢？我們寫經學史二者都要兼顧，而義理史學才更接近經學的本色。但實證史學或義理史學都要有客觀的史料作依據，這是我寫經學史的基本觀點。

有關史的著作，文獻資料很重要，最初在編寫經學史講義時，是以正史儒林傳和相關傳記為主軸。再參考其他經學論著，尤其中央研究院文哲所出版的經學資料，對我幫助非常大，可惜無法詳細讀完。另外，個人撰寫經學史喜歡單打獨鬥，學生只幫忙校對，中國經學資料太豐富，時間又長，要寫出完美的經學史，可能要有團隊共同合作。又經學史是通史，但又要求其專精很不容易，所以通史的經學史、專經的經學史可以分開寫，如《易》學史、《尚書》學史、《詩經》學……等。經學是中國學術的基礎，與學術史、史學史，還有文學史，最後是文化史，它是彼此相通的，各學門間要互相融涉，才能寫出完整有立體感的經學史。又我寫到宋代經學的時候，發現西夏、契丹、遼、金的經學也不應遺漏。再者，日本、越南、朝鮮，與中國關係密切，早期他們都重視中國經學，有關經學域外傳播的歷史，也值得探討。

經學是中國特有的學問，與各學門、社會各領域關係密切，它既是學術又不失教化社會人生的特質，希望自己能編寫出具有這樣特色

的《中國經學發展史論》。

車行健教授

感謝李老師的引言，接下來請林慶彰老師發言。

林慶彰教授

各位貴賓、各位老師、各位同學，剛才李老師講了很多，李老師抱怨我弄的資料太多，所以害他經學史沒有寫成，我感到非常的抱歉，受害的不只李老師一個而已，受害的人還有很多，所以我現在很後悔當時下那麼多功夫去做這些事情，現在吃力不討好害人又害己，我研究經學研究了四十年，說來話長，四十年說沒有心得那也是騙人的，那有心得又不敢特別提出來，因為怕別人會覺得說這算什麼心得，所以我現在想說，這麼多的議題要我們來講，其實這都很困難的問題，那我就講一講經學史如何書寫，我們的經學史現有的規模和體例其實是受日本的影響，受日本的井上哲次郎，他覺得江戶時代的諸子學、江戶時代的古學、江戶時代的陽明學的影響，因為井上哲次郎到德國去留學，他學回來一套學術著作的體例，要有前言、要有第一章，第一章下面又有第一節、第二節，還有第二章、第三章，在最後要有結論，這樣書寫的體式，以前是沒有的，皮錫瑞的經學歷史它是雜記式的，跟王國維的《人間詞話》一樣都是寫筆記，劉師培的《經學教科書》也差不多是這個樣子，不成系統，不是很有系統的著作，很多哲學的著作和經學的著作都是受日本的影響，因為井上哲次郎回來以後寫著作列書，很多日本的學者研究中國學的或研究日本學的都是這樣書寫，看文化史年表就可以很清楚的呈現出來，因為這個樣子又有不少，像本田成之、瀧熊之助的著作都翻譯過來了，所以大家就遵照學術著作的體例來著書，才有現在新學史的規模，這些書包括中

國人寫的或者日本人寫的，我們發現一些遺漏的地方，傳記之寫，傳和記尤其傳是非常重要的，但是沒有一本經學史的書，對傳下功夫，因為傳有《易傳》、《春秋三傳》、《毛詩故訓傳》，這些傳跟經書是什麼樣的關係，從來沒有人下功夫去討論過，我們讀《荀子》的時候，發現《荀子》的書裡面傳多了幾十百條以上，這些傳列是解釋哪個經，都沒有人去討論，所以先秦經學史的討論是非常薄弱的，這是我們應該要注意到的，再來大家都說東漢時代是古學最發達的時代，其實不盡然，我們看《熹平石經》刻的都是今文學的著作就可以知道古學並不是獨霸天下，魏晉時代是什麼時代呢？從來沒有一本經學史有去好好的解釋它，說是經學玄學化的時代，這是不對的，因為魏晉時代古學當盛，古學真正發達的時代是魏晉時代，為什麼偽古文尚書在晉朝的時候出現，這就是要幫助古學，因為古學的經典不夠多，所以要幫助它，所以做了《古文尚書》、《孔傳》，又做了《古文孝經孔傳》增加古學的力量，所以歷代偽造經書經說都跟這個學術思潮有關係，像大家常常討論的豐坊偽造《詩傳》，他就是要提倡漢學，王肅偽造經說也是要提倡漢學，都跟當時的經學思潮有密切的關係，民國時代有去經學神學化的運動，經學為什麼不是神聖性的東西，因為不是孔子所傳下來，譬如說〈毛詩序〉，大家都認為是衛宏做的，其實研究〈毛詩序〉的學者在民國時期有三、四十篇論文，大家都一面倒認為是衛宏做的，所以從這裡就可以看出民國學者思辨力是不夠的，大家都跟著顧頡剛、胡適這樣走，沒有一點自己的思考能力，比較有思考能力就是陳延傑，其他的都沒有，為什麼經學不是神聖化而是史學化，有學生問我說經學史學化，我說史學家都不研究史學、《史記》、《資治通鑑》等等，跑來研究經學，把經學搞得亂七八糟，所以經學史學化是必然的，因為是史學家在研究，經學怎麼經學化是不可能的事情，像歷來的經學史著作幾乎都沒有談到，所以我們經學史的

撰寫至少要彌補前人的不足。我有一天突發奇想，想到說把經學史對
各經的論述通通拆開來，十三經就拆成十三本講義，看講的是什麼，
這樣就可以看出經學史在敘述的連貫性上是有很多的缺點，清朝應該
是三禮之學最發達的時代，但是我們看經學史的論著有多少本書有好
好談到三禮之學的發達，很少，因為談到清朝，經說那麼多，每一經
都有數十本著作以上，研究清朝經學史都有氣無力，就寫不出來，所
以就擱下來了，清朝禮學的研究就可以看出經學史的寫作用功不用
功，另外從民國時期開始到現在已經一百多年了，但是有勇氣把它寫
到當代的大概賴貴三教授是了不起的，能夠把它寫到這樣，以前的人
嫌民國時期的資料不夠多，所以都不研究民國時期，現在我編的《民
國時期經學叢書》編到第六集收了七百多種書，以及民國時期圖書館
編的圖書總目收了經學的著作兩百二十種，一般人以為很多，我編的
經學研究論著目錄啟民國的部分就有六百多種，增加了四百種，我以
為六百多種是總數目，因為《民國時期總書目》就等於《漢書》〈藝
文志〉記載一代的總目錄。我的《經學研究論著目錄》收了六百多種
應該是很多，其實不然，最近要把這本書出版，就是《民國時期經學
圖書總目》，有一千六百種，等於是民國時期的總書目好幾倍多，所
以大陸編輯書目和臺灣相比，可說略遜一籌，不夠嚴謹，一本圖書總
目竟然可以遺漏一千四百種，收錄的兩百種，所以一千多部書馬上要
出現了，民國時期經學叢書要繼續編下去，至少編到一千種，這裡就
可以發現很多題目是以前從來沒有人注意到的，很多經學家都是以前
被忽略掉的，以前被忽略掉的都是規規矩矩在研究經學的人，不守規
矩的像是胡適、顧頡剛好吹牛的人，他們占領了經學的發言權，研究
經學的像我剛才舉的那幾位都鬱鬱不樂就是這個緣故，所以民國以來
經學的是應該要下功夫研究，不要僅止於皮錫瑞、章太炎，要把它寫
到中華民國的現在，這樣才可以，等一下葉老師跟李老師也有他們的

高見，所以我就先講到這裡，謝謝各位。

車行健教授

我們請葉國良老師發言。

葉國良教授

各位女士、各位先生還有李老師、林老師以及現場的朋友，很高興在這個場合講幾句話，不過我也會照顧到時間，所以我會盡量把握時間，把我應該要說的話說一說。首先，我要說明一下手上這部《經學通論》，它前後經過了三修，也可以說四修。最早是應空大的邀約，我們三個人商量之後同意，就把它完成推出來，推出來之後按照空大的要求，六年後把版權撤銷，歸還給我們。之後我們又先後修訂了三次，最新的一次是在大陸出版時，又做了一點補充，所以我們並不草率。不過我要說明一下，當初我們接這個任務的時候，我們是把它當作一部教科書來編纂，有鑑於過去皮錫瑞寫的《經學歷史》不易閱讀，所以我們用白話文寫，這是我們約定的第一點。至於內容，盡量不要講得太深奧，這點我們也得到共識，所以二十年來合作得蠻愉快的。另外，既然是教科書，我們當時也商量，盡量不要表現出我們個人的見解，如果要寫的話，我們三個都同意才寫，這是這部書第三個特色。底下我說一點，我們最後一次修改的時候，我修改的地方是第三章的第一節，為什麼我要特別說明這點？因為第三章的第一節，內容包括了經書研究、經學家研究和經學史的研究，而前兩版沒有經學家研究這項，後來我幾經思考才把它補充進去。我為什麼補進去？我想我們既然將這部書叫《經學通論》，通論的性質當然應該包含一些必要的內容，所以我們就把必要的內容盡量安排進去，最後我們覺得篇幅已經夠大了，對同學來講可能負擔太重了，你要他買或讀這麼

一本書，他可能覺得不耐煩。我再說一下，為什麼我認為在這一節裡這種研究應該要分為三個範疇？也就是說，這三個範疇在我看起來都是我們研究經學所必要的，我們可以特別強調某一個範疇，譬如說我們特別強調經學史研究，這是可以的，我們臺灣屢次的經學會議，說得最多的詞彙就是經學史研究。但是我覺得另外兩個範疇也很重要，我們千萬別忘記我們研究經學，最重要的是經書本身，所以經書研究最重要，應該放在最前面。你研究了經書以後，你才有資格研究經學史，否則你有什麼資格研究？或者說有什麼意義呢？所以我覺得經書的研究要放在第一位。在經書研究跟經學史研究中間，我覺得可以放進經學家研究，臺灣學界裡，事實上有很多人在研究個別的經學家，但是並沒有被特別提出來當作學術研究的一個區塊。研究經學家的話，當然有一些大家，他特別需要被研究，可是也有一些經學家，他可能只有一部著作，但是也會被人拿出來研究。我覺得這麼多經學著作當中，有待研究的著作，可能比我們想像的更多。不過，有些研究生，他去找很偏僻但不重要的經學著作來研究，那他的精力的使用有點可惜了。所以我主張我們做經學要認定有三塊園地可開墾，一塊是經書研究，一塊是經學家研究，一塊是經學史研究，如果這三方面的研究我們都能夠注意到，研究經學是比較完備的，謝謝。

車行健教授

我們請李隆獻老師來發表他的高見。

李隆獻教授

我非常慚愧跟三位老師坐在這裡，非常的惶恐，主要是因為行健兄發信給我的時候我人在美國，匆忙之間沒有多想就答應了。要我來跟三位老師談這個問題，其實我非常的慚愧，我只能報告一下我們當

時三個人為什麼寫了《經學通論》，還有《經學通論》這幾年來的一些變化，以及以後我們還有沒有可能再重新寫一部。一九九四年的時候，葉國良老師接受空中大學的邀約，要編一部教科書，要開一門經學通論的課。當時葉老師看得起我，那時候才剛博士班畢業沒多久，他邀請我一起來寫，其實蠻惶恐，不過他說李威熊老師的下冊還沒有出來，所以我們就說要不要來試看看。答應了以後才知道一九九六年就要出書了，所以我們只用了一年多的時間，三個人常常開會，討論了一些體例、內容，還有剛剛葉老師已經報告了，就是哪些是我們要寫的，哪些則是我們不寫的，而且約定不能展示太多自己的研究成果。當時我自己認為沒有資格寫經學史，所以我就說經學史的部分不能分給我。後來《經學簡史》總共大概兩百多頁，由葉老師跟夏老師負責，我說我只能寫經書，所以十三經裡面有九部書是我寫的，後來都收在《群經概說》裡。因為《三禮》我不熟，所以不敢寫，而葉老師是專家可以寫，《尚書》我也不敢寫，因為葉老師就是《尚書》的專家，所以四本書就由葉老師寫。在討論的過程裡，我們當然不能說完全沒有爭執，因為我寫的比較囉嗦，他們寫的比較簡潔，所以他們就叫我刪，而我則請他們增，後來當然各有調整。因為當時空大給我們的是二十七萬字的版稅，我們寫到三十幾萬字，版稅並沒有因此而增加，也就是我們並不計較版稅，本來就是要寫一本完整的書。寫完之後，再經過一段時間的修改，我們就去錄製電視播放的影視版。錄製作業又花了更多的時間寫劇本，因為它要在二十七分鐘講完一講，我講得很快，而葉、夏兩位老師講的比較慢，所以我的字數自然比較多。這個版本並沒有出書，不過在第二版的修訂版有一部分被收進去了。第一版因為是教科書，所以包含了「學習目標」、「摘要」、「自我評量題目」等體例。第二版因為已經不是教科書，所以通通把它們刪了，這是一個大變化。另外，第一版有一些錯字，二刷時就做了修

改。空大版好像印了五、六刷，就是說六年間刷了五、六刷。修訂版
好像也刷了兩、三刷，這個版本是我比較喜歡的版本，就是目前擺在
桌上的這個版本，我認為是比較完整的。修訂二版的時候，葉老師說
你的部分字數太多了，刪一刪吧，我就說那你也要加一加，因為他的
部分寫得太簡略，我說《尚書》像你那樣寫沒有幾個人讀得懂，所以
葉老師又加了一些，我則刪了一些，這是修訂二版，後來又將其中的
經書部分，另外出一本，也就是二○一四年的《群經概說》。幾年前
大安出版社在經營四十幾年之後，因為經營困難已經結束營業了，所
以就把修訂三版交由臺灣學生書局出最後一版的影印本，目前在臺灣
大概只能看到這一本，修訂三版的同時，我們又進行了大陸上海書店
的這個修訂四版的版本，這本據葉老師說好像比臺灣版改得更多，也
就是他們做了一些修改。每一次修訂，我們都儘量把其中的錯字改
正，更重要的是我們每一次修改都增加了一些新的研究成果，有什麼
新資料出來，有什麼新的研究進展我們都會寫進去，像剛剛葉老師講
說我們本來沒有經學家研究這個區塊，他現在也呼籲說經學家研究也
應該重視，也就是說我們在調整經學史的書寫應該要包括哪些面向，
像我自己剛剛說我不敢寫經學史，《經學簡史》就由他們兩位寫。柏
宏兄說我們把它變成是一個古代經學史書寫，我們不敢說是經學史，
因為這是「經學通論」，其實當時是教科書，所以敢放進去討論，我
覺得其實還沒有到經學史的書寫，我們只是在寫一本「經學通論」，
讓初學的人可以知道經學包括哪些東西。剛剛葉老師說經書研究是經
學研究的基礎，所以我們經書的部分占最多，經書的部分大概占了三
分之二，占了《經學通論》的三分之二，從比例可以看到我們經學與
經學史有輕重的分布與比例。《經學通論》的第四編是「餘論」，「餘
論」包括〈經學與現實政治的關係〉，以及〈經學跟其他學術的關
係〉兩章。我認為這也很重要，我們當時討論說一定要有這一編，這

一編是帶領初學者知道經學不是獨立的、不是孤獨的，不是純粹的經
學研究，它應該跟國防外交、教育、法律、經濟、政治等通通要連結
在一起，跟經史子集，跟小學、史學、子學、文學都有關係，這部分
雖然寫得不多，但是我認為這部分也要提醒研究經學的人多多留意。
以上簡單報告，請各位指教。

葉國良教授

我在後面附一下驥尾，剛才李老師提到的，我們不謀而合。我們
後來在寫這部書的時候，我們把這個內容加進去了。這一點我提出
來，是因為在香港報告的時候，曾經受到他們的讚美。

車行健教授

謝謝四位老師的發言，我這邊提出兩點感想。第一個就是經學
史，經學教科書的撰作，剛才李老師和葉老師的發言提到，他們是因
應空中大學教科書需求的關係而編纂《經學通論》，空大當時急切需
要上課教科書，因此找了一批學者編纂了很多課程的教科書，我印象
比較深刻的是《中國哲學史》，是由王邦雄、岑溢成、楊祖漢、萬金
川四位先生合寫的，大概也是中文系近二、三十年來唯一出版的關於
中國哲學史、中國思想史方面的撰作。所以還是蠻感謝空大的，因為
如果沒有當年空大這股力量去推動的話，我也不曉得這些老師們會不
會有動力去編纂教科書，或許就因為今天沒有類似空大的推動力量，
所以中文學界後來也再沒有新的教科書的編纂！對我們後學來說的
話，不論是王邦雄等四位老師合撰的《中國哲學史》，或者是葉先
生、夏先生和李先生所編的《經學通論》，都仍是個典範。然而從學
術傳承的角度來看的話，還是希望在每隔一段時間之後都能有新一輩
的學者去撰寫符合他們那個時代需求的中國哲學史、中國思想史、中

國文學史、經學史、經學通論之類的書，不要說就僅此於此，這實在
是非常可惜的。前幾年，林慶彰老師曾經在萬卷樓規劃一本叫作《中
國經學爭論史》的書，分了十幾個子題，邀請了很多第三代的學者去
寫，後來那本書遲遲未能出版，最後就不了了之。因為有些人交稿
了，有些人到現在都還沒有交稿，所以就沒有辦法完成那本書，頗令
人感到無奈。但這也正反映了我們這個時代的學者身陷現在學術機制
牢籠中的宿命，大家在這個體制內，受到各種誘因的驅使，去做符合
體制要求的研究、教學、發表、升等、評鑑、獎勵……種種工作，這
就很難要求學者去做一些不怎麼符合體制，或未到體制鼓勵的工作，
總之這是一個令人深感遺憾的事情。

　　我們剩下的時間可以聽聽在座各位來賓的意見，有沒有什麼心得
分享或者可以跟我們在座幾位老師指教提問的？我們在座有豐富編纂
教科書經驗的就是呂珍玉教授，您可以給我們提一些建議嗎？

呂珍玉教授

　　我想請教林慶彰老師，您編纂《民國時期經學叢書》，收入如此
龐大數量的書籍，剛才老師也提到了一些經學家，他們的著作具有重
要的研究價值，可惜沒被經學史寫進去，老師是不是能夠再提點我們
有哪些人您在編書的時候，發現他是非常重要卻被忽略的，但其人其
書卻具有研究意義？我看在座有很多年輕朋友，若能先擇其要者，指
引年輕學者從事這片空白的研究，對於晚清到民國階段的經學史，或
可因此投入人力去研究發掘，呈現出較為清楚的經學發展面貌，讓經
學史的書寫能注意到這一塊空缺，也有更多具體研究成果可以參考應
用。請教林老師。

林慶彰教授

民國時期雖然只有三十八年，元年到民國三十八年，只有三十八年之久，這麼短的時間藉由一六○○種著作，這是歷代所沒有的，一個朝代都沒有辦法找到這個例子，所以我們要研究民國時期，經學家除了顧頡剛、張西堂、曾運乾，像曾運乾我們所看到的只有兩、三本書，其實他的書很多。幾乎所有的經學家有百分之七、八十都是當時不受重視的，所以我們要研究民國時期的經學，現在比較方便的就是有民國經學叢書可以給大家參考利用，那要舉出哪些是比較重要的經學家，舉都舉不完，所以如果要研究民國經學的人的話，那就請他去看民國經學叢書，慢慢翻他可以找到很多新的題材、新的論題。

車行健教授

接下來請金培懿教授發言。

金培懿教授

很高興可以聽到四位老師的這場發言，但我作為在臺師大教授經學的教師，也就是教授我們今天所提到的《經學通論》，在此想請教葉老師跟李隆獻老師，譬如說柏宏在發表的時候，我想作為一篇研究論文，假設是我自己在思考的時候會遇到幾個問題，譬如說「經學概論」跟「經學通論」跟「經學史」，它們彼此之間是不是在經學研究內部要有更明顯、更細緻的一個區隔，就像老師們所撰寫的就是《經學通論》，而書的前大半部就等於各經概論，其後才是經學史。如果是這個樣子的話，假設我們現在還要重新編經學相關教科書的話，那在書寫上要不要有所區隔？關於這個問題的下一步提問就是說在研究的議題跟範疇上要不要有所區隔？譬如說經學史是著重在整體通史還是專經學史？之所以這麼問是因為這種經學相關教科書在編纂上的一個更細緻的區隔，隨之或許也會帶領研究議題的轉向或是偏重等問

題，不知道老師們有沒有更仔細的說明。

車行健教授

不好意思，我再追加一個小問題，剛才李老師提到說你們編寫的《經學通論》，在空大版之後因為已經脫離教科書的性質，所以就變成正式的書，可是你一開始是說，葉國良老師有說到在編寫《經學通論》的時候盡量不要把個人觀點放進去，要三個作者都同意的觀點才能放進去，我不曉得後來出的書是不是還遵守這個原則，還是可以將自己的研究成果與獨特心得放進去呢？

金培懿教授

對不起，我為什麼會那樣問，就是我們可以知道在教授經學史或經學通論的時候，學生如果對這門課沒有興趣，他們通常會提出一個反駁，就是我只要死背文獻就好了。也就是說經書的義理要如何置入經學史的撰寫？這可能是我們遇到的最大困難。因為作為一本教科書它又不能篇幅過大，就像葉老師剛剛講的如果篇幅過大可能看了頭就痛，所以我個人認為其實我們所提問的包括行健所提這三個問題，它其實是一連串相關的問題。

葉國良教授

我來回答一下，我不見得完全同意隆獻的觀點，因為我們合作寫出來這樣的書，七百多頁，我個人覺得篇幅太多了一點，我建議應該稍微縮小一點，但是我沒有考慮到我們的購買者的需求，所以各位可以看到，我們其實有一部單獨的《群經概說》，《群經概說》就沒有經學史的部分，而且也沒有我多寫的另外兩篇。另外兩篇前面的三章其實是書的「序」，其實很多早期出的《群經概說》一類的書，常常也

沒有序，我們前面第一篇的三章其實是一個「序」；至於後面那兩章，就是我們多出來的，就是跟別的著作不一樣了，所以我們的重點其實是主要的兩部分，一部分就是群經概說，一部分是經學簡史。我們為什麼這樣安排，因為這樣子篇幅不會過於龐大，過於龐大有缺點，你上課的時候事實能講多少？有一些部分沒講到，課就結束了。所以我們也要考慮到現實的需求，不完全是學術的考量，我的看法是這樣。

李隆獻教授

延續葉老師的發言，這部書我們當時不是把它當成學術的書來寫，而是當成教科書來寫，所以裡面有一些都是比較淺顯的。真正深入的我想應該有待於專業論文的撰寫或者專書的撰寫。回應金老師的說法，如果要撰寫經學史，那要更多考量，因為你是要寫通體的經學史？還是專家的經學史？還是專題的經學史？那都應有不一樣的體例跟思考。所以要撰寫每一種書都應該要先想你的目的是什麼？你的目標是什麼，決定哪些要放進來哪些不放。《經學通論》這部書本來就是教科書，雖然修改了以後脫離教科書的性質，但它基本上還是希望達到教科書的目的，所以臺大彭美玲老師跟張素卿老師跟我，還有黃啟書老師，我們在上「國學導讀」課程的時候，基本上會用它來講經部，基本上我們當然不可能上完，譬如說上幾部重要的經書，然後要求同學們自己閱讀另一些篇章，基本上它還是教科書，所以柏宏把它放到經學史書寫的脈絡來看待，我是有些不安的。我們當時不是企圖寫經學史，所以如果要用經學史的要求來看《經學通論》，我們顯然是不及格的，但是我們不是在寫經學史，經學史顯然不是這樣寫的，我也沒有資格寫經學史，因為我自己也認同葉老師講的，我自己對經書比較有興趣，對經學史根本不敢涉獵，經學史的專家是在座的張素

卿老師，她是宋代、清代的經學史專家，我們各自有不同的研究重
點，像剛剛談到我們臺大的經學史課程，其實是從戴君仁老師到屈萬
里老師，屈老師之後是程元敏老師，之後是何澤恆老師，再後面就是
張素卿老師。我們有一系列的發展，就像《左傳》一樣，「左傳」是
從曲顯功老師開始開設，然後是裴普賢老師，再後來是張以仁老師，
然後是周鳳五老師，再到宋淑萍先生。我開「左傳」已經很晚了，我
跟張素卿先生才開不過十年左右吧，因為我們前面有很多人在開，基
本上我們系裡面就是同時有兩個專業，譬如說我開了「左傳」後，我
就跟張素卿先生說你也要準備開，我希望同時有兩位到三位的老師輪
流開，不要只有一個，不要四十年間同一個老師教一門課，那當然有
專業是沒錯，但是後面就會比較難銜接，所以後來以至於我們要請蔣
秋華先生回臺大開援「尚書」。現在的規畫恐怕不能這樣子，我也呼
籲現在的主事者，可能要多培養另一個專業，每個專業至少要有兩、
三位老師才有辦法應付，才不會有斷層。我再回應剛剛我當講評人的
那個問題，楊晉龍先生的觀察顯然還有待進一步思考，八十四年到一
百年那個興盛是一個假象，一百年之後才是大問題，一百年之後我們
的經學研究恐怕是一個要嚴肅面對的問題，因為臺大以前我當課程委
員會主席的時候，曾經多次同時開設《五經》，也就是同一年開出
《五經》。我當系主任的時候也曾經讓《五經》同時開設，然而現在
已經沒辦法同時開出五經，也就是再怎樣想辦法都沒辦法在同一年開
出《五經》，甚至《五經》也有難以開成的困境。我們當然也聘了老
師，努力的聘，但還是趕不上，而且研究的人很少。沒有人研究，就
沒有成果，就沒辦法發展。所以我才會呼籲晉龍兄觀察要以研究所開
課為主，因為研究所開課才跟研究有關係，跟論文寫作有關係。我順
便補充，雖然彭美玲老師說我們明天可以很光榮的往前走，但是我們
在光榮往前走之前，還要做一些思考。

學生

各位好，我是政治大學中國文學系博士班一年級的學生，剛剛各位老師提到空大的教科書，空大就是空中大學，但是楊晉龍老師所提到的十幾個學校開的文學課好像沒有提到空中大學，可不可簡單介紹一下空中大學，好像不在名單裡面。

李隆獻教授

因為楊晉龍兄今天不在，只能講一講他的想法。因為空中大學是在空中講授，所以它是要錄影的，要在電視看，是在華視播放，編書的目的是要在空大播放給學生學習，學生兩個禮拜面授一次。空大在全國都有面授地點。我們去空大錄影，空大有北中南東四個根據地，錄影後派各大學的老師去面授，我們是不面授的，我們就是透過錄影來教授，所以錄影內容又更簡單，這部書的錄影總共錄了五十四集，每一集二十七分鐘，所以不應該把空中大學放進來，因為它不是有一個中文系這樣的單位，它只是有一些跟中文有關的課程而已，以上報告。

車行健教授

函授學校的議題應該脫離高等院校課程教育的範圍，可以另外從社會教育，也就是經學的社會教育的角度來思考，那是另外一個蠻大的議題，將來如果有機會的話可以朝這個方向再去做相關的探討。因為時間有限，已經有一點超過了，這場講談會就到此結束。

附錄一
「傳經授業——戰後臺灣高等院校中的經學課程與經學教育」學術研討會會議紀要[*]

張　豔[**]

　　二〇一八年六月八日，由政治大學中國文學系主辦的「傳經授業——戰後臺灣高等院校中的經學課程與經學教育」學術研討會在政治大學百年樓「309會議室」召開。來自臺灣各大專院校的學者約九十人參加了會議。會議旨在討論臺灣經學教育現狀，考察包括《易經》、《尚書》、《詩經》、《三禮》、《左傳》與《四書》等經學課程的設計、內容、發展，並作出展望。政治大學中國文學系特聘教授兼通職中心主任陳逢源教授在開幕式上致辭。本次會議發表論文的學者皆為活躍在當今臺灣經學教育領域的中堅力量，包括陳逢源、許華峰、車行健、賴貴三、鄭雯馨、黃聖松、楊晉龍、陳恆嵩、劉柏宏等。與會期間，專家學者彼此切磋琢磨，取得豐碩的成果。

　　臺灣的發展是在傳統與現代化交融之下進行，強化倫理道德教育，落實文化薪傳為主軸，表彰《四書》也就成為臺灣學術教育上強調的重點。陳逢源教授在〈主題‧脈絡‧經典轉譯——近十年（2006-

---

[*]　本文原刊於《國文天地》第34卷第3期（2018年8月），頁10-15。
[**]　張豔，政治大學中國文學系博士生。

2016）臺大、政大、臺師大《四書》課程考察〉中指出[1]，《四書》研究成果集中於學術論文專著，須回歸於大學當中，了解目前課程操作與進行方式。該文藉由臺大、政大、臺師大近十年課綱內容的檢視，分析目前經典教育的發展與困境，並肯定臺灣學人的成就。

　　臺灣師範大學國文學系許華峰教授〈我對《尚書》課程的設計與思考〉一文分兩部分[2]，第一部分對許教授在輔仁大學及臺灣師範大學開設的《尚書》課程內容與教學設計的安排加以說明。第二部分舉出「《尚書》名義」與「予則孥戮汝」兩組例證，闡釋漢代以來經學家在解釋《尚書》時所積累的思想、文化內涵，對理解《尚書》地位以及理解方式轉變，從而說明深化專書研究的重要性。

　　《詩經》早在春秋時代，便已成為貴族學習的教材，在現代高等院校的課堂中，則用現代的講授方式傳承。政治大學中國文學系車行健教授〈戰後臺灣高校《詩經》教學生態的初步觀察〉在回顧《詩經》教學實況的傳承後，就戰後臺灣高校《詩經》教學生態的形成與分析加以討論，並由此作出評析與檢討。車教授強調，教學與研究之間的關係，應是教學帶動甚至引領研究，而研究亦可支援甚至形塑教學，二者是分不開的。

　　「政大中文系經學教育文物資料展」場，由政治大學中國文學系主任涂艷秋教授致辭。車行健教授介紹曾在政治大學教授經學課程的熊公哲、高明、朱守亮先生的日記、手稿、證件、上課筆記、教學用書、試卷、上課規約等文物。本場邀請到政治大學中國文學系退休教授呂凱和李威熊先生。二位先生回顧在政治大學學習以及教授課程的

1　收入本書的論文題目改為：〈主題・脈絡・經典轉譯——臺大、政大、臺師大「四書」課程考察（2006-2016）〉。

2　收入本書的論文題目改為：〈臺灣師範大學國文學與輔仁大學中國文學系「尚書」課程的設計與思考（2006-2017）〉。

經歷。呂先生強調，經學是中華文化之根，經的存在是民族文化延續
至今而不衰的主要原因。經書使我們能在紛亂的生活中走向道德的目
標，經書因此不可不讀，不可不研究。李先生指出，經學教育是嚴肅
的，但在課程教授時也要生活化，要涉及到生活中的具體問題。在座
的政治大學中國文學系退休教授熊琬先生回想熊公哲先生曾多次抄寫
《十三經》，在抄寫過程中修身養性，醞釀文思。熊琬先生感念戰後
臺灣第一代經學大師們為經學教育所付出的巨大努力，並希望政大的
優秀研究及教育傳統能夠延續下去。

　　臺灣師範大學國文學系賴貴三教授〈戰後臺灣高等院校《易》學
課程與教育的回顧與展望〉在《臺灣易學史》（2005）與《臺灣易學
人物志》（2013）二書基礎上，回顧與展望戰後臺灣高校《易》學課
程與教育歷史發展的趨勢和脈絡。對於臺灣《易》學課程教育、研究
傳承等面向，賴教授歸納、分析各階段的特色與限制，以體現臺灣
《易學》在東亞漢字文化圈中的特殊歷史地位與成果表現。

　　臺灣大學中國文學系對不同階段的禮學課程，具有明確的教學原
則。政治大學中國文學系鄭雯馨教授在〈戰後（1949-2014）臺灣大
學中國文學系禮學課程的發展與內容〉一文中指出，孔德成先生和葉
國良教授的禮學課程，具有一脈相承的精神。二位先生廣泛地利用民
俗學、考古學、社會學等觀點與方法探討禮學，著重禮儀的復原，使
禮學內涵益形豐富，也使禮學的研究方法與運用，向前邁進一步。

　　成功大學中國文學系黃聖松教授〈成大中文系《左傳》課程之回
顧與展望〉分別介紹葉政欣、宋鼎宗、張高評先生在成功大學開設的
《左傳》課程之研究風格與授課內容。黃教授繼三位先生之後，在《左
傳》課程中導入現代議題。未來黃教授將於學士班課程加強「數位人
文」與「大數據」主題，融入「Story Map」軟體與「DocuSky數位人
文學術研究平臺」操作演練，以期增益學生軟體運用與學術研究能力。

中央研究院中國文哲研究所楊晉龍教授〈過去與未來的對話——臺灣經學的教學與研究〉以十三所較有歷史的重點大學為對象，透過網路搜尋技術的協助，觀察各校開設經學課程、各校研究生學位論文產出數量，以及每學年學位論文出產數量變化等的實際表現，因而證明論文產出數量與經學課程開設的多寡，具有正向關係。在此基礎上，楊教授提出或有助於提升未來臺灣經學正向發展的建議。

東吳大學中國文學系陳恆嵩教授在〈戰後臺灣高等院校的經學史教育〉一文中指出，今天在各大學中從事經學教育與研究者，可說都與陳槃、屈萬里、戴君仁、高明、陳大齊、王夢鷗等先生有師承的關係。授課老師的人格特質與態度是否循循善誘會誘導學生的興趣，此外尚需要特別注重課程所採用的教材與教法。臺灣高等院校經學史教育的發展逐漸萎縮，原因在於經學典籍缺乏整理，此外未有合適的經學史書籍。

中央研究院中國文哲研究所劉柏宏博士後〈戰後臺灣古代經學史書寫的回溯——以二十世紀前半葉為觀察中心〉從二十世紀的古代經學史書寫發展的角度出發，針對戰後臺灣通行的經學史專書進行觀察，說明戰後臺灣經學史書寫的變化軌跡。此外，該文分析二十世紀前半葉的古代經學史書寫特徵。相關討論區分為二十世紀前葉、戰後臺灣兩個部分，戰後臺灣經學史的書寫以五部經學史專書為例進行考察。

「述而有作——經學教育與經學史的書寫」講談會的議題有三：（一）經學如何教育？經書如何傳授？（二）經學如何「概論」？經學史如何書寫？（三）經學教育中的經學史。與談人李威熊先生指出，經學的核心價值體現為「人」（個人群體）的形塑，有品格的仁人可以起到中和社會的作用。經學史應當還原經學本色，即人的形塑，經學史之書寫則應以經學作為學術史、文化史的核心價值。經學

史、學術史、文化史須會通互涉，以六經（藝）統攝一切。與談人中
央研究院中國文哲研究所林慶彰教授認為，先秦、兩漢、魏晉的經學
史書寫仍有許多遺漏之處，學者們需要努力開發相關論題。民國時期
至今，已一百多年，而只有少數學者書寫這一時期的經學史。林教授
編輯的《民國時期經學圖書總目》收錄的經學著作達一千六百種之
多，其中大多數仍無人研究，需要在今後的經學研究中被重視。

　　與談人臺灣大學中國文學系葉國良教授指出，《經學通論》初版
是葉教授、夏長樸教授和李隆獻教授應空中大學邀約，撰寫的經學課
程用書，在撰寫過程中盡量避免體現個人的見解。該書之後幾經修
改，最新版本包括經書研究，經學家研究以及經學史研究，之前版本
沒有經學家研究部分。學者們應當充分開拓經書、經學家及經學史三
塊園地，經學學門的研究才可以稱得上完備。與談人臺灣大學中國文
學系李隆獻教授指出，《經學通論》初版書寫以教科書為目的，自第
二版起體例被大幅度修改，作為學術專著出版，但對象始終是初學
者。每一次修改都增加了最新的研究成果、學術進展，並不斷調整經
學史所包括的面向。最新版增加了「餘論」部分，包括經學與現實政
治的關係及經學與其他學科的關係。這一部分雖然篇幅不長，但在經
學研究中仍然值得重視。

　　車行健教授指出，每一個時期，新一輩的學者都應撰寫符合新時
代要求的經學、哲學、思想、文學以及其他領域的典範論著。在當今
的學術機制下，學者們有各自研究、教學、申請計畫的壓力，很難有
時間、精力從事這方面的工作。雖然如此，經學史的著述仍然需要不
斷更新。

　　東海大學中國文學系呂珍玉教授詢問林慶彰教授，有哪一些經學
家的書籍或研究，可由後進學者開拓、耕耘，從而呈現晚清到五四經
學史中的人物、書籍的細節？林教授指出，民國時期的經學家仍有百

分之七、八十沒有在當時或後世被重視。學者們可借助《民國時期經學叢書》，發掘新的論題。

臺灣師範大學國文學系金培懿教授詢問葉國良、李隆獻教授，經學概論、經學通論、經學史在書寫上，在研究的議題與範疇上，是否需要有區隔？譬如說經學史是要著重於整體的通史，還是專經學史？細部的經學教科書編撰中的區隔，可能帶動研究的轉向或偏重。

車行健教授詢問葉教授、李教授，為空中大學所編《經學通論》在第二版脫離教科書性質，初版在編寫過程中盡量不體現個人觀點，而只採用三位編寫者皆同意的說法，在為第二版作修改時，是否仍然遵守這一原則，還是有個人獨特的心得被包括在第二版中？

葉國良教授認為《經學通論》篇幅太長，但在編寫此書時考慮的是學生的現實需求，而並非純學術的考量。如果從經學史撰寫的標準看待，《經學通論》顯然不符合要求，但這本書的目的本來就不是經學史書寫。李教授認為現在臺灣的大學中應該在一個專業至少培養兩、三個老師，才能夠使相關教學不間斷地延續下去。臺灣經學教育的挑戰，開端是民國一○○年左右，目前經學教育師資力量不夠，研究者也很少，成果也就越來越少。

政治大學中國文學系主任涂豔秋教授致閉幕辭，代表政治大學感謝發起人車行健教授的努力與付出，使這場研討會成功召開，並感謝各位發表人、特約討論人、其他與會學者以及大會工作人員。

本次研討會的規模雖小，但內容豐富，涵蓋經學教育的諸多面向。在國內專家學者的熱情參與和政治大學中國文學系林玲宇助教與學生助理們的鼎力協助下，會議得以圓滿舉行。衷心期盼此次會議的舉辦只是個開端，若能因此引起學界對經學教育議題的關心，而得以促進在相關研究與教學方面的精進，則將更是學界之福。

附錄二
議程表

場次	時間	發表人	論文題目	特約討論人

「傳經授業——戰後臺灣高等院校中的經學課程與經學教育」學術研討會

日期：民國107年6月8日（星期五）

地點：國立政治大學百年樓330309會議室

報到08：30-09：00

開幕09：00-09：10

場次	時間	發表人	論文題目	特約討論人
一	9：10-10：40	陳逢源 政大中文系	主題・脈絡・經典轉譯——近十年（2006-2016）臺大、政大、臺師大四書課程考察	金培懿 臺師大 國文系
		許華峰 臺師大國文系	近十年臺灣師範大學國文學系與輔仁大學中國文學系《尚書》課程的設計與思考	蔡根祥 高師大 經學所
		車行健 政大中文系	戰後臺灣高校《詩經》教學生態的初步觀察	呂珍玉 東海大學 中文系
休息10：40-11：00				
二	11：00-12：00	政大中文系經學教育文物資料展 主持人：涂艷秋 導覽人：車行健 與談人：呂凱、李威熊		

午餐休息12：00-13：00				
三	13：00-14：30	賴貴三 臺師大國文系	戰後臺灣高等院校《易》學課程與教育的回顧與展望	陳睿宏 政治大學 中文系
		鄭雯馨 政大中文系	戰後（1949-2014）臺灣大學中國文學系禮學課程的發展與內容	彭美玲 臺灣大學 中文系
		黃聖松 成大中文系	成大中文系《左傳》課程之回顧與展望	張素卿 臺灣大學 中文系
休息14：30-14：40				
四	14：40-16：10	楊晉龍 文哲所	過去與未來的對話——臺灣經學的教學與研究	李隆獻 臺灣大學 中文系
		陳恆嵩 東吳中文系	戰後臺灣高等院校中的經學史教育	蔣秋華 中研院 文哲所
		劉柏宏 文哲所博士後	戰後臺灣古代經學史書寫的回溯——以二十世紀前半葉為觀察中心	張曉生 北市大 中文系
休息16：10-16：30				
五	16：30-18：00	「述而有作——經學教育與經學史的書寫」講談會 議題一：經學如何教育？經書如何傳授？ 議題二：經學如何「概論」？經學史如何書寫？ 議題三：經學教育中的經學史 主持人：陳逢源、車行健 與談人：李威熊、林慶彰、葉國良、李隆獻		
閉幕18：00～18：10				

說明：

一、每篇論文主講十二分鐘，講評人討論十分鐘，餘為綜合討論。

二、綜合討論於該場論文全部發表後進行，每人發言以三分鐘為限。

經學研究叢書・臺灣經學叢刊 0505002

傳經授業——戰後臺灣高等院校中的經學教育

主　　編　車行健
責任編輯　呂玉姍
特約校對　林秋芬

出 版 者　國立政治大學中國文學系
　　　　　萬卷樓圖書股份有限公司
編 輯 所　萬卷樓圖書股份有限公司
發 行 人　林慶彰
總 經 理　梁錦興
總 編 輯　張晏瑞
　　　　臺北市羅斯福路二段 41 號 6 樓之 3
　　　　電話 (02)23216565
　　　　傳真 (02)23218698

發　　行　萬卷樓圖書股份有限公司
　　　　臺北市羅斯福路二段 41 號 6 樓之 3
　　　　電話 (02)23216565
　　　　傳真 (02)23218698
　　　　電郵 SERVICE@WANJUAN.COM.TW

香港經銷　香港聯合書刊物流有限公司
　　　　電話 (852)21502100
　　　　傳真 (852)23560735

ISBN 978-986-478-411-0
2020 年 12 月初版
定價：新臺幣 420 元

如何購買本書：

1. 劃撥購書，請透過以下郵政劃撥帳號：
　 帳號：15624015
　 戶名：萬卷樓圖書股份有限公司
2. 轉帳購書，請透過以下帳戶
　 合作金庫銀行　古亭分行
　 戶名：萬卷樓圖書股份有限公司
　 帳號：0877717092596
3. 網路購書，請透過萬卷樓網站
　 網址　WWW.WANJUAN.COM.TW

大量購書，請直接聯繫我們，將有專人為您服務。客服：(02)23216565 分機 610

國家圖書館出版品預行編目資料

傳經授業 -- 戰後臺灣高等院校中的經學教育/車行健主編. -- 初版. -- 臺北市：國立政治大學中國文學系、萬卷樓圖書股份有限公司,2020.12
　　面；　公分. -- (經學研究叢書. 臺灣經學叢刊；505002)
ISBN 978-986-478-411-0(平裝)
1.高等教育 2.教學研究 3.經學 4.文集
525.307　　　　　　　　　　109017024